미스터 프레지던트

국가 기념식과 대통령 행사 이야기

미스터 프레지던트
국가 기념식과 대통령 행사 이야기

탁현민 지음

초판 1쇄	2023년 1월 18일 발행
초판 5쇄	2023년 2월 1일 발행

기획편집	황정원
디자인	이혜진
홍보 마케팅	장형철 최재희 맹준혁
인쇄	한영문화사

펴낸이	김현종
펴낸곳	(주)메디치미디어
경영지원	이도형 이민주
등록일	2008년 8월 20일
	제300-2008-76호
주소	서울특별시 중구 중림로7길 4, 3층
전화	02-735-3308
팩스	02-735-3309
이메일	medici@medicimedia.co.kr
페이스북	facebook.com/medicimedia
인스타그램	@medicimedia
홈페이지	www.medicimedia.co.kr

ISBN	979-11-5706-280-5(03300)

Mr. PRESIDENT

미스터 프레지던트

국가 기념식과 대통령 행사 이야기

탁현민

메디치

대한민국 대통령께서
입장하고 계십니다

지난 5년 내내 '쇼한다'는 이야기를 들었다. 대부분 정치적 이해에 따른 비난이었다. 그래서 '쇼한다'는 그 말이 나쁘게만 들리지는 않았다. 정치는 시작부터 끝까지 보여주는 일이다. 좋은 정치란 진실과 진심을 담아 보여주는 것이고, 나쁜 정치는 욕망과 욕심을 보여주는 것이다. 지난 5년간 수행했던 모든 일은 정치의 범주 안에 있었다. 우리에게 쇼한다고 비난하는 사람치고 '쇼'하지 않는 사람을 본 적이 없다. 그래서 언젠가 했던 언론 인터뷰에서 이렇게 말했었다.

"쇼한다고 비난하는 사람들과 우리의 차이는 딱 한 가지밖에 없다. 누가 잘하고 누가 못하는가."

이 책에 문재인 정부 성과나 문재인 대통령의 치적을 쓰고 싶지는 않았다. 문재인 정부 5년을 함께했던, 묵묵히 일로써 자신을 드러냈던 사람들의 수고도 이번에는 쓰지 않았다.

지난 5년간 있었던 대한민국 국가 기념식과 대통령 일정에 관해서만 썼다. 언제, 어디서, 어떻게 했었는지, 어떤 이야기를 담고 싶었는지, 그것만 쓰고 싶었다. 1,825일 재임 기간 중 1,195개가 넘는 일정들이 있었다. 그것들을 다 헤아리기 어려웠다. 그래서 아주 일부만 썼다.

생각나는 순으로 썼기 때문에 순서가 뒤죽박죽인 것도 있다. 아마 편집된 기억도 있을 것이다. 어떤 것은 보태지고, 어떤 것은 빠지기도 했을 것이다. 같은 사건을 다른 사람이 본다면 사실관계가 틀린 것이 있을지도 모르겠다. 하지만 그대로 두었다. 여기에 실린 이야기들은 크게 사실 여부를 다툴 일도 아니고, 사실은 언제나 진실의 조각에 불과하다고 생각하기 때문이다. 다 써놓고 보니 대부분 부스러기 같은 사연이었다. 대단했던 일 뒤에 숨어 있던 대단치 않은 이야기들이었다.

그래서 참 다행이다 싶었다.

나는 거대한 담론이나 이념, 세상을 뒤흔드는 커다란 사건이 중요하다 생각하지 않는다. 2021년 3·1절 대통령 연설은 잘 기억나지 않지만, 비 내리던 기념식 중간 고故 임우철 애국지사의 젖은 담요를 바꾸어 드리라는 대통령의 말과 눈빛은 여전히 또렷이 기억한다. 결국 추억이 되고 위로가 되는 것은 이처럼 사소한 것들이라 믿는다. 국민들도 결국에는 이런 사소한 이야기들로 문재인 정부를 기억하고 그리워하게 될 것이다.

가장 먼저 쓰고 싶었던 문장으로 이 책의 문을 연다.

"지금 대한민국 대통령께서 입장하고 계십니다. 모두 자리에서 일어나 큰 박수로 환영해 주십시오."

프롤로그

차례

IV

대통령 순방 수행기

III

평화, 먼 길 간다

I

1825일, 1195개의
대통령 일정

청와대 앞길 개방부터
청와대 폐쇄까지

2017년 6월 26일 청와대 앞길을 막고 섰던 철문과 바리케이드가 열렸다. 1968년 '1·21 청와대 습격 사건', 이른바 김신조 사건 이후 처음으로 청와대 앞길이 개방되는 순간이었다. 그날은 종일 비가 오락가락했다. 준비한 행사를 진행할 수 있을지 내내 조마조마했다. 그동안 청와대 앞길은 야간(오후 8시부터 다음 날 오전 5시 30분) 통행이 제한되어 있었는데, 그날부터 누구라도 24시간 통행할 수 있게 됐다. 청와대 앞길 개방은 대통령 집무실을 광화문으로 옮기겠다는 공약에서 시작된 일이었다.

　문재인 대통령은 후보 시절, 집무실을 청와대에서 광화문으로 옮기겠다는 공약을 발표했다. 단계적으로 청와대 앞길, 청와대, 청와대 뒤 인왕산까지 개방하는 것이 기본 구상이었다. 이를 위해 유홍준 교수(제3대 문화재청장)를 대통령 자문위원으로 위촉하여 대통령 집무실을 광화문으로 옮기는 것에 대한 검토를 지시하기도 했다.

　하지만 광화문 집무실 이전은 실무 검토 과정에서 미처 예상하지 못했던 수많은 문제가 확인됐다. 부지 확보의 어려움, 부처들의 연쇄 이동, 천문학적인 이전 비용, 경호, 의전, 국가 행사 시설의 신축 문제 등 끝이 없었다. 그 모든 문제의 심각성은 청와대를 폐쇄하고 용산으로 대통령실을 옮긴 요즘 하나하나 확인되고 있는 바와 같다.

현실적으로 집무실 이전은 어려워졌지만, 관저라도 이전해야 한다는 의견이 있었다. 하지만 대통령 관저는 현 대통령만 살다 나오는 집이 아니다. 따라서 관저를 제대로 된 위치에 어떻게 만들 것인가는 여러 안을 검토하고 숙의해야만 하는 문제였다. 결국 유홍준 자문위원은 대통령에게 광화문 집무실 이전의 보안, 비용, 역사성을 고려한 종합 검토 내용을 보고하며, 사실상 공약 실행이 어렵다는 취지로 설명했다. 대통령도 이에 수긍할 수밖에 없었다.

"유홍준 자문위원이 보고한 내용을 춘추관에서 국민에게도 알려드리는 것이 좋겠습니다. 우리가 약속했던 것이니 약속을 지키지 못하게 된 사정을 상세히 알려주어야 합니다."

실은 굳이 그렇게 공개적으로 하지 않아도 될 일이었다. 후보 시절 공약을 전부 실현할 수 없는 게 현실이고, 굳이 우리가 지키지 못한 약속을 드러내 비난을 자초할 까닭도 없다. 하지만 대통령은 그렇게 지시했다. 당연히 야당과 국민은 저간의 사정보다는 약속을 지키지 못했다는 사실을 비판했다. 대통령은 그 후로도 몇 번이나 광화문 집무실 이전이 백지화된 것에 대해 유감을 표명했다.

　광화문 이전은 어려워졌지만, 청와대와 그 인근을 개방하려는 계획은 계속됐다. 무엇보다 대통령 의지가 강했다. 임기 첫해 청와대 앞길 개방을 시작으로 청와대 경내 관람 인원을 대폭 늘리고, 집무실과 비서동, 위기관리센터와 같은 보안 시설을 제외한 '의전-행사-역사 공간'은 사전에 신청만 하면 해설사의 상세한 안내와 함께 돌아볼 수 있도록 했다.

　이와 함께 청와대 뒷산인 인왕산, 북악산 개방 계획을 세워 차근차근 진행했다. 2018년 통제됐던 인왕산을 개방했고, 2020년 11월 1일 북악산 북쪽 면 1단계 개방이 이루어졌다. 2022년에는 북악산 성곽 남쪽 구간까지 추가 개방해 임기 중에 북악산, 인왕산을 전면 개방했다. 대통령 별장으로 쓰였던 경남 거제 저도(청해대)도 개방했다. 사실상 대통령이 특권으로 사용할 수 있는 공식적인 공간은 모두 개방한 셈이다.

　정권이 바뀌고 윤석열 정부가 출범한 이후, 청와대를 전면 개방했다는 이야기를 들을 때마다 좀 어이가 없었다. 청와대 경내는 이미 대통령 비서동과 관저를 제외하고는 개방되어 있었고, 코로나19 이전까지는 수십만 명의 관람객이 상세한 설명과 함께 청와대를 관람하고 있었다. 앞서 언급한 것처럼 청와대 뒤편, 인왕산, 북악산, 대통령 별장까지 전부 개방된 상태였다.

　달라진 것이라고는 이전과 달리 청와대에 대통령이 없다는 점과 국가 컨트롤 타워이자 상징적 공간이었던 청와대가 역사 속으로 사라졌다는 사실 뿐이다. 기회가 있을 때마다 여러 차례 이야기했지만, 청와대 폐쇄를 결정한 윤석열 정부의 실책은 어느 한 대통령의 '실수'로만 끝날 수 있는 문제가 아니다. 이미 문재인 정부 때 검토했던 여러 문제가 현실로 나타나고 있다. 대통령이 다시 청와대로 들어가지 않는 한, 당장에 해결할 수 있는 문제들이 아니다. 애초에 철저한 계획과 국민적 동의, 전문가 의견 수렴과 충분한 시간이 필요한 문제였다.

청와대를 하나의 브랜드로 보자면 청와대는 적어도 조 단위의 가치가 있었다. 그러나 그 가치는 청와대에 대통령이 있어야 하고, 대한민국 대통령의 집무 공간이라는 상징성이 유지됐을 때 부여되는 것이었다. 그러니 윤석열 정부는 단순히 집무실을 이전한 것이 아니라 청와대라는 상징적 공간을, 엄청난 가치를 지닌 공간을 버린 것이다. 이전 비용뿐만 아니라 폐쇄로 인해 몇조 원에 달하는 손해를 끼친 것이다. 누구도 이러한 권한을 윤석열 정부에게 부여한 바가 없다.

이 글을 쓰는 2022년 가을까지도 청와대 폐쇄와 관련한 국민의 부정적 여론은 여전히 사그라지지 않고 있다. 급조한 개방 행사, 관람객들의 쓰레기 하나 제대로 처리하지 못하는 관리 부실, 청와대 옛 본관(조선 총독 관저) 복원 논란, 상업광고 촬영과 같은 설익은 활용 계획은 부정 여론을 더욱 공고하게 만들고 있다.

앞선 문재인 정부의 고민처럼 집무 공간 단순 이전만으로도 고려해야 할 것들이 너무 많았다. 어디를 새 공간으로 조성할 것인가? 어떻게 그 공간을 꾸밀 것인가? 어떠한 상징을 부여할 것인가? 어떠한 이름으로 부를 것인가? 어떠한 기능을 담을 것인가? 이 모든 물음에 답을 가지고 있어야만 가능했던 일이다.

대한민국 청와대는 영욕榮辱의 공간이었다. 조선 시대부터 지금까지 부분적으로나 전체적으로나 대한민국 최고 권력의 상징이었다. 그 모든 시대가 아름다웠던 것은 물론 아니다. 지우고 싶고, 가리고 싶고, 숨기고 싶은 역사도 그 안에 있다. 하지만 그 또한 역사다. 미국이 백악관을 영국에게 점령당했었다고 폐쇄하고 옮기지 않았듯이, 역사는 그러한 치욕까지도 유지하고 보존해야 한다. 그래야 새로운 시대의 새로운 권력이 지난날로부터 배우고 새로운 날들을 만들어 갈 수 있기 때문이다. 역사를 버리면 아무것도 남을 것이 없고, 아무것도 꿈꿀 수 없다.

트럼프 대통령 선물 준비 회의
대한민국 공무원의 헌신

청와대 일은 회의가 많았다. 각종 청와대 내외부 점검 회의부터 정부 각 부처 업무 조율 회의까지 회의가 청와대 일의 전부라 해도 과언이 아니었다.

대통령 행사를 기획하는 일 역시 행사 기획부터 마지막 현장 진행에 이르기까지, 수차례 회의를 거치며 만들어진다. 회의會議는 대개 회의懷疑로 끝나는 경우가 많다. 그래서 회의를 하는 것처럼 회의가 드는 일도 없다. 일반적인 공연이나 행사라면 연출가나 기획자가 모든 책임을 지고 결정하면 될 일인데, 그 간단한 것을 주무 비서관실과 주무 부처와 민간 기획사와 방송사까지 모여서 회의를 한다는 것이 도무지 이해가 가지 않았다.

청와대에 처음 출근한 지 얼마 지나지 않아 대통령의 첫 해외 순방이 결정됐다. 순방에 따른 여러 프로그램 기획으로 정신 없는 와중에 또 회의에 참석해 달라는 요청을 받았다. 이번에는 무슨 회의냐고 물어보았더니, 트럼프 대통령 내외를 위한 순방 선물 준비 회의라는 대답이 돌아왔다.

순방 선물을 위한 준비 회의. 당연히 그런 회의가 있다는 것 자체도 몰랐다. 외교부에서 파견된 의전비서관실 행정관 요청이었다. 순방 날짜가 다가오는데 아직 미국 정상에게 줄 선물을 정하지 못했다고 외교부와 문화체육관광부에서 회의를 잡아 놓았다는 것이었다. 속으로 '참 쓸데없는 회의다' 싶었다. 정상 간 선물이야 대통령 내외분의 의사를 듣고 그에 맞추어 준비하면 될 일이지 무슨 회의씩이나…… 하지만 개인적으로 이번이 처음 하는 일이고, 또 회의 날짜를 이미 잡았다고 하니 따라나설 수밖에 없었다.

　　회의 장소인 문체부 산하 한국공예디자인문화진흥원에 들어서는 순간에는 좀 어이가 없었다. 고작 선물 회의 하나 하는데 회의 참석자들을 비롯해 관계된 배석자까지 합해 참석자가 총 스무 명이 넘었다. 시간이 촉박해 관계 부처가 전부 참석하지는 못했다는데 청와대, 외교부, 문체부, 공예진흥원, 거기에 외부 자문위원, 중앙 부처와 관계 부서까지 모인 자리였다.

　　내가 회의를 주재해야 하고, 모두가 한마디 해야 한다고 미리 들은 터라 솔직하게 말했다.

　　"제가 오늘 처음으로 회의에 참석합니다만, 앞으로도 이런 회의가 계속될 것 같아 미리 말씀드립니다. 회의가 회의로 끝나지 않았으면 합니다. 그러기 위해서는 회의 내용도 중요하지만, 그보다 먼저 쓸데없는 회의를 하지 않는 게 더 중요한 것 같습니다. 대통령 순방 선물을 고르기 위해 이렇게 많은 부처와 관계자가 모여 회의를 하는 것이 대표적인 사례 같습니다. 이제부터 대통령 선물은 그냥 담당 부서가 목록을 작성해 보내주시면 그중에서 대통령께서 고르시거나 생각하시는 선물 품목을 정해 드릴 테니, 그 품목 중에 준비해 주시면 되겠습니다. 다들 바쁘신 분들이고 중요한 업무가 많으실 텐데 이런 일로 지방에서 부처에서 모여 무슨 칠기가 어떻고, 무슨 도자기가 어떻고 하며 회의를 몇 번씩이나 해야 한다는 것이 저로서는 납득이 안 가네요, 일단 오늘은 모였으니 간단하게 이야기하시고 빨리 끝내시죠."

숨도 쉬지 않고 퍼붓듯 말했다. 일순간 싸해진 분위기에 참석자들 표정이 다들 굳었지만 어쩔 수 없었다. 그렇게 분명하게 못을 박아 놓아야 앞으로 쓸데없는 회의를 줄일 수 있을 거라고 생각했다.

잠깐의 정적이 끝나고 회의가 시작됐다. 누군가가 놓여있던 여러 선물 샘플 중에서 뚜껑이 달린 도자기 한 점을 들고, 그것을 만든 작가와 작품에 대해 설명하기 시작했다. 그 작품은 꽤 유명한 국내 작가의 작품이었고 내가 보기에 무척 아름다웠다. 그리고 무엇보다 이 회의를 빨리 끝내고 싶었다.

"길게 이야기할 거 뭐 있을까요. 이것으로 하시죠." 그리고는 농담 반, 진담 반으로 말했다. "자 오늘은 여기까지 하시죠." 그때 한쪽에서 누군가 일어나 말했다. "저는 외교부 ○○○입니다. 그런데 이 도자기는 지난번에 박근혜 대통령이 선물한 도자기와 같은 작가 작품입니다. 의전 관례상 비슷한 작품을 선물하는 것은 적절치 않습니다."

잠시 갸우뚱하는 사이 다른 참석자들의 말들이 이어졌다.

"이 작품의 가격은 0원입니다. 통상 우리가 상대국에게 받는 선물 가격과 균형을 맞추어야 합니다. 검토가 필요합니다."

"트럼프 대통령은 금색을 좋아한다고 하는데 백자를 선물하는 게 좋은 선택일까요?"

"이 도자기의 뚜껑 부분은 작품 형태로 볼 때 사리함을 모티브로 하고 있습니다. 다시 말해 유골함으로 해석될 수도 있습니다. 상대국에 오해를 부를 수 있습니다."

"트럼프 대통령 선물과 멜라니아 여사 선물이 크기나 비용 디자인 등에서 균형이 맞지 않습니다. 정상 선물과 정상 부인 선물이 어느 정도 연관성을 가지는 편이 좋을 것 같습니다."

"역사성과 의미를 부여하기가 어렵습니다. 왜 굳이 우리 대통령께서 이 선물을 고르셨는지에 대한 설명이 필요합니다."

"이번 선물은 상호 공개가 아닙니다만 트럼프 대통령 외교 스타일상 협의 없이 공개될 수 있다는 점을 간과해서는 안 됩니다."

"지난번 아프리카 순방 때 대통령 지인 작품을 선물했다가 그 지인이 국내 예술계 송사에 관련됐다는 사실 때문에 곤혹스러웠던 적이 있지 않았습니까? 작가에 대한 확인이 필요합니다."

한 시간 정도를 예상했던 회의가 두 시간을 넘기고 있었다. 잠시 쉬는 시간을 갖자고 이야기했다. 그리고 이 말을 하지 않을 수 없었다.

"제가 처음에 드렸던 말씀에 대해 사과드립니다. 아무래도 제가 잘 몰랐던 것 같습니다. 정상 간 선물 교환에 이렇게 많은 요소가 고려되어야 하고, 사전 조사가 필요하고 또 관리해야 한다는 것을 몰랐습니다. 앞으로 몇 시간이 걸려도 좋으니 각 부처와 부서 입장에서 고려되어야 할 모든 것을 전부 말해주세요, 저도 의견을 보태겠습니다."

나는 어쩌다 잠시 공무원이었지만, 대한민국 공무원들이 그렇게 허투루 일하는 것만은 아니더라는 말을 꼭 하고 싶었다. 공무원이 영혼이 없다는 말도 있지만, 그건 아마도 공무원들이 자신의 영혼을 갈아 넣으며 일하고 있기 때문일 수도 있다.

대한민국 공무원들의 건투를 빈다.

5사단 신병교육대
격려 방문

대통령의 연말 일정 중 하나는 야전 부대 방문이다. 청춘을 나라에 헌납한 청년들을 격려하기 위해 해마다 한 번씩은 기획했다. 대통령의 격려 방문이 군에 입대한 청년들을 얼마나 위로할 수 있을지는 모르지만, 고생하는 장병들에게 일 년에 한 번쯤 피자 한 판, 치킨 한 마리라도 먹이겠다는 심정으로 만든 일정이었다.

그런데 행사를 준비하는 사람들의 진심과는 다르게, 대통령의 부대 방문은 해당 부대 입장에서 그리 반갑지만은 않을 수도 있다. 아무리 군대가 많이 바뀌었어도 변하지 않는 것 중 하나는 '높은 사람이 올수록 병사들이 피곤해진다'는 것이다. 대통령이 부대에 온다는 것은 국방부 장관, 참모총장, 군사령관, 군단장, 사단장이 온다는 것이고, 연대장, 중대장, 소대장이 모두 그 앞에 줄지어 서 있다는 것이다. 짧든 길든 군대를 다녀온 사람이라면 이것이 얼마나 끔찍한(?) 일인지 모를 리가 없다.

거짓말 같은 이야기를 하나 하자면 1993년 겨울, 사단장이 오는 부대 방문에 아스팔트 길을 물청소하고, 흙길을 포장하고,

한겨울에 야생화로 화단을 만들었는데, 사단장이 헬기로 도착했다는 슬프고 애절한 기억이 있다. 요지는 요즘 군대가 아무리 편해졌어도 장병들 입장에서 높은 사람이 오는 행사는 피하고 싶은 일이라는 말이다.

그럼에도 대통령이 일 년에 한 번 고생하는 청년들을 만나 그들의 헌신을 격려하는 행사는 필요했다. 따라서 격려받는 병사들의 부담을 최소화할 수 있는 기획이 필요했다.

2018년 말 부대 방문은 남북 군사 합의에 따라 여름부터 겨울까지 진행됐던, GP 철수와 지뢰 제거 작업에 고생이 많았던 육군 5사단으로 정해졌다. 그중에서도 이제 군 생활을 시작한 신병교육대 훈련병들을 만나 위로하기로 했다. 부대 정비나 과한 의전을 생략하고 훈련병들과 함께 식사하며 이야기를 나누고 생활관을 둘러보면서 새로 지급했거나 앞으로 지급할 동계 장비들을 대통령이 직접 살펴보는 것으로 일정을 준비했다.

5사단 부대 방문은 대통령이 신병교육대에 도착한 직후 훈련병들을 만나 짧게 격려하고 함께 식사한 후, 다른 훈련병들이 대기하고 있는 강당에 가서 대화 시간을 갖는 일정이었다. 이어 대통령이 피복과 동계 지원 물품 등을 확인한 후 강당에서 함께 이야기를 나누었던 훈련병들이 부대 건물 앞에 모여 있으면 함께 기념 촬영을 한 뒤 부대를 떠나는 계획이었다.

대통령 행사는 행사 내용만큼이나 동선이 중요하다. 도착부터 출발까지 순서에서 동선상의 중복을 최소화해야 하고, 행사

성격과 취지에 부합하는 장소들을 빠뜨려서도 안 된다. 전체 행사 메시지가 잘 전달될 수 있는 장소와 내용이 일정에 들어가 있어야 한다. 대통령 행사에서 현장 답사가 중요한 이유다. 또한 현장에서 중요한 결정이 내려지는 이유도 이 점에 있다.

이날의 방문 계획에는 군더더기가 없었다. 실은 너무 깔끔해서 특별할 것 없는 대통령 부대 방문 계획이었다. 우리는 행사 취지를 다시 한번 생각해 보았다. 대통령의 부대 방문이 훈련병들에게 잠시라도 즐거운 시간이 될 수 있는 방법은 없을까? 대통령의 방문이 힘들고 부담스러운 것이 아니라 함께 웃고 이야기를 나눌 수 있는 자리가 될 수 있는 방법은 없을까? 훈련병들이 가장 하고 싶은 것은 무엇일까?

여러 고민을 한 뒤 대통령과의 대화 시간을 새롭게 구성해 보기로 했다. 해당 부대에 부탁해 알아보니 훈련병들이 가장 원하는 것 중 하나는 가족이나 여자 친구와의 영상 통화였다. 다소 기술적인 문제가 있었지만 휴대전화를 통한 영상 통화를 준비하고, 그 영상을 함께 볼 수 있도록 빔프로젝터로 연결하기로 했다. 조금은 조악했지만 대통령과 훈련병이 함께 앉아 가족과 통화하는 모습이 좋을 것 같았다. 모든 훈련병이 통화할 수는 없어서 가족과 통화할 훈련병 1명, 여자 친구와 통화할 훈련병 1명 그리고 마지막으로는 모든 훈련병을 위한 특별 영상통화를 준비했다.

첫 연결은 함께 입소한 쌍둥이 훈련병이었다. 예정에 없던 전화를 받은 엄마와 형은 쌍둥이들과 이야기를 나누다가 갑자기 대통령이 옆에서 등장하자 깜짝 놀랐고, 다들 그 모습에 즐거워했다. 대통령은 아들 둘을 한꺼번에 군대에 보내 얼마나 걱정이 많으시냐면서 가족을 위로했고, 안전하게 다시 집으로 보내드리겠다는 약속도 했다.

두 번째 통화 연결은 여자 친구와의 통화였다. 훈련병들끼리 경쟁이 치열해 즉석에서 장기자랑을 해서 한 명을 선정했다. 선정된 훈련병의 여자 친구는 카페에서 커피를 마시다가 전화를 받았다. 대통령과 훈련병들은 두 사람이 헤어지지 말고 오랫동안 사귈 수 있기를 큰 소리로 응원해 주었다.

마지막 깜짝 연결은 가수 홍진영과의 영상통화였다. 홍진영은 당시 훈련병들이 만나보고 싶은 가수 중 한 명이었다. 바쁜 일정에도 연결에 응해준 홍진영은 영상을 통해 노래 〈잘 가라〉를 불러 주었고 훈련병들은 노래 후렴구를 합창하며 훈훈한 시간을 보냈다.

30여분 간의 대화 동안 훈련병들은 부모님과 여자 친구와 연예인을 대통령과 함께 만나면서 비록 영상으로지만 서로를 위로하고 격려하며 즐거운 시간을 보냈다. 마지막에 대통령은 단체 사진을 찍으며 훈련병들에게 웃으며 말씀하셨다.

"이제 여러분은 21개월 후에 반드시 건강하고 무탈하게 여러분의 가정으로 돌아갈 것을 대통령으로서 명령합니다."

그때 훈련병들은 이제 다들 제대했을 텐데, 대통령 말씀처럼 무사히 가족들 품으로 복귀했기를 바란다.

탄소 중립 선언 흑백 연설

방송법 위반 고발 사건

청와대에 있으면서 야당과 보수 단체로부터 종종 고발당하곤 했는데 그때마다 솔직히 '왜 이렇게까지 미워할까?' 싶었다. 일을 했던 5년간 최소 10건 이상은 고발당하지 않았나 싶다. 대개는 황당무계한 고발이었다. 스피커로 음악을 틀었다고 선거법 위반으로 고발당하고, 의전 관련 논란에 입장 표명했다고 허위 사실 유포로 고발당하고, 평양에서 남북 합동 공연을 준비하다가 연출과 조명 등에 관해 기술적인 조언을 했다고 북한을 이롭게 한 '여적죄'로 고발당하고…… 대부분 이런 식이었다.

새로 조성된 한남동 관저 나무 이야기를 했다가 김건희 여사의 명예를 훼손한 것이라는 고발도 있었다. 경찰 조사를 받다가 어떻게 그 말이 '영부인'의 명예를 훼손한 것인지 도무지 알 수가 없어 되묻기도 했다.

"그게 왜 명예훼손인 거죠? 굳이 따져서 훼손된 명예가 있다면…… 혹시 나무의 명예를 훼손한 것인가요?"

물론 그러한 고소, 고발 들은 대부분 당한 것도 모르고 지나

갈 때가 많았다. 하지만 간혹 경찰 조사를 받아야 하는 일도 있었고, 한 번은 정식 재판까지 간 적도 있었으니 귀찮고 번거로운 일임은 분명했다.

'고발 사ᄒ' 중 단연 압권은 국민의힘이 고발했던 방송법 위반 사건이었다. 뉴스를 보고 고발 사실을 처음 알게 됐는데 관련 내용을 얼핏 보고 가짜 뉴스나 합성된 이미지인 줄 알았다. 그래서 누군가 "고발당했네?"라고 이야기할 때 "응 봤어, 그럴듯하더라"라고 대꾸했던 기억도 난다. 하지만 관련 보도들이 이어지고 사무실에 켜 놓았던 TV를 통해 본 뉴스로 그제야 고발이 "아! 진짜구나" 싶었다.

국민의힘의 고발 요지는 무려 (내가) '방송법의 근본적인 취지를 무너뜨렸다는 것'이었다. 웃지 않을 수 없었다. 어이가 없어 웃은 것이 아니라 정말 배꼽을 잡고 웃었다. '내가? 어떻게? 방송법의 근본적인 취지를 무너뜨릴 수가 있었지?' 싶은 생각에 방송법의 기본 취지를 살펴보았다. 법안이 무척 길고 어려웠기에 내용을 정리한 관련 보도를 찾아보았다. 다행히 방송법의 기본 취지와 내 엄청난 잘못에 대해 언급한 부분이 있었다.

탁○○의 이러한 행위들은 공정성과 독립성을 핵심 가치로 다루고 있는 방송법의 근본적인 취지를 무너뜨리는 것이며, 방송법 제105조 제1호에 따른 방송 편성에 관하여 규제나 간섭을 한 죄에 해당할 수 있다.

두려웠다. '대체 내가 나도 모르는 사이에 무슨 짓을 했던 거지?' 싶었다. 서둘러 그날 일들을 고발 내용에 맞춰 복기해 보았다.

2020년 12월 10일은 대한민국 탄소 중립 선언이 있던 날이었다. 문재인 대통령은 청와대 본관 집무실에서 '2050 탄소 중립 비전'을 선언하는 연설을 했다. 이날 연설은 국내에서 6개 방송사를 통해 생중계됐고, 영어 자막 버전을 함께 만들어 아리랑TV와 유튜브, 페이스북 등 소셜 미디어를 통해 전 세계로 송출했다.

이날 선언은 기후변화 대응을 위한 국제조약인 '파리협정'과 제21차 기후변화협약 당사국총회 결정문에 따라 모든 당사국이 2020년까지 '2050 장기 저탄소 발전 전략'을 수립해 제출해야 하는 상황에 따른 것이었다. 갑작스럽게 한 선언이 아니었다. 우리의 일상으로 다가온 기후 위기를 극복하고, 위기를 기회로 삼아 선도 국가로 도약하고자 하는 의지를 갖고 대한민국 탄소 중립을 선언했던 것이다.

기획 단계에서 탄소 중립 선언을 행사 형태로 만들지, 영상물로 만들지, 연설로 할지에 대해 고민했다. 사안의 중대성과 '선언'이라는 점에서 대통령이 직접 연설하는 것이 좋겠다고 판단했다. 이 연설이 우리의 미래에 대한 위대한 변화, 그 시작이 될지도 모르기에 평면적인 연설에 그칠 것이 아니라, 기타 연출적인 부분도 함께 준비했다. 대통령의 연설만 생방송 하는 것이 아니라 2050 탄소 중립을 주제로 한 도입부 영상, 대한민국 탄소 중립 선언 연설, 그리고 〈더 늦기 전에〉라는 뮤직비디오까지 프로그램으로 구성했다.

　연출 디테일도 꽤 고민했다. 도입부 영상의 마지막 장면을 회중시계와 대통령 집무실 책상 위 탁상시계 그리고 뮤직비디오 속 시계가 모두 오후 9시 47분을 가리키도록 연출했다. 지구 환경 현실을 시간으로 나타내는 '환경위기시계'에서 모티브를 가져왔다. 환경위기시계는 1992년에는 7시 49분이었으나, 2020년에는 9시 47분을 가리키고 있었다. 시각 변화는 지구환경과 인류 문명의 위기가 심각해졌음을 의미하는 것이다. 오프닝 영상은 '에코 프렌즈'로 활동하고 있는 배우 하지원이 출연해 주었다. 산업화 이후 앞만 보고 달려오다 환경 위기를 초래한 과거를 후회하고, 더 늦기 전에 환경을 위한 행동을 시작하자는 메시지를 담았다.

　대통령 연설 뒤에는 뮤직비디오를 제작해 붙이기도 했다. 뮤직비디오의 음악은 고 신해철이 1992년 작곡한 〈더 늦기 전에〉였다. 이 노래는 1992년 대한민국 최초로 환경을 주제로 한 캠페인 공연 '제1회 환경 보전 슈퍼 콘서트'의 메인 테마곡이며 〈내일은 늦으리〉라는 앨범의 주제곡이기도 했다. 노래가 발표된 지 28년이 지난 2020년, 28년 전의 반성에서 우리가 얼마나 달라졌는지를 돌아보았으면 하는 의도를 담았다.

　이렇게 나름 열심히 준비했다. 이중 국민의힘이 나를 고발까지 할 정도로 발끈했던 이유는 대통령의 연설 상당 부분을 '흑백'으로 연출했기 때문이었다.

국민의힘 미디어특별위원회는 이날 보도자료를 내고 "KBS가 탁 비서관이 정한 방송 지침에 따라 화면을 흑백으로 전환해 내보냈다는 주장이 KBS공영노조로부터 나왔다"며 "언론에서 입수한 KBS 내부 문자 메시지에 따르면, 화면을 단순히 흑백으로 송출하는 것 외에 '흑백 화면에 어떠한 컬러 자막이나 로고 삽입 불허' 등 구체적인 제작 방침을 지시한 내용도 포함되어 있다고 한다"고 했다.[*]

그러나 대통령의 행사나 연설을 어떻게 제작해 녹화나 생방송으로 내보낼지는 청와대가 결정할 일이다. 그리고 이를 송출할지 안 할지는 각 방송사가 결정할 일이다. 탄소 중립 선언 행사의 경우 흑백이나 컬러로 콘텐츠를 제작한 것은 청와대의 연출 영역이고, 이를 송출할지 말지는 방송사의 재량이다. 방송을 강제할 수 없는 일이다.

국민의힘의 주장은 '청와대 일'이라는 특성을 모르는 척하는 주장이다. '흑백 화면에 컬러 자막이나 로고 삽입을 불허한다'고 지시했다는 것도 사실과 달랐다. 무엇보다 청와대는 그러한 지시를 한 적이 없었고, 각 방송사는 자사 워터마크와 로고 등을 내보냈다.

이날 행사의 '콘셉트' 중 가장 중요한 부분이 '흑백 연설'이었

---

[*] 김도형, 〈국민의힘 "文 흑백 방송······ 탁현민 방송편성 개입 고발"〉, 《아주경제》, 2020년 12월 27일.

다. 컬러 화면 대비 4분의 1 수준의 데이터를 소모하는 흑백 화면을 통해, 이른바 '디지털 탄소 발자국'에 대한 경각심을 가졌으면 했다.

대통령의 연설이 갑자기 컬러에서 흑백으로 바뀐다면 이러한 의도와 목적을 확실히 전달할 수 있지 않을까 했다. 눈앞의 사건, 사고가 아닌 이상 환경과 관련한 대통령의 연설은 크게 주목받지 못할 수도 있어서 염려가 많았다. 그래서 사전 영상이나, 뮤직비디오 같은 연출적 장치들을 준비했고, 대통령 연설도 '흑백 영상'으로 기획했다.

결과적으로 국민의힘이 고발할 정도로 화제가 됐으니, '흑백 연설'은 성공적이었다고 본다. 방송 이후 흑백 영상을 본 각국 대사들은 이날 연설에 대해 여러 메시지를 보내왔다. 언젠가 탄소 중립이 달성되는 날, 이날 연설이 다시 방송됐으면 좋겠다. 그때이 흑백 영상의 의미도 다시 한번 소개됐으면 한다.

문 대통령님의 연설은 상징적으로 흑백으로 방영됐다는 점에서 다시 한번 2050 탄소 중립 사회를 향한 대한민국의 확실한 약속을 보여주었습니다.

—마리아 카스티요 페르난데스Maria Castillo Fernández 주한 EU 대사

영국도 내년 P4G 정상회의와 COP26을 앞두고 탄소 배출 규제를 상향하고 지구 온도 상승을 1.5도 아래로 유지하기 위해 대

한민국과 협력해 나갈 것입니다. 흑백 영상 방영은 에너지 절약을 위해 멋진 아이디어였습니다.

—사이먼 스미스Simon Smith 주한 영국 대사

흑백 동영상을 사진으로 찍어 본부에 송부, 보고하면서 짧은 동영상이지만 에너지 절약의 노력이 돋보였다고 생각하며, 2050 탄소 중립을 실현해 나가는 이행 노력의 일환으로 이를 높이 평가합니다.

—요아너 도르네바르트Joanne Doornewaard 주한 네덜란드 대사

기후 위기와 관련한 대통령의 연설을 흑백으로 연출하니, 에너지 절약이라는 메시지가 잘 전달된 것 같습니다.

—필리프 르포르Philippe Lefort 주한 프랑스 대사

대통령의
'퇴근길 맥주 한잔'
가장 많이 취소됐던 대통령 일정

대통령이 퇴근길에 광화문이나 광장시장에 가서 소주 한잔, 맥주 한잔, 하겠다는 것은 대선 공약이었다. 공약이었을 뿐만 아니라 실제로 그렇게 하고 싶어 하셨다. 청와대 5년간 가장 많이 고려했던 일정이 '퇴근길 한잔'이었고, 가장 많이 취소됐던 것도 '퇴근길 한잔'이었을 것이다.

취소된 이유가 일정 자체에 대한 반대 때문은 아니었다. '퇴근길 한잔'은 대통령의 이미지(President Identity, PI) 제고에도 도움이 될 만한 일정이었다. 임기 초 지지율이 높았을 때도, 임기 말 지지율이 낮았을 때도, 대통령의 강점인 경청과 공감하는 모습만 국민에게 보여주어도 충분히 의미 있는 일정이 될 것이 분명했다. 하지만 대통령이 광화문이나 광장시장에서 '한잔'을 하기 위해서는 준비해야 할 것들이 많았다.

일단 날짜 선택부터 쉽지 않았다. 이 일정은 '업무 중 한잔'이 아니라 '퇴근 후 한잔'이니만큼 평일 오후에 진행되어야 했다. 하지만 대통령이 평일 저녁 어디서 한잔하는 것에 대해 부정적인 여론도 적지 않았다. 대통령이라는 자리는 퇴근이 있을 수 없고, 대통령은 언제 어디서 일어날지 모르는 급박한 상황에 늘 대처해야 하는데, 자칫 국민들에게 대통령이 한가로워 보일 수 있었다.

게다가 1년 365일 크고 작은 '일'이 없는 날이 없었고, 민생과 관련한 일들은 그게 어느 날이든 심각하고, 지엄하고, 절박했다. 마음 편하게 한잔하러 갈 수 있는 날은 5년을 통틀어 며칠 없었다. 그 흔치 않은 날들조차도 매번 다른 중요한 일들이 생기곤 해서 일정을 확정하는 것은 물론 확정된 날짜도 취소되곤 했다.

한잔을 어디서 하느냐 하는 문제도 어렵기는 마찬가지였다. 처음에는 광장시장 같은 곳을 우선순위에 두었지만, 대통령이 시장 어디 막걸릿집에 간다고 하면 대통령 방문으로 인해 다른 상인들이 피해를 볼 수 있다. 경호 수칙에 따라, 주방, 음식, 주변에 대한 검측이 실행되어야 하니 아무리 조심한다고 해도 민폐를 아주 없앨 수는 없었다.

게다가 대통령이 확인되지 않은 대중 사이로 들어가는 상황이니 경호처는 대통령을 근접해서 경호해야 한다는 입장이었다. 그러나 근접해서 경호하는 경우 일반 국민과 대통령 사이에 경호관들이 앉게 되는데 그 분위기가 어떨지는 굳이 보지 않아도 충분히 예상할 수 있었다.

가장 걱정인 것은 이런 문제들을 어떻게 비껴간다고 해도 실제로 대통령과 마주 앉은 시민들이 허심탄회하게 자신들의 술자리처럼 대통령과 편하게 이야기를 주고받을 수 있을 것인가 하는 문제였다. 대통령을 좋아하는 사람도 있지만 싫어하는 사람도 있고, 좋든 싫든 옆자리에 대통령이 앉아있는데 편하게 이야기할 수 있는 사람은 아주 드물다. 아무리 말 잘하는 사람도 바로 앞에 수많은 방송사 카메라와 주변 사람들의 휴대폰이 여기저기서 번쩍거리면, 그 누구라도 마음 편히 한잔하기 어렵다.

게다가 그 자리에서는 웃으며 넘어갈 수 있는 어떤 말이나 행동도 기사화가 되면 전혀 엉뚱하게 해석될 수 있었다. 오독과 오해로 인해 그 사람의 신상이 파헤쳐지는 일도 얼마든지 생길 수 있었다. 그러니 대통령이 퇴근한 직장인들과 자연스럽게 어울려 두런두런 이야기를 나누고 격 없이 어울리는 자리를 쉽게 만들지 못했던 이유가, 대통령이 권위적이거나 비서관들이 과한 의전을 했기 때문만은 아니었다.

다시 한번 말하지만 문재인 대통령 재임 기간 가장 많이 제안됐던 일정은 바로 '퇴근길 한잔'이었다. 저간의 사정을 잘 모르기는 대통령도 마찬가지여서 이따금 "왜 퇴근길 한잔 일정을 준비하지 않느냐"는 야단도 여러 번 맞았다.

그러던 어느 날, 기적처럼 대통령이 '한잔'할 수 있는 날을 잡을 수 있었다. 그 주는 신기하게도 정무적으로 큰 부담이 없는 한 주였다. 북한이 미사일을 쏘지도 않았고, 외교적인 문제도 없었고, 격렬한 시위도 없었고, 민생과 관련한 이렇다 할 큰 이슈도 없던 날이었다. 그날 '퇴근길 한잔'의 장소로 직장인들이 많은 광화문의 어느 호프집을 선택했다.

35

수입 맥주만 파는 호프집이라는 점이 마음에 좀 걸리긴 했지만, 그것까지는 어쩔 도리가 없었다. 경호처도 사전에 점검할 시간을 충분히 가져 꼭 대통령과 근접하지 않아도 될 정도의 안전을 확보했고, 가게 사장님과도 이야기가 잘 되어 우리 때문에 손해 보게 될 매출은 행사가 끝난 뒤 비서관들이 가서 벌충해 주기로 했다.

원활한 대화를 위해 회사원, 구직자, 공무원, 직장맘 등 다양한 사람을 선별해 초청했고 현장에서 동석을 원하는 사람들이 있으면 합석하는 것으로 계획했다. 약속한 시간이 되어 대통령이 등장했고, 조마조마했지만 초청한 사람들과 맥주를 마시며 이야기가 시작됐다. 분위기가 좋아서 이내 옆 테이블과 가게 앞으로 사람들이 모여들었고 다들 대통령과의 '퇴근길 한잔'을 신기하게 쳐다보았다.

우리는 주변 사람들에게 합석을 원하시면 함께하자고 권유했고, 실제로 꽤 많은 사람이 대통령 주변에 앉아 함께 이야기를 나누며 맥주잔을 기울였다. 주로 최저임금 문제, 워라밸에 대한 고민, 노동시간 단축에 대한 이야기들이 시민들의 주 관심사였던 것으로 기억한다. 다행히 일정은 큰 사고 없이 다들 기분 좋게 한잔하고 끝이 났다.

의전팀과 경호팀은 내내 식은땀을 흘렸지만, 대통령도 참석자들도 모두 즐거운 자리였다며 마지막 잔을 하고 헤어졌다. 그리고 대통령은 떠나면서 한 말씀하셨다.

"그래 이렇게 만나서 한잔씩 하면 좋지요. 매달 한 번은 합시다."

경호처장은 딴 곳을 바라보았고, 우리는 조용히 고개를 숙여 인사를 드렸다. 그리고 맥줏집 매상을 올려 주기 위해 오래도록 자리에 앉아있었다.

남수단에서 온 유소년 축구단
예정에 없었던 일정

언론을 통해 공개되는 대통령 일정은 하루에 하나를 넘지 않으려고 했다. 뉴스가 생산되고 소비되는 주기로 보아도 그렇고, 정무적으로도 대통령 공개 일정은 하루에 하나가 적당하다(는 생각이다).

두 개 이상의 공개 일정은 첫 번째 대통령 일정 뉴스를 두 번째 대통령 일정 뉴스가 밀어내게 되어있다. 열심히 준비해서 만들어 낸 소식을 다시 열심히 준비해서 만든 소식으로 덮어버리는 격이다. 그래서 아주 중요하거나 급박하게 알려야 할 사안이 아니라면 대통령 공개 일정은 하루에 한 개가 적절하다(고 생각했다).

물론 하루에 일정이 하나만 공개된다고 해서 그것이 대통령 일정의 전부는 당연히 아니었다. 공개되는 일정 사이사이에, 공개할 수 없는 일정들과 공개할 필요가 없는 일정들이 빼곡했다. 각 비서관들은 업무 관련 보고 시간을 잡기 위해 안달했고, 대통령의 시간을 관리하는 부속비서관실과 갈등이 생길 정도였다.

대통령이 관저로 '퇴근'을 해도 대통령 일은 끝나는 것이 아니다. 언제든 상황이 발생하면 위기관리센터로, 집무실로, 회의실로 이동해야 하며 관저에서조차 업무를 볼 수 있도록 시스템과 인원이 배치되어 있었다. 청와대 대통령은 그랬다.

문재인 대통령 재임 기간 중 진행됐던 국내 일정은 총 1,195개였다. 여기에 54개국 635개의 해외 일정이 추가된다. 공식적인 집계는 아니고 의전비서관실 내부에서 집계한 것이다. 여기에는 공개하지 않거나 공개할 수 없는 일정이 빠져있고, 2022년 상반기는 마저 집계하지 못했다.

그러니 매일매일 어떤 일정을 공개할 것인지가 늘 고민이었다. 정해진 기념식이나 국무회의 같은 정례적인 일정은 상관없지만, 그 외 일정은 시점, 분위기, 상황을 늘 고려해야 했다. 그래서 애써 준비했지만 비공개되는 경우도 있고, 공개하지 않으려고 했지만 갑자기 공개가 결정되는 경우도 더러 있었다.

2017년 9월 5일도 대통령은 여러 일정이 있었다. 공개 일정은 이미 결정되어 진행됐고 본관에서 여민관 집무실로, 여민관 집무실에서 다시 본관 집현실로 유독 이동이 많은 날이었다. 그날 오전 예정에 없던 일정이 긴급히 결정됐는데 아프리카 남수단 공화국 유소년 축구 대표팀 접견이었다.

앞서 남수단 축구 대표팀의 임흥세 감독은 남수단 축구팀의 청와대 방문을 메일로 요청했다. 남수단 축구팀은 다큐멘터리 〈울지마 톤즈〉로 알려진 고 이태석 신부님과도 인연이 깊었다. 누군가 뒤늦게 이들의 방문 요청 사실을 보고했고, 보고를 받은 대통령이 잠시라도 만나겠다고 하여 급히 결정된 일정이었다. 이미 당일 주요 일정은 공개됐고, 남수단 축구팀 접견을 국빈 접견처럼 하기도 어려웠다. 그렇다고 갑자기 다과회를 준비하기도 난망한 상황이어서, 대통령이 본관에서 여민관 집무실로 이동하실 때 본관 앞에서 '조우'하는 것으로 일정을 준비했다.

그리 중요하게 다뤄질 일정은 아니니 최대한 자연스럽게 대통령과 축구팀이 잠시 서서 인사하고 기념사진을 같이 한 장 찍으면 되겠다 싶었다. 축구팀은 임흥세 감독과 신부님 한 분이 인솔해 왔는데, 대통령이 오시기 전 미리 말했다.

"오늘 대통령 일정이 바쁘셔서 시간이 얼마 없습니다."

"압니다. 초대해 주신 것만으로도 감사드립니다."

"대통령님이 오시면 짧게 인사만 나누시고 바로 사진 촬영하고 나가실 겁니다. 하지만 선수단과 감독님이 청와대를 둘러보실 수 있도록 준비했습니다."

"감사합니다. 그런데 사진 찍고 나서 저희가 작은 선물을 드리고 싶습니다."

"그러시죠. 대통령께서도 좋아하시겠네요."

축구팀 중 한 명이 사인이 되어있는 축구공을 들고 있었다. 얼마 후 대통령이 나오셨다. 대통령은 예정대로 축구팀과 감독님, 신부님과 간단한 인사를 나누고 정해진 자리에서 사진 촬영을 하셨다. 재빨리 대통령에게 "축구팀에서 선물을 하나 준비했다고 합니다" 하고 감독님에게 축구공을 드리시라고 눈짓을 했다. 감독님은 고개를 끄덕이며 선수들에게 다가갔다.

그런데 사진 대형으로 서 있던 선수들의 대형이 바뀌었다. 마치 눈 깜짝할 사이에 포메이션이 4-4-2에서 3-5-2로 바뀌듯이……. 그러더니 갑자기 노래를 부르기 시작했다. 합창이었다. 처음에는 무슨 노래인지 몰랐으나 나중에 정신을 차리고 들으니 〈우리는 승리하리라(We Shall Overcome)〉와 〈아리랑〉이었다.

감독님이 준비한 선물은 축구공과 합창을 말하는 것이었다. 다음 일정 때문에 움직여야 하는 대통령이 꼼짝없이 그 자리에 서서 노래 두 곡을 들어야 했다. 우리는 그 뒤에서 안절부절못하고 있었다. 노래가 끝나자 대통령은 박수를 치셨다. 다행히 크게 당황하신 것은 아닌 것 같았다. 속으로 '그래 이만하면 큰 사고는 아니니 다행이다' 생각하며 대통령에게 말씀드렸다.

"이제 이동하셔야 합니다."

그런데 갑자기 대통령이 말씀을 하기 시작했다. 아마 노래 선물을 받았으니 뭔가 격려 말씀을 해야겠다고 생각하신 모양이었다.

"대한민국도 전쟁의 아픔을 겪었지만 힘겨운 과정을 이겨내고 오늘에 이르렀습니다. 저는 이태석 신부님이 나온 경남고등학교 선배고, 이 신부의 업적을 기리는 동상이 설치됐는데 저도 그 동상 설치에 참여했습니다. 이 신부가 봉사의 삶을 바친 남수단 어린이들을 만나 반갑습니다. 열심히 해서 세계 많은 나라, 어린이들에게 희망이 되어주길 바랍니다."

이때까지도 뭔가 잘못되고 있다는 것을 전혀 눈치채지 못하고 있었다. 그런데 대통령이 말씀을 마쳤는데도 선수들은 아무런 반응이 없었다.

'아…… 통역이 없었다.'

원래 사진 촬영만 예정되어 있어 근접 통역을 배치할 이유가 없었고, 그래서 현장에 대통령 말씀을 남수단어로 통역할 사람이 없었던 것이다. 갑자기 식은땀이 흘렀다. 대통령은 우리를 바라보고, 우리는 감독님을 바라보고, 감독님은 신부님을, 신부님은 다시 우리를 바라보았다. 너무나 길게 느껴진 몇 초가 흐르고, 우리는 유일한 희망인 신부님을 바라보며 말했다.

"신부님, 대통령님 말씀을 전해주시죠."

"……."

모두가 신부님을 쳐다보았다. 그러자 신부님이 조심스럽게 선수들을 향해 말했다.

"땡큐 베리 머치, 씨 유 어게인."

다시 몇 시간 같은 몇 초가 흘렀고, 대통령에게 말씀드렸다.

"대통령님, 이제 이동하셔야 할 시간입니다."

43

임명장 수여식과
청와대 의자 구매기
그리고 플로리스트 '정'

문재인 정부 임기 초반 의전 형식을 바꾸었던 것이 몇 개 있었다. 그중 하나가 '임명장 수여식'이었다. 임명장 수여식이 지나치게 권위적이니 한번 바꾸어 보라는 대통령 지시가 있기도 했다.

정부에 따라 조금씩 차이가 있지만 대통령이 직접 수여하는 임명장 수여식의 형식은 대개 비슷했다. 대통령이 도착하기 전 대상자가 미리 대기하고 진행자가 임명장을 낭독한 후 대통령이 임명장을 수여한다. 그리고 함께 기념사진을 찍는다. 간단하다. 기다렸다가 주고, 받고, 사진 찍고, 끝이다. 준비도 간단하다. 청와대 충무실 벽을 배경으로 태극기와 봉황기를 배치하고, 대상자와 관계있는 청와대 비서관들과 해당 부처 장관들을 대통령 우측에 도열시키는 것이 전부다.

행사를 어떻게 새로 손봐야 할까? 사실 행사라 할 것도 없는 간단한 '의식'이니 도무지 어떻게 바꾸어야 할지 떠오르지 않았다. 그러던 중 새 참모총장에 대한 임명장 수여식이 끝난 후 간담회 도중 대통령이 이런 말씀을 하셨다.

"여기까지 오는 데 가족도 참 고생이 많았겠습니다."

대통령의 말씀은 '누군가 대통령에게서 임명장을 직접 받는 자리까지 오는 것은 대단한 업적인데, 그것은 본인의 노력만으로 되는 게 아니다. 가족의 헌신과 희생도 그에 못지않게 컸을 것이다'라는 취지였다.

그때부터 우리는 임명장 수여식에 대상자뿐 아니라 대상자 가족을 함께 초청하기로 했다. 대통령 말씀의 취지도 살리고 한 가족의 아버지, 어머니, 딸, 아들이 가장 영예로운 순간에 가족과 함께 있도록 배려하는 것이 더 멋진 수여식을 위해 필요하다고 생각했다. 이후 문재인 정부 내내 대통령이 직접 수여하는 임명장 수여식에는 꼭 그 가족이 함께 배석하는 원칙을 만들었다.

좌우에 도열하는 배석자들의 위치도 바꾸기로 했다. 청와대 비서관들과 해당 부처 장관 등이 수여식에 참석하는 이유는, 새로 임명된 사람을 축하하려는 목적이다. 하지만 이들이 대통령 좌우로 도열하니, 서로 축하를 주고받는 분위기라기보다는 대통령의 권위만 도드라져 보였기 때문이다.

일반적인 포상 행사처럼 가족과 관계자가 좌석에 앉아 박수를 쳐주는 것이 훨씬 자연스럽고 보기에도 좋을 것 같았다. 이러한 바뀐 형식에 임명장 수여 주무 부처인 인사혁신처와 행정안전부는 처음에는 화들짝 놀라며 형식을 바꾸어도 되는 거냐고 물었다.

"취지에 부합하는 방향으로 바꿔서 좋으면 바꾸는 게 낫죠."

다행히 바꾼 결과가 나쁘지 않았고, 처음에는 어색했던 것들도 점차 익숙해졌다. 여러 언론에서도 이전과는 달라진 문재인 정부 임명장 수여식을 긍정적으로 평가했다. 그렇게 형식을 바꾸면서 '어공'(어쩌다 공무원)으로서는 이해하기 힘든 일도 겪었다.

수여식에 쓰일 '의자'가 문제였다.

대통령과 당사자만 임명장을 주고받던 기존의 간단한 형식에서, 축하를 위해 자리한 가족과 청와대 비서관들을 함께 앉힐 새 의자가 필요했다. 청와대에 의자가 없는 것은 아니었지만, 가지고 있는 의자가 마땅치 않았다. 전부 90년대 예식장에서 쓰던 것 같은 의자들이거나, 70년대 스타일의 전형적인 공공 기관 의자들뿐이었다.

앞으로 임명장 수여식은 5년 내내 있을 것이니, 분위기에 맞는 의자를 10개 정도만 구매하면 좋겠다고 총무비서관실에 요청했다. 필요성에 대한 공감이 이루어져 총무비서관실에서 샘플을 몇 개 보내왔다. 그런데 보내온 샘플들은 이미 청와대가 가지고 있던 70년대풍의 의자들뿐이었다. 비품 구매를 담당하는 부서에서는 추천한 의자들이 이미 검증된 것이고 그동안 문제도 없었다는 설명을 덧붙였다.

전례와 관례는 의자 하나에도 여지없이 적용되고 있었다. 행사 성격과 취지를 말하고 조금 심플한 의자가 필요하다고 의견을 주었다. 그랬더니 그런 의자는 없다는 답이 돌아왔다. 등받이 부분의 무궁화 각인과 의자 높이, 쿠션 재질 등이 정해져 있어 이것을 바꾸려면 몇 개월의 시간이 필요하고, 전부 주문 제작해야 해서 개당 백만 원 이상의 비용이 든다는 것이었다.

의자 10여 개를 사는 데 뭘 그렇게까지 하는가 싶었다. 그래서 70년대풍 의자가 아닌, '평범한' 의자를 사는 데 규정상 쓸 수 있는 비용을 확인하고 온라인에서 개당 10만 원대에 파격 세일하는 의자 10개를 직접 골라 구매 요청했다. 구매한 의자에는 각 실장과 수석의 명판을 새겨 놓고, 임기가 끝날 때까지 간담회나 가벼운 회의 때에도 분위기가 맞을 때마다 적절하게 잘 사용했다. 그 정도면 본전은 뽑지 않았나 싶다.

임명장 수여식에서 꽃다발 때문에 몇 년을 고생한 사람도 있었다. 행안부에서 의전비서관실로 파견을 나온 분이었다. 임명장 수여 주무 부처가 행안부다 보니 자연스럽게 수여식 업무가 그분의 일이 됐다. 어느 날 그에게 지나가는 말로 "아니 임명장 수여식에서 꽃 하나를 선물해도 좀 의미 있는 꽃을 했으면 좋겠어요. 매번 같은 꽃으로 하지 말고요"라고 말한 적이 있었는데 이분이 그 말을 듣고 그때부터 정말로 꽃 하나하나에 의미를 부여하기 시작했다.

금융위원장에게는 캐머마일(역경을 이겨내는 힘)과 소국(안정)으로 이뤄진 꽃다발을, 북방경제협력위원장에게는 아스타(신뢰)와 천인국(협력)으로 구성된 꽃다발을, 민주평통위원장에게는 데이지(평화)와 은방울꽃(반드시 행복해진다)으로 구성된 꽃다발을 전달하는 식으로 발전했다. 임명장 수여식이 한두 번도 아니고 임명된 사람에게 그때마다 어울리는 꽃을 찾는 일이 얼마나

힘이 들까 싶기도 했지만, 꽃다발이 종종 언론에 화제도 되고 하
니 잘된 일이었다.

어느 날, 좋은 기분에 함께 술 한잔하게 되어 그 자리에서
"거 봐요. 담당자가 신경 쓰니까 바뀌잖아요. 언론도 그렇고 다들
좋아하잖아요"라고 말했다. 그러자 그는 술에 취한 채 슬픈 목소
리로 말했다.

"아니, 제가 공무원이지 플로리스트냐고요. 이제 웬만한 꽃
집 주인보다 내가 꽃을 더 잘 알아요. 비서관님은 모르세요. 꽃말
들을 찾아내느라 제가 얼마나 힘든지…… 요즘은 꽃을 보면, 꽃
말이 먼저 생각나요."

플로리스트 '정', 그땐 미안했습니다. 앞으로 더 잘되실 거
예요.

한복 국무회의
2021년 한복문화주간 기념

대통령의 중요한 업무 중 하나는 국무회의다. 특별한 사정이 없으면 대통령이 격주로 국무회의를 주관한다. 나머지 한 주는 국무총리가 주관한다. 올라온 안건을 심의, 의결하고 때로는 그 내용을 가지고 토론하기도 한다. 장관과 같은 국무위원은 아니지만 지방자치단체장이 중요 사안을 보고하거나 국무위원들에게 협조를 구하고자 참석하는 때도 있다.

　국무회의의 기본 틀은 언제나 동일하고, 굳이 형식과 내용에 변화를 줄 이유도 없다. 하지만 국무회의를 특별하게 했던 적도 있었다. 형식이나 내용이 달라진 것은 아니고, '장소'를 다르게 하여 의미를 부여했었다. 2019년 3·1절 100주년을 맞아 '백범김구기념관'에서 진행했던 국무회의다. 공공 청사가 아닌 곳에서 처음 열린 국무회의였다. 그날 대통령이 말씀하셨다.

　"정부 최고 심의·의결기관인 국무회의를 백범 김구 선생과 독립투사, 임시정부 요인들의 높은 이상과 불굴의 의지가 실린 뜻

49

깊은 장소에서 하게 되니 마음이 숙연해집니다."

백범기념관 국무회의에서는 유관순 열사에게 건국훈장 대한민국장 추서를 의결했고, 안중근 의사 유해를 발굴하겠다는 의지를 밝히기도 했다.

한-아세안 정상회의를 앞두고 부산에서 국무회의를 연 적도 있었다. 한-아세안 정상회의는 평창올림픽 이후 가장 큰 규모의 외교 행사였고, 대통령은 아세안 10개국을 모두 방문하는 등 아세안과 외교에 역점을 두고 있었다. 이날 국무회의는 정상회의와 부대 행사가 진행될 예정인 부산 벡스코에서 열렸다. 아세안 각국 커피를 블렌딩한 '아세안 커피'를 회의장에 마련했고, 국무회의를 마친 대통령은 관련 시설과 준비 상황 등을 직접 점검하기도 했다.

어느 날 문체부에서 국무회의 때 국무위원들이 한복을 입었으면 좋겠다고 제안해 왔다. 처음에는 '이게 무슨 말이지?' 싶었다. 문체부 제안은 이랬다. 국무회의가 있는 주가 한복문화주간이니 한복을 착용한 국무회의를 한번 하자는 의견이었다. 물론 이러한 대담한(?) 요청에는 믿는 구석이 있었다.

일전에 대통령이 각종 기념식이나 공식적인 자리에서 한복을 많이들 입었으면 좋겠다고 하신 적이 있었기 때문이다. 그때 대통령 말씀에 참석자들은 별다른 답을 하지 않았다. 대통령이 이렇게 말씀하시면 비서관들이나 장관들은 두루마기라도 걸치는 시늉이라도 해야 하는데 아무도 대답하지 않고 서로 모르는 척만 했다. 그만큼 한복을 입는 것이 우리에게는 낯설고 생경한 일이었다.

　어쩌면 전 세계에서 자국의 전통 의상을 가장 낯설어하는 게 우리일 수도 있겠다 싶었다. 하지만 나는 문체부 의견을 대통령에게 보고하지는 않았다. 국무회의뿐만 아니라 공개 행사에서의 복장 규정은 의전비서관실 소관 업무이니 결정 권한이 있었다. 하지만 그걸 보고하고 모든 국무위원 배석자에게 한복을 입으라고 한들 정말 입고 올까 싶기도 했다. 아니 '대통령이 과연 입으실까?' 하는 생각도 있었다.

　얼마간의 시간이 지나고, 다시 같은 요청이 왔다. 이번에는 문체부 장관이 직접 요청했다. 이 정도가 되면 보고를 안 할 수가 없는 상황이었다. 통상 국무회의는 격주로 반복되므로 굳이 대통령에게 보고하지 않지만, 어쩔 수 없이 대통령에게 이러저러한 요청이 왔으며, 국무회의 때 문체부 차원에서 한복 착용 권장 정도로 정리할 계획이라고 말씀드렸다.

　보고를 받은 대통령은 한참을 생각하시더니, "한복 입죠, 국무회의 참석자들도 입자고 하시고"라고 말씀하셨다.

　청와대가 발칵 뒤집혔다. 보통 국무회의는 국무위원들과 청와대 비서관들이 배석한다. 비서관들은 국무회의 때 자기 업무와 관련된 안건 처리와 토론 내용을 확인하기 위해 참석한다. 그런데 코로나19 이후에는 배석자를 많이 줄였다. 따라서 국무회의에 들어올 수 있는 비서관 숫자도 줄었고, 이 때문에 배석 자리를 놓고 매번 치열한 경쟁(?)이 있었다. 그런데 한복 국무회의를 공지하자마자, 이런저런 사정이 생겨 국무회의 참석을 못 한다는 연락이 오기 시작했다.

다들 문체부에 대한 원성이 자자했다. 나도 마찬가지였다. 한복이라고는 결혼식 폐백 때 입어본 것이 마지막이었는데, 그 어색함과 남사스러움을 어떻게 해야 할지 난감했다. 모든 참석 대상자에게 "불참을 불허한다"고 공지하자 "이번에는 어떤 한복을 입어야 하나?", "대통령은 어떤 한복을 입으시냐?", "개량 한복도 한복으로 쳐주냐?", "양복에 두루마기만 걸쳐도 되느냐"는 질문들이 쏟아졌다.

아닌 게 아니라 대통령 한복도 고민이었다. '새로 한복을 맞추어야 하나?', '누군가의 질문처럼 두루마기를 입으시면 굳이 안에 복잡하게 저고리와 바지를 입으실 필요가 없지 않나?' 그리고 '갓도 써야 하는 건가?'…….

부속비서관과 대통령 한복과 관련한 비상하고 시급한 회의를 해서 대통령은 원래 가지고 계신 한복을 입고, 두루마기는 걸치기 않기로 했다. 한복 복식 전문가에게 두루마기를 걸치지 않아도 한복 착용에 큰 문제가 없는지 확인했다. "적절한 착용법은 아니지만, 실내에서는 그렇게 해도 되고 갓은 굳이 안 써도 크게 책잡힐 일은 아니다"라는 답변이 돌아왔다.

한복 국무회의 당일 아침까지 이 소란은 그치지 않았다. 회

©연합뉴스

의 참석자들은 한복 빌려주는 곳을 찾아 돌아다녔고, 집안에 오래된 한복을 찾아 수선하거나 한복 분위기가 나는 옷을 개량 한복이라고 우겼다. 죽어도 못 입겠다고 버티는 정무수석비서관도 있었다.

나는 그 난리 통에 미처 한복을 준비하지 못했다. 부랴부랴

53

국방부 전통의장대 의장대장 복장을 빌렸다. 두루마기 형태라 안에 저고리나 바지를 입지 않아도 티가 안 나고, 의전비서관이니 의장대 옷을 입는 게 나을 것 같았다.

그렇게 한복 국무회의가 시작됐다. 회의 시작 전부터 서로 복장을 보며 웃기도 하는 등 여느 국무회의와는 다른 분위기였다. 두루마기 없이 저고리와 바지를 입은 대통령도 웃으면서 회의를 시작했다.

"국무위원들이 한복을 솔선수범하여 입고 참석함으로써 한복 문화에 종사하는 분들께 조금이나마 위로와 응원이 되기를 바랍니다. 아울러 한복의 가치와 아름다움을 생활 속에서 친숙하게 누리는 문화가 점차 자리 잡기를 바라고, 한복을 입고 모일 수 있는 일상이 빨리 다가올 수 있도록 코로나19 백신 접종과 방역에도 만전을 기해 주시길 당부드립니다."

회의가 끝나고 다들 모여서 한복을 입은 기념으로 참석자 단체 사진을 찍었다. 사진을 찍고 나자 대통령이 한마디 더 하셨다.

"다음 3·1절에도 다들 한복을 입으십시다."

별이 된 사람들
국가정보원 '이름 없는 별'

미국 버지니아주 랭글리에는 중앙정보국(Central Intelligence Agency, CIA)이 있다. 미국의 대통령 직속 정보기관으로 1947년 창설됐다. 아마 전 세계에서 가장 유명한 첩보·정보기관이 아닐까 싶다. 우리나라에는 서울 서초구 내곡동에 국가정보원 (National Intelligence Service, NIS)이 있다. 그 기능과 역할이 미국 CIA와 유사한 기관이다.

국정원도 대통령 직속 기관이니 업무 보고나 부처 방문 대상에 들어간다. 이전 대통령들의 경우 사후 공개 형식으로 방문해 왔고, 듣기로는 비공개 방문도 여러 번 있었다고 한다. 대통령은 재임 중 두 번 방문했다. 두 번 다 사후 공개 형식이었다. 처음은 2018년 7월 서훈 원장 재직 시절이었고, 두 번째는 2021년 6월 박지원 원장 취임 직후였다.

국정원 방문도 여느 기관 방문과 형식 면에서 크게 다르지 않다. 주요 업무 보고, 향후 계획, 직원 격려 오찬, 방문을 기념하는 식수 또는 방문을 기념하는 공간 조성 행사로 구성된다. 그러나 국정원 방문은 일반 부처나 여타 기관과는 사뭇 다른 분위기가 있다. 통상 대통령 방문 일정은 의전비서관실과 경호처가 주관하게 된다. 내용은 의전이, 보안과 안전은 경호처가 담당한다. 국정원 방문도 이와 다르지 않았다. 하지만 경호처가 다른 기관 방문보다 더 세심하게 신경을 쓰는 것 같았다.

거기에는 경호처와 국정원 사이에 10·26 사태라는 역사적인 사건이 영향이 있지 않을까 싶다. 1979년 10월 26일, 박정희 대통령이 암살당한 날 경호실장, 경호처장, 부처장, 경호관 등도 국정원의 전신인 중앙정보부 요원들에게 사살당했다. 오랜 시간이 지난 역사 속 사건이니 이러한 이유로 경호처와 국정원의 감정이 아직도 좋지 않은 것은 당연히 아니겠지만, 요즘도 경호처 신입 경호관과 국정원 신입 직원이 위탁 교육에서 만나면 둘 사이의 경쟁이 치열하다는 이야기도 듣기는 했었다.

어쨌든 국정원 방문을 준비하기 위해 답사를 시작했다. 여러 시설을 보고 발표할 내용, 식사할 장소, 기념식수와 관련한 계획과 설명을 들었다. 우리는 여느 방문 때처럼 방문 취지와 기관 특성이 맞도록 내용을 협의했고, 큰 이견 없이 합의할 수 있었다. 우리는 전반적인 일정 정리가 끝난 후 안내해 주었던 국정원 관계자에게 물었다.

"근데 미국 CIA 입구에는 돌아가신 분을 기리는 공간이 있잖아요? 우리는 그런 것이 없나요?"

"아, 우리도 있기는 한데 본관 입구가 아니라 별도 시설에 마련되어 있습니다."

"그런가요. 그런데 그 추모 공간이 본관 입구에 있는 것이 좋지 않을까요? 제대로 의미를 부여해 조성하면 직원들이 매일 오가며 생각할 수도 있고, 이번에 대통령께서 방문하시면 첫 일정을 그분들을 추모하는 것으로 시작하면 의미가 있지 않을까요? 대통령께서는 순직자들에 대한 예우가 중요하다고 늘 강조하셨습니다."

서훈 원장을 비롯한 국정원 관계자들은 이러한 생각에 흔쾌히 동의해 주었다. 이러한 일은 기관이 스스로 하는 모양새보다 대통령이 그 의미를 부여해 주고, 그다음에 조성하는 편이 더 자연스럽기도 했다. 국정원은 2017년까지 국정원에서 순직한 18분을 각각 '별'로 형상화하고 그 아래에 이런 글씨를 새겼다.

소리 없이 별로 남은 그대들을 좇아
조국을 지키는 데 헌신하리라.

국정원 본관 입구에 있는 '이름 없는 별'은 그렇게 만들어졌다. 대통령 방문이 계기가 됐지만, 이제 우리가 국가를 위해 헌신하고 희생한 사람들에 대한 예우를 꼬박꼬박 챙기는 나라가 됐다는 것에 큰 의미가 있다. 비록 그들의 이름과 공적을 드러내지는 못하더라도, 국가가 반드시 당신의 희생에 보답한다는 약속의 별이기도 했다.

    2017년 대통령은 국정원 방문의 첫 번째 일정으로 이름 없는 별들 앞에서 헌화하고 묵념을 올렸다. 별 하나가 한 사람의 헌신이었다는 설명에 대통령은 말없이 고개를 숙였다. 그리고 2021년 6월 대통령은 다시 국정원을 방문했다. 그사이 이름 없는 별이 하나 더 늘어있었다.

    그 별을 보며 대통령은 말씀하셨다.

    "이름 없는 별에 그사이 별 하나가 더해진 것에 대해 가슴이 아픕니다. 살아서도, 죽어서도 이름과 직책조차 남기지 않은 채, '오직 국익을 위한 헌신'이라는 명예만을 남긴 이름 없는 별들의 헌신에 고개 숙여 감사드립니다."

한글날 산책
세종대왕릉 방문

우리나라 5대 국경일은 삼일절, 제헌절, 광복절, 개천절, 한글날이다. 이중 제헌절과 한글날은 대통령이 참석하는 국경일은 아니다. 제헌절은 헌법을 만든 기념일이라는 취지에 맞게 국회의장이 주관하고, 한글날은 국무총리와 문화체육관광부 장관이 주관한다.

통상 10월에는 대통령이 참석해야 하는 행사가 많다. 10월 1일 국군의날을 필두로 10월 2일 노인의날, 10월 3일 개천절, 10월 5일 세계한인의날이 이어져 있다. 여기에 육·해·공군 특별 행사들도 주로 10월이고 해외 순방이나 국빈 방문 일정, 경제 관련 현장 방문 등도 빼곡하다.

그러니 10월에 한글날 하나라도 대통령이 참석하지 않는 국경일이 있다는 것은 일하는 사람 입장에서는 사실 좀 다행이다 싶었다. 사실 국가 기념식을 왜 꼭 대통령이 다 주관해야 하나? 각 부처 장관도 있고, 국무총리도 있고, 국회의장도 있는데, 다들 좀 나눠서 하면 내용도 형식도 다양하고 좋지 아니한가? 하는 생각도 있었다.

그래서 일정 회의 때 누군가가 "그래도 재임 중 한 번은 한글날 행사에 가셔야 하지 않나?" 하는 사람이 있으면 득달같이 달려들어 "한글날은 문체부가 얼마나 열정과 성의를 가지고 준비하고 있는데 그런 말씀을 하십니까? 그분들의 열정과 노력에 찬물을 끼얹으면 안 됩니다"라는 주장을 필사적으로 했다.

문제는 비서관들끼리 일정 회의할 때는 그렇게 주장하는 것이 어느 정도 먹혔지만, 대통령 앞에서는 통할 리가 없었다. 책을 좋아하고, 글쓰기를 좋아하는 대통령이 해마다 한글날 행사에 참석하길 원하셨기 때문이다. 다행히(?) 매번 한글날 당일은 물론 한글날 전후로 다양한 다른 일정들이 잡혀있어 임기 마지막 해까지 기념식에 한 번도 참석하지 못했고, 대통령은 이를 못내 아쉬워했다.

하지만 대통령 특별 지시로 한글날을 기념한 별도 일정을 만든 적은 있다. 바로 2018년 한글날이었다.

그해 10월도 엄청나게 바빴다. 프랑스 출장이 있었고 제주에서 관함식을 준비해야 했다. 한글날 전주에는 순방을 위한 답사를 다녀왔고, 국빈 방문과 경찰의날 기념식까지 여러 일정이 줄지어 대기하고 있었다. 그런데 대통령이 갑자기 한글날 행사에 참석하지 못하니, 대체할 수 있는 관련 일정을 계획해 보라고 말씀하셨다. 그러면서 이런 말씀을 보태셨다.

"올해가 세종대왕 즉위 600주년이니 세종대왕릉에 참배 겸해서 다녀오는 것도 좋겠지요."

대통령이 이렇게 말씀할 때는 이미 관련 내용을 알아보고 생각을 끝낸 뒤에 하시는 것이었다. 거기서 다른 의견을 제시하려면 아주 상세한 이유와 근거 그리고 상당한 용기가 필요하다. 난 이유도, 근거도, 무엇보다 용기도 없어서, "너무 좋은 생각입니다"라고 말씀드렸던 것으로 기억한다.

세종대왕릉인 영릉英陵은 경기도 여주에 있다. 여주시와 문화재청은 효종 영릉과 세종 영릉을 연결하는 '왕의 숲길'을 조성했고, 그 길을 통해서만 도보로 세종대왕릉으로 갈 수 있었다. 하지만 세종 영릉에 참배는 할 수 있지만, 조성은 완전하게 끝나지 않은 상태였다. '어쩌면…… 이것이 한글날 일정을 하지 않을 수 있는 좋은 이유가 될지 모르겠다' 싶었다.

대통령에게 보고했다.

살펴보니 아직 세종 영릉 정비가 완벽하게 끝나지 않았고 효종 영릉을 거쳐 세종 영릉으로 가야 하는데, 한글날 효종 영릉에 들렀다가 세종 영릉으로 가는 것이 아무래도 연관성이 좀 부족해 보인다고 말씀드렸다.

대통령은 낮은 목소리로 "음……" 하셨다. 이런 반응은 대개 무언가 마음에 들지 않을 때 보이시는 반응이었다. 이어 "원래 그 길은 두 왕의 왕릉을 같이 참배했던 역사가 있는 곳"이라며 꾸중 같은 설명을 하셨고, 우리는 열심히 받아 적으면서 '우리가 왜 그랬을까?' 싶었다.

그날 받아 적은 바에 따르면 《조선왕조실록》에는 1688년 숙종, 1730년 영조, 1779년 정조 임금도 효종 영릉과 세종 영릉을 차례로 참배했다는 내용이 실려있으며, 이들이 두 릉 사이를 이 동할 때 사용한 약 700미터 길을 정비해 개방한 것이 '왕의 숲길' 이었다. 현직 대통령이 세종대왕릉에 참배하는 것은 1994년 김 영삼 전 대통령 이후 24년 만에 일이라는 설명도 하셨다.

한글날 당일, 대통령과 여사님은 효종 영릉을 참배한 후에 효종 영릉과 세종 영릉을 연결하는 '왕의 숲길'을 걸었다. 대통령 은 세종대왕 영릉에서 헌화와 분향을 마친 후 "한글, 위대한 애민 정신을 마음 깊이 새깁니다"라고 방명록에 적기도 했다. 그리고 일정을 마치기 전 참석자들에게 이런 소회를 밝혔다.

"한글은 과학적인 글자이며, 만든 목적이나 원리 등이 완벽히 기록으로 남아있다는 것이 참 자랑스럽습니다. 세종대왕은 일 반 백성의 소통을 위해 한글을 만들었습니다. 그야말로 세계에 유례없는 애민 정신의 발현입니다. 이 시대에 정치하는 사람들 이 다 본받아 가슴에 새겨야 할 것입니다."

이제 와서 생각해 보니 재임 중에 대통령이 한글날 기념식에 참석하셨더라면 좋았겠다 싶은 생각이 든다. 또 하나의 행사 준 비로 분주하기는 했겠지만, 한글에 대한 애정이 깊었던 대통령이 하고 싶은 말씀이 참 많았을 텐데…….

부산국제영화제와 해물짬뽕

'문화가 있는 저녁'은 매달 한 번씩 대통령 내외분이 문화예술 현장에 가는 일정이었다. 하지만 매번 다른 긴급하고 엄중한 일정들에 밀리고, 대통령 '나들이'에 드는 품도 적지 않아 결과적으로 영화 관람 몇 번 한 게 전부가 됐다.

'나들이'라고 말은 했지만 '문화가 있는 저녁'은 대통령의 여가 생활을 위한 것이 아니었다. 문화예술 현장을 꾸준하게 방문하려 했던 이유는 문화에 대한 대통령 생각을 보여주기 위함이었다. 지원하되 간섭하지 않고, 간섭하지 않으며 함께 즐기겠다는 의지를 보인 것이다. 임기 초 대통령은 부산국제영화제에 방문하신 적이 있다.

부산국제영화제는 우리나라 대표 영화제다. 1996년 처음 시작한 이후 독창성, 다양성, 창의성을 담은 다양한 영화들을 통해 대한민국, 나아가 아시아를 대표하는 영화제로 꾸준히 성장했다.

하지만 2014년 세월호 구조 과정을 다룬 다큐멘터리 영화 〈다이빙벨〉의 상영을 놓고 부산영화제는 심각한 정치적 외압을 받았다. 〈다이빙벨〉을 상영하려던 영화제 측에 예산을 대고 있던 부산시가 영화를 상영하지 못하게 한 것이다. 상영을 강행한 영화제 측에 부산시는 예산 삭감과 관련 인사 사퇴를 종용했고, 결과적으로 영화제 축소로까지 이어지며 상처가 깊었다.

그러한 상황에서 현직 대통령의 부산영화제 방문은 영화제에 대한 지지와 응원이었다. 영화제 측은 대통령의 방문을 진심으로 반겼다.

이날 일정은 부산영화제 전체를 둘러보는 것이었다. 지금은 고인이 되신 강수연 집행위원장과 함께 부산영화제 관련 주요 시설을 둘러보고 영화를 본 후 관객과의 대화(GV)에 참여한 뒤, 영화인을 꿈꾸는 학생들을 비롯해 영화제에 참석한 배우들과 식사까지 하는 종일 일정이었다.

그날 대통령은 영화가 끝나고 함께 식사를 하면서 마음에 두었던 여러 말씀을 하셨다.

"저는 부산 사람이어서 부산국제영화제가 아주 자랑스럽습니다. 부산영화제는 우리 부산 시민들 그리고 우리 국민들, 영화인들 모두 아주 자랑스러워하는 영화제입니다. 세계 5대 영화제, 아시아를 대표하는 영화제이기도 합니다. 22년 전 처음 시작할 때부터 공식적으로 참가하기도 하고, 개인적으로 와서 보기도 했습니다. 현직 대통령으로는 처음으로 부산영화제에 방문했다고 하니 뜻깊습니다. 영화인들의 마음이 모여서, 과거 위상을 되찾고 더 권위 있는 영화제로 나아가길 바랍니다."

한편으론 부산국제영화제가 겪었던 과거에 대한 위로와 함께 미래를 약속했다.

"정부와 시가 개입하면서 부산영화제가 위축됐다고 생각합니다. 오늘 함께하신 도종환 장관께서도 최대한 지원하겠다고 약속했는데, 여기에 더해 지원하되 간섭하지 않는다는 약속을 함께 드립니다. 부산영화제에 대한 정부 의지를 믿고, 지금 외면하고 있는 영화인들께서도 최대한 참여해 마음을 모아나가자는 말씀을 드리고 싶습니다."

이날 오찬은 영화를 관람했던 극장 근처 중국집으로 정했다. 대통령과 함께였지만 청와대 초청 오찬도 아니니 특별한 격식 없이 배우들과 학생들, 영화제 관계자, 문체부 장관과 수행원들이 한자리에 모여 앉았다. 대통령을 앞에 둔 불편함과 어색함, 그러면서도 즐거움이 묘하게 뒤섞인 분위기였다. 사전에 메뉴를 정하고 갔던 것도 아니어서 즉석에서 음식을 주문하게 됐다. 우리의 방문에 무척 당황한 중국집 사장님을 대신해 말했다.
"식사 주문받겠습니다."
그러자 당일 점심을 쏘기로 한 도종환 문체부 장관이 먼저 말했다.

65

"전 짜장면입니다."

문체부 장관 옆에 앉아있는 오석근 영진위원장도 말했다.

"저도 짜장면입니다."

그러자 자리에 함께했던 배우 공효진이 좌우를 바라보다 눈치 빠르게 말했다.

"모두 짜장면으로 통일하시면 될 것 같습니다."

그렇게 자연스럽게 짜장면으로 주문을 마치려는 순간, 갑자기 대통령이 손을 번쩍 드시면서 다급하게 말씀하셨다.

"아니, 아니 난 해물짬뽕…… (도종환 장관을 바라보며) 아니 장관님이 먼저 짜장면 이래 버리면 어떡해요. 그리고 뭐 탕수육이나 이런 것도 좀 주시는 거죠? 하하하."

참석자들은 모두 함께 웃으며 짜장면과 해물짬뽕, 탕수육에 군만두까지 먹으며 즐거운 오찬을 가졌다.

대통령은 이명박·박근혜 정부 시절에 있었던 문화예술인 블랙리스트 사건과 박근혜 정부 시절에 있었던 부산국제영화제 외압 사건에 대해 무척 안타까워하셨다. '지원하되 간섭하지 않고, 간섭하지 않으며 함께 즐긴다'는 문화예술에 대한 대통령 철학은 아마도 이러한 사건들에 대한 반성에서 비롯됐을 것이다.

그래서 그날의 부산영화제 깜짝 방문은 대통령이 문화예술계에 가지고 있던 오랜 마음의 빚을 갚는 자리였을지도 모르겠다. 이제 문재인 대통령은 퇴임하셨으니, 내년쯤에는 한 사람의 관객으로 부산국제영화제에 가실지도 모르겠다. 여사님과 함께 가셔서 임기 중에는 하지 못했던 '문화가 있는 저녁'을 마음껏 보내셨으면 좋겠다.

언제고 가시겠다면 내가 모시고 가서 해물짬뽕 한 그릇도 사 드리고 싶은 마음이다.

삼정검 수여식

　군인이 가장 영예로운 순간은 처음 계급장을 달았을 때라고 한다. 군인은 이때를 평생 잊지 못한다고 한다. 신병 교육을 마친 병사도, 부사관 교육을 마친 부사관도, 사관학교나 임관 교육을 마친 장교도 모두 마찬가지다.

　그럼 두 번째로 영예로운 순간은 언제일까? 아마도 병사들은 전역증을 받았을 때일 것이고, 부사관들은 원사가 됐을 때, 장교들은 아마도 별을 달았을 때일 것이다. 군인들이 말하길 별 달기가 하늘의 별 따기만큼 어렵다고 한다. 소위부터 시작해 대령까지 진급하는 것도 만만한 일이 아닌데, 별을 다는 것은 그것과는 비교가 되지 않을 정도로 어렵다는 이야기를 여러 번 들었다.

　그러니 별을 달았을 때가 군인에게는 또 한 번의 영예로운 순간일 것이다. 처음 별을 단 장성들에게는 삼정검이 수여된다. 노무현 대통령 때까지는 칼날이 하나인 삼정'도'가 수여됐는데, 이후에는 양날이 있는 '검'을 수여하는 것으로 바뀌었다.

　삼정검은 육·해·공 3군이 하나가 되어 호국·통일·번영에 기여 한다는 의미를 담아 현역 군인이 대령에서 장군으로 승진할 때 수여한다. 삼정검은 조선 시대 사인검四寅劍을 원형으로 한다. 사인검은 호랑이를 상징하는 12간지 인寅에 인년寅年, 인월寅月, 인일寅日, 인시寅時 네 글자가 겹치는 시간을 기다려 쇳물을 부어 만들었다고 한다.

장군들에게 수여되는 삼정검 칼날에는 충무공 이순신 장군의 '필사즉생 필생즉사必死則生 必生則死'라는 문구가 각인되어 있다. 그리고 대통령의 이름도 새겨져 있다. 박근혜 정부에서 진급한 장군에게는 '대통령 박근혜', 문재인 정부에서 진급한 장군들의 검에는 '대통령 문재인'이라고 쓰여있다.

이러한 삼정검(도)은 박근혜 정부 이전까지는 국방부 장관이 대통령을 대신해 진급자들에게 수여했는데, 아마도 모든 진급자에게 검을 수여하는 의식이 번거로워 그랬으리라 추측한다.

문재인 정부 초반 군 관련 의식과 행사를 정리하던 중에 어느 군 관계자가 말했었다.

"군인으로서 가장 영예로운 순간이 두 번 있는데 그중 한 번이 소위 계급장을 달았을 때고, 또 다른 한 번이 장군으로서 별을 달았을 때입니다. 소위 계급장을 달 때 대통령이 사관학교에 오셔서 졸업식을 주관하는 것처럼, 장군이 될 때 대통령이 삼정검을 직접 수여해 주시면 정말 좋겠습니다."

상당히 좋은 제안이었다. 게다가 대통령 이름으로 수여되는 검이니 대통령 일정만 된다면 직접 수여하는 것이 의미를 비롯해

군의 사기 진작, 그리고 국민이 보기에도 좋을 것 같았다. 문제는 그렇게 달기 어려운 '별'을 다는 장군 진급자와 진급 예정자가 해마다 150여 명은 된다는 점이었다.

대상자가 150명이니 가족까지 초청하면 300명이 되는, 한 자리에 모아 놓기에는 적지 않은 숫자였다. 대통령이 삼정검을 받아 대상자에게 수여하는 행위를 150번 반복하고, 처음 마주 섰을 때의 경례와 수여가 끝났을 때의 경례까지 총 300번 경례를 해야 하는, 물리적으로도 강도 높은 일정이었다.

그래서 처음 이 일정을 보고드릴 때는 대통령 이름이 쓰인 물건을 수여하는 행사이니만큼 취임 초에 한 번만 하는 것으로 말씀드려 허락을 받았다. 실제로 그럴 생각이기도 했다. 매해 고정 행사로 만들기는 좀 어렵지 않나 싶었다.

전례가 없던 행사다 보니, 예산부터 형식을 만드는 일까지 모든 것을 새로 해야 하는 처지에 놓였다. 덕분에 정부에서 새로운 것을 하나 시작하기가 얼마나 복잡하고 어려운지 체험할 수 있는 계기가 되기도 했다.

내용상으로는 150여 회 같은 동작을 반복하며 300번 경례를 주고받는 부분을 어떻게 해야 할지가 관건이었다. 대통령에게 최초로 우리가 보고했던 계획을 지금 다시 회고해 보니, 정말 어색하기 그지없는 형식이었다. '삼정검 의미와 취지를 대통령이 말씀하고 나서 검을 수여하거나, 검을 받는 사람이 뭔가 맹세 같은 것을 한마디 하는 것'이 처음 계획이었다. 단순 동작을 150회

© 연합뉴스

1825일, 1195개의
대통령 일정

반복하다 보면, 그 현장이 너무 지루할 것 같았다.

그래서 대통령이 "이 삼정검에 호국, 통일, 번영의 의미를 담아……"라는 식으로 말씀하면 진급자는 그 말과 삼정검을 받아서 "조국과 민족에 충성을 다하는 대한민국 군인으로서……"라는 식으로 대답을 하는 구상을 했었다. 그 보고를 했을 때, 여민관 3층 집무실에서 본 대통령의 표정을 지금도 기억한다.

"그럼 이 말을 내가 150번 하고, 검을 받는 사람은 또 그 대답을 150번 하고 그러자는 겁니까? 경례하고 경례받고, 검을 주고 검을 받고, 말을 하고 말을 듣고, 다시 경례하고 경례받고, 다시 사진 찍고 목례하고……?"

맞는 지적이었다. 이렇게 하면 한 사람당 1분씩만 잡아도 150분 이상이 걸리는 일이었다. 결국 대통령 말씀과 진급자 맹세는 없던 일로 하고, 경례도 단체로 시작할 때와 끝날 때 한 번씩만, 인사는 개별 수여 때 목례로 간소화해 행사를 진행했다. 하지만 초청한 가족에게 꽃다발을 드리고, 수여식이 끝난 후에는 다과를 겸한 간담회까지 했으니 줄인다고 줄였어도, 전체 행사 시간에 두 시간 가까이 소요됐다.

대통령은 두 시간 내내 서 계셔야 했다. 두 시간 동안 서 계시는 대통령을 보며 행사가 진행되는 내내 후회했다. '아…… 이 일정을 왜 하자고 했을까. 그나마 한 번이니 다행이지 뭐야' 싶었다. 그렇게 우여곡절을 거쳐 행사는 끝났고, 이어진 간담회도 무사히 끝났다. 대통령은 무척 힘들어하시며 관저로 올라가셨다.

물론 새로 진급한 장성들은 아주 영광스러워했다. 어떤 장군은 감사 인사를 하다가 울컥하기도 했고, 어느 장군 가족은 군인 남편과 함께한 말 못 할 고생을 떠올리며 눈물을 펑펑 쏟기도 했다. 진급 자체도 영광스러운 일이지만 생전 처음 가족과 청와대를 방문하고, 대통령이 직접 주는 꽃다발까지 받았으니 다들 어깨가 으쓱했던 것이다.

　　그리고 시간이 좀 흐른 어느 날, 다른 일정을 보고드리고 나오는데 대통령이 말씀하셨다.

　　"그 삼정검 수여식 매해 합시다. 이미 시작을 그렇게 했고, 다들 좋다면 계속합시다."

　　아마도 현장 분위기와 수여식에 대한 평가를 보신 듯했다. 무엇보다 그날 진급한 장성들의 자부심 넘치는 모습 때문이었을 것이라는 생각도 들었다. 우리는 다행이다 싶기도 하고, 앞으로 큰일이다 싶기도 했다.

　　어쨌든 그해부터 5년간 삼정검 수여식은 매해 진행됐다. 퇴임 직전 마지막 군 행사도 삼정검 수여식이었다. 우리는 매번 어떻게 하면 경례를 줄일 수 있을지 고민, 또 고민했지만 별 뾰족한 방법이 없었다. 그저 고생하시는 대통령을 보고 안절부절못할 수밖에 없었다. 하지만 대통령은 아무 말씀 없이 행사를 주관했다.

　　첫 별을 달고 뿌듯해하던 진급자들과 가족들이 그러한 대통령의 수고와 마음을 알고 있었으려나…….

73

의인들과 해돋이 산행,
그리고 신년 초계비행

새해 첫 대통령 일정

겨울이 되면 따뜻한 아메리카노 한 잔 들고 눈이 소복이 쌓인 청와대 녹지원을 산책하면서, '그래 올 한 해도 이렇게 가는구나' 하고 깊은 상념에 빠지면 좋겠지만⋯⋯ 청와대에서 그런 시간이라는 게 있었을 리가 없었다.

연말이 되면 가장 큰 고민은 새해 첫 일정이었다. 고민은 많았지만 실은 답은 이미 정해져 있었다. 새해 첫 공개 일정은 언제나 '산행'이었다. 여러 가지를 보고해도 결국 대통령이 새해 첫 일정으로 '산행'을 선택하실 것이라는 사실을 다들 알고 있었다. 취임 후 첫 산행은 북한산이었고, 이듬해는 남산, 그다음 해는 아차산이었다.

대통령 신년 산행에는 몇 가지 조건이 있었다. 당일 오후부터는 업무를 시작해야 하니 거리가 가까워야 하고 지나치게 험한 산은 피해야 했다. 그렇다고 너무 무난한 곳을 선택하면 대통령이 별로 좋아하지 않으실 것이니 적당한 난이도가 중요했다. 해돋이를 보기에 적당해야 했고, 해돋이를 보러 올 국민과 자연스럽게 만나는 것도 고려해야 했다. 사람들이 너무 많이 오르는 산도, 또 너무 한적한 산도 피해야 했다.

2018년 첫 신년 산행을 했던 북한산은 좁은 정상에 너무 많은 사람이 몰려 있는 데다가, 마침 여러 정치인이 자기 지지자들과 산행을 왔고, 거기에 대통령까지 등장하니 한바탕 난리가 났었다. 2019년 남산은 산행이라 하기에는 등산로가 너무 짧아 대통령이 별로 좋아하지 않으셨다. 게다가 팔각정이 있는 전망대 부근은 인산인해라 대통령이 사람들에게 완전히 둘러싸여 마이크를 들고 인삿말을 하신 후에야 빠져나올 수 있었다.

새해 첫날 산행은 비서관들로서는 그리 달가운 일은 아니어서 여러 번 잔꾀를 부리기도 했었다. "산에서 뜨는 해는 여러 번 보셨으니 이번에는 바다에서 뜨는 해를 보시러 기차를 타고 정동진에 가시는 게 어떻습니까?", "새해 해돋이보다는 연말에 일몰을 여유 있게 보시는 것이 낫지 않을까요?" 하는 식이었다.

이렇게 대통령 해돋이 산행은 어디로 갈지가 가장 고민이었지만, 누구와 갈지도 고민이 많았다. 애초에는 비서실장부터 청와대 비서들까지만 가려고도 했었다. 그러나 비서관들 수만 해도 50여 명이 넘으니 누구는 가고, 또 누구는 가지 않을 수 없고, 그렇다고 다 같이 가려니 비서관, 경호처, 의전 직원까지 식구들 수가 너무 많았다.

게다가 새해 첫 일정이니만큼 해돋이를 보는 것에 더해 무엇인가 의미도 있어야 했다. 그러던 중 그해 있었던 훈훈한 이야기들을 다룬 기사를 보다가 '이거다' 싶은 생각이 떠올랐다.

'의인들과 해돋이 산행, 새해 첫 시작은 우리 사회 곳곳에서 희망이 되어주었던 의인들과 함께!'

위험에 빠진 사람을 구해주었던 사람들, 남몰래 좋은 일 착한 일을 했던 사람들, 국민에게 작지만 훈훈한 기분이 들게 만들어 주었던 사람들을 찾아 그들을 초청해 함께 산을 오르고, 청와대에서 대통령과 떡국 한 그릇을 함께 나누는 것으로 새해를 시작하기로 했다. 찾아보니 정말 신기하게도 매해 그런 사람들이 꼭 있었다. 날로 각박해지고 서로 못 잡아먹어 안달인 시대지만, 우리 사회 곳곳에 그런 슈퍼 히어로 같은 의인들이 있었다. 그렇게 대통령과 의인들이 새해 함께 산행하고 해돋이를 보고, 여사님이 끓여주신 떡국을 나누어 먹는 것으로 대통령의 새해 첫 일정은 시작됐다.

딱 한 번 산행을 하지 못했던 해(2021년)도 있었다. 코로나19 때문이었다. 그해는 위중한 안보 상황도 있어 새해 첫날 일정을 공군 신년 초계비행 지휘로 대체했다. 공군 지휘 통제기인 '피스아이'Peace Eye에 탑승한 대통령은 2시간 동안 우리 영공을 돌며, GOP 부대, 연평부대, 항공우주작전본부, 율곡 이이함, UAE에 파병한 아크부대 지휘관들과 새해 인사를 나누고 경계 작전을 보고 받았다.

새해 첫날, 대한민국 영공을 돌며 각 군을 격려하는 대통령의 모습은 진짜 군통수권자의 모습이었다. 비행을 마치고 돌아오

는 길에 마라도에서 뜨는 새해 해돋이를 기내에서 볼 수 있었는
데, 새해 해돋이에 언제나 진심인 대통령인지라 무척 좋아하셨
다. 우리 역시 대통령이 산에 오르시는 것보다는 비행하시는 편
이 여러모로 더 좋기도 했고…….

작전명 '태양의 후예'
UAE 아크부대 방문과 약혼녀 공수작전

UAE 순방(2018년 3월)에서 한-UAE 문화 교류 콘서트와 현지 파병 부대인 아크부대 방문 행사를 준비했다. 아랍어로 '아크'akh는 형제를 의미한다. 청와대 5년 동안 가장 바빴던 시기가 이때였다. 24시간 동안 비행기를 3번이나 갈아타는 경험도 해보았다.

대통령이 UAE로 순방을 떠나셨을 때 나는 함께 출발하지 못했다. 그해 봄에 있을 남북 합동 공연 답사를 위해 평양에 있었기 때문이다. 평양에서 답사를 마치고 혼자서 '평양 → 베이징 → 인천 → 두바이'로 이동했다. 이미 두바이에서 순방 일정이 진행 중이었기 때문에 서둘러야 했다. 특히 아크부대 방문에는 비밀 프로젝트가 있어서 내내 걱정이 많았다. 작전명은 '태양의 후예'였고 청와대, 국방부, 현지 대사관의 합동 작전이었다.

아크부대 방문은 대통령의 첫 해외 파병 부대 방문이었다. '군부심' 투철한 대통령을 모시고 있으니 그것만으로도 중요한 일정이었다. 무엇보다 먼 타국에서 고생하는 군 장병들을 위로하는 일은 다른 일정보다 더 애틋한 기분이 들어 잘하고 싶었다. 두 번이나 사전 답사를 다녀오기도 했다. 자정쯤 두바이로 가는 비행기를 타고 현지에 도착해서 답사와 행사 준비를 하고, 다시 그날 저녁에 비행기를 타고 서울로 돌아와 오후에 청와대로 출근하는 일정이었다.

아크부대장과 현지 무관을 만나 아크부대 장병들에게 필요한 것은 없는지, 대통령을 만났을 때 하고 싶은 것은 있는지 꼼꼼하게 물어보며 일정을 준비했다. 높은 사람(?)이 오면 통상 부대에서 준비하는 전술 시범이나 사열은 과감하게 생략하기로 했다.

열사熱沙의 나라에서 장병들이 이미 하고 있는 고생으로도 모자라, 대통령이 갔다고 고생을 더 하게 만들 필요는 없었다. 그리고 대통령도 그런 것을 바라지는 않으실 것이 분명했다. 대신 대통령 전용기에 장병들이 먹고 싶은 음식을 실어 갔다. 실내 체력 단련 시설을 보강했으면 한다는 요청도 미리 받아 운동기구들을 전달하고, 장병들의 생활 시설을 대통령이 직접 보신 후 함께 단체 사진을 찍는 것 정도로 일정을 간소화했다.

하지만 아크부대장은 "그래도 대통령이 오시는데, 저희가 아무것도 안 하고 받기만 할 수는 없습니다"라며 안절부절못했지만, "이미 고생하고 계시는데 대통령님 뜻은 그게 아닙니다"라고 양해(?)를 구했다.

"그런데 혹시 부대원 중에 뭐 특별한 사연이 있는 사람이 있을까요?"

"특별한 사연이라면 어떤?"

79

"파병 때문에 출산을 못 보았다든지, 신혼부부라든지, 그런 사연 말입니다."

"아 있습니다. ○○○ 대위가 있는데 이 친구가 파병이 확정되자 결혼식을 미루고 여기로 왔습니다."

원래는 해당 부대원과 약혼녀 사이에 간단한 영상통화를 연결하려 했었다. 그런데 사전에 약혼녀와 접촉했던 의전비서관실 행정관이 그 약혼녀를 만나고 와서 말했다.

"약혼녀가 ○○○ 대위를 너무나 보고 싶어 하더라고요. 영상통화보다는 어떻게 부대로 데리고 갈 방법은 없을까요?"

물론 약혼녀를 데리고 갈 수 있다면 좋겠지만, 여러 기관의 협조가 필요했다. UAE 방문 자체는 문제없었다. 하지만 부대 방문과 관련해서는 별도의 허가를 받아야 했고, 만나게 된다면 잠시라도 ○○○ 대위에게 휴가를 줄 수 있는지와 이동에 대한 배려도 필요했다. 공군 1호기(대통령 전용기)에 태우면 좋겠지만 민간인 신분에 수행원 역할도 아니니 다른 비행편을 찾아봐야 했다. 청와대와 국방부 현지 대사관 등 여러 사람의 의견을 모아보았다. 다들 모시고 가자는 의견이었다. 한번 해보기로 했다.

UAE 공식 방문 마지막 날. 대통령이 아크부대를 찾아 장병들에게 인사를 건넸다.

"나는 그냥 대통령이 아니라 공수 130기 특전사 출신 대통령입니다. 부대 편히 쉬어, 대통령 명령입니다."

즐겁고 화기애애한 다과회였다. 대통령은 부대원들과 서울에서 준비해간 음식들을 나누어 먹으며 이야기를 나누었다. 이어 즉석에서 가족과 사랑하는 사람들에게 보내는 영상 메시지 촬영 순서가 이어졌다. 그때 해군특수전사령부 소속 부사관 한 분의 말씀에 모두 가슴이 찡하기도 했다.

"△△아, 아빠야. 여긴 UAE고 나는 지금 대한민국 대통령과 같이 있다. 내가 너무 자랑스럽다. 우리 와이프, 이때까지 군 생활 20년 동안 내 얼굴이 밖으로 나간 적이 없는데, 이번이 처음이네. 우리 이제 같이 좋은 데 가고 맛있는 거 많이 먹자. 오늘 이후로는 아빠가 아들에게 자랑스럽게 할 이야기가 있을 것 같네. 사랑해."

돌이켜 보니 특별한 말은 아니었는데 그때 그 자리에서는 마음이 참 그랬다. 그리고 나서 ○○○ 대위를 일부러 불러 세워 서울에 있는 약혼녀에게 영상 메시지를 보내시라고 채근했다. 그 대위는 쑥스러워하면서 일어나 말했다.

"결혼식도 못 올리고 혼자 신혼집에 있을 □□□, 내가 조국에도 가족에게도 충성하는 완벽한 사람이 될게. 사랑해."

그때 사회자가 ○○○ 대위에게 이제 뒤를 돌아보라고 말했고, 영문을 모른 채 뒤를 돌아본 ○○○ 대위는 그의 등 뒤에 서 있는 약혼녀를 발견했다. 두 사람이 서로 껴안고 좋아했는데, 그 모습을 보며 행사를 준비한 담당 행정관들이 구석에서 괜히 훌쩍이고 그랬다. 대통령 내외분이 두 사람 모두를 안아주며 짧은 만남을 축하해 주었다. 대통령은 "대통령이 준비한 선물 마음에 드십니까?"라고 말씀하기도 했다. 군에서는 특별히 ○○○ 대위에게 1박 2일 휴가를 허락했고, 대사관은 두 사람에게 호텔 1박 이용권을 제공했다.

그렇게 '태양의 후예' 작전은 성공했다. 두 사람이 만나서 행복했고, 그런 모습을 볼 수 있어 행복했다. 지금 그 두 사람은 결혼해서 잘살고 있겠지…… 부디 그러하길 빈다.

의장대와 군악대
그리고 '팡파르' 대장

국방부 의장대대에는 의장대, 군악대, 전통의장대, 전통군악대
(취타대)가 있다. 우리 군에는 국방부 의장대뿐 아니라 육·해·공·
해병대 의장대도 각각 따로 있다. 각 군 의장대도 훌륭하지만, 국
가 기념식이나 대통령 행사는 주로 국방부 의장대가 맡아왔다.
대통령 직속 의장대라고 할 수 있겠다.

　국방부 의장대는 청와대 안에서 진행되는 많은 행사에 함께
했다. 군 장성 수치綬幟(끈으로 된 깃발) 수여식부터 각종 외교 행
사, 국가 기념식, 보훈 행사 등이다. 특히 국빈 환영식, 만찬 행사,
6·25 70주년 행사, 6·25 전사자 유해 봉환식, 홍범도 장군 안장
식 같은 행사는 의장대 없이는 진행할 수 없었다.

　의장대 역할은 형식미를 최대한 끌어올리는 데 있다. 특히
형식 자체가 중요한 의전 행사의 경우 의장대가 그 시작과 끝이
라 할 수 있다. 때로는 단순한 동작 하나, 혹은 아예 동작이 없는
부동자세를 유지하는 것이 국가 의전 형식미의 완성이라 할 수도
있다. 문재인 정부 5년 동안 의장대의 고생이 정말 많았다. 특히

새로운 의장儀仗을 만들고 연습하고 능숙하게 해내는 일은 기존 역할에 더해야 하는 일이어서 두 배로 고됐을 것이다.

전사자 유해를 운구하는 의장도 문재인 정부에서 새로 만든 것이고, 태극기를 접어서 유족에게 전달하는 의장도 이전에는 없었다. 미국, 카자흐스탄 등 해외에서 타국 의장대와 함께 행사를 진행한 것도 아마 처음이지 않았을까 싶다. 홍범도 장군 유해 인수를 위해 카자흐스탄에 갔을 때 조금이라도 행사를 더 멋지게 해보겠다며 태극기를 다리미로 다리다가 태워 먹은 일(다행히 예비 태극기가 있었다)이 있었는데, 아마 두고두고 의장대 전설로 전해질 것이다.

의장대와 함께 국방부 군악대 역시 고생이 참 많았다. 복무기간이 짧아지고 병역 대상자가 줄어들면서 음악을 전공한 병사 숫자가 줄고 연습할 수 있는 시간도 줄어들 수밖에 없었다. 모병제가 아닌 이상 어쩔 수 없는 현실이다. 군악대를 책임지고 있는 지휘관들로서는 참 답답할 것이다. 상황이 그러한데 늘 새로운 음악을 부탁하고, 편곡을 요청하고, 연주를 더 잘해달라고 할 때마다 얼마나 고민이 많았을까 싶다. 그래도 군악대는 할 수 있는 최선을 다해 연습하고 실수하지 않으려고 노력해 주었다.

특히 감동이었던 것은 본인들도 잘하고 싶은데 연주와 편곡을 지도해 줄 만한 사람을 찾기가 쉽지 않더라며 도움을 부탁했을 때였다. 어떻게든 해보고 싶다는 그 의지에 감동해 몇몇 전문가들에게 부탁해 그들을 지도할 수 있도록 해준 일도 있었다. 그

85

런 열정으로 뜻밖의 좋은 결과를 만들기도 했다.

국방부 군악대는 한-아세안 특별정상회의(ASEAN-Republic of KOREA Commemorative Summit) 공식 환영식에서 각국 정상들의 입장, 퇴장 음악을 연주했을 때였다. 그냥 적당한 곡을 정해 반복해도 그만이었는데 각국 대통령, 총리, 국왕의 상징 음악을 애써 구하고 그게 없으면 그 나라의 군가와 행진곡을 찾아서 편곡하고 연습했다. 태국 정상이 퇴장할 때는 태국 음악을, 필리핀 정상이 퇴장할 때는 필리핀 음악을 '맞춤'으로 연주해 각국 정상들이 가던 발걸음을 멈추고 박수와 환호를 보냈다. 그 모습을 보자 우리 군악대가 정말 자랑스러웠다.

군악대와 함께 의장대에는 '팡파르대'가 있다. 규모는 한 개 소대 정도 될 것이다. 아직도 그 팡파르 대장이 근무를 하고 계시는지는 모르겠지만, 그분과 나 둘 사이에는 잊을 수 없는 추억(?)이 하나 있다.

트럼프 대통령의 국빈 방문(2017년 11월) 때였다. 모든 언론이 청와대에서 공식 환영식을 생중계하고 있었다. 공식 환영식은 청와대 앞 분수대에서 트럼프 대통령을 태운 전용차가 우리 전통 의장대의 호위를 받고 정문을 통과하면, 팡파르대가 멋진 '팡파르'로 시작을 알리는 것이었다. 이를 위해 여러 차례 사전 연습을 하고 당일 리허설도 참 많이 했다. 팡파르 소리에 맞추어 대통령도, 환영식 참가자도, 사열을 기다리는 의장대 병력도 움직여야 하므로 연주는 물론 타이밍이 아주 중요했다.

예정된 시간에 저 멀리서 검은색 캐딜락이 등장했다. 정문을 통과하자마자 팡파르 대장에게 사인을 보냈다. 팡파르 대장도 차량을 보자마자 온몸으로 열정적인 지휘를 시작했다. 대원들 역시 입술이 찢어져라 연주를 시작했다.

그런데 자세히 보니 앞에 있어야 할 전통의장대와 경호관들이 보이지 않았다. '아 똑같은 차 2대가 있다던데 이 차가 아니구나' 싶어 바로 팡파르 대장에게 손으로 X를 만들어 보내며 멈추라고 했다. 그러나 멀리서 내 모습을 본 팡파르 대장은 더 크게 하라는 줄 알고 육성까지 내며, '빵빠라빠라빠라 빰빠밤' 하는 것이 아닌가······.

현장에 생중계 카메라들이 있어 뛰지도 못하고 잰걸음으로 팡파르 대장에게 다가갔더니, 팡파르 대장은 그제야 뭔가 잘못됐다는 것을 알고 식은땀을 흘리고 있었다. 그 옆에 서서 낮은 목소리로 말했다.

"정신 차리세요."

잠시 후 진짜 트럼프 대통령이 탄 차량이 들어오고 우리는 아무 일도 없었던 것처럼 다시 팡파르를 연주했다. 공식 환영식이 끝나고 팡파르 대장과 본관 뒤에 마주 앉았다. 팡파르 대장이 침울한 표정으로 말했다.

"어쩌죠?"

"뭐 어쩌겠어요. 할 수 없죠."

"자연스럽지 않았나요? 연습인 것처럼."

©연합뉴스

"네…… 자연스러웠어요. 리허설 한 번 더 하는 것 같았어요."

"……."

"팡파르 대장님 오늘 제대하시고, 저는 오늘 사직서 쓰는 날인 줄 알았네요."

다행히 그 후에도 팡파르 대장은 대통령 퇴임 때까지 무사히 군 생활을 했다. 우리끼리 비밀로 하자고 했었는데 미안하네요, 대장님.

밀덕 대통령 FA-50 탑승기
대통령, 하늘을 날다

대통령은 '밀덕'(밀리터리 마니아)이다. 불편한 보고를 드려야 할 때 먼저 나무 이야기, 등산 이야기를 꺼내 보고 그래도 아니다 싶으면 슬며시 군대 이야기를 꺼냈다. 그러면 한결 누그러진 모습으로 보고를 들어주셨다(고 느꼈다).

문재인 정부 5년 동안 많은 행사가 있었지만, 군 행사만큼 대통령이 좋아하셨던 행사가 없었다. 국군의날 같은 공식 행사뿐 아니라 방위산업 관련 전시회, 전략무기와 관련한 비공개 일정, 전방 부대 방문까지 군 관련 일정은 언제나 우선이었다. 군과 관련한 정보와 이해 그리고 애정은 아마 대통령이 가장 크지 않았나 싶다.

대통령은 잠수함, 구축함, 경비함, 상륙함과 같은 해군 자산과 장갑차, 자주포, 신형 전술 차량 같은 육군 자산에 모두 탑승한 기록(?)도 가졌다. 통상 대통령이 탑승한 비행기나 헬기를 1호기, 대통령이 탑승한 차량을 1호차로 명명하는데 우리 손으로 개발한 육군 수리온 헬기와 해병대 마린온 헬기에 대통령이 직접 탑승하면서 육군 1호기와 해병대 1호기가 탄생하기도 했다.

특히 대통령의 '군부심'이 빛났던 절정의 순간은 공군 FA-50에 탑승했을 때다. 전현직 대통령을 통틀어 처음 있었던 일이고, 아마 앞으로도 볼 수 없는 장면일 것이다.

공군은 2년에 한 번씩 '서울 아덱스'ADEX(서울 국제항공우주 및 방위산업 전시회)를 개최한다. 해마다 그 규모가 커지고 있는 우리나라 최고의 방산 전시회라고 할 만하다. 육·해·공군 무기와 각종 장비를 전시하는데, 각국 국방부 장관과 무관, 방산 관계자를 초청해 우리 무기의 우수성을 알리고 판매까지 하는 자리다.

2021년 전시에서는 K9 자주포와 FA-50 경공격기가 주력 상품이었다. 중동 여러 국가와 동유럽 국가들을 비롯해 남미 국가들까지, 많은 국가가 우리 기술로 개발된 무기에 깊은 관심을 보였다. 그러한 까닭에 대통령은 서울 아덱스에 임기 초 참석을 했었지만, 한 번 더 참석하기로 했다.

첫 번째 참석 때 대통령은 축사를 하고 전시를 관람한 후, '블랙이글스' 기체에 올라 사진을 찍고 에어쇼를 보여주었던 대원들을 격려했다. 두 번째 행사 역시 첫 번째와 같은 내용의 행사이니 형식적으로는 크게 바꿀 일이 없었다. 다만 멈춰 서 있는 비행기에 앉아 사진을 찍기보다는 움직이는 비행기에 타 보시는 것 정도는 괜찮다 싶었다. 본관에서 일정을 마치고 집무실로 돌아가는 길에 먼저 말을 꺼냈다.

"대통령님, 이번 아덱스 때는 FA-50에 타 보시는 건 어떻습니까? 요즘 한창 세일즈 중인데, 대통령님이 직접 타시면 홍보 효과도 생기고 안정성이나 이런 부분도 자신 있어 보일 것 같습니다.”

“좋습니다. 그런데 그거 타려면 사전에 교육도 받고 그래야 할 텐데 규정을 잘 살피고 문제없으면 나도 타고 싶습니다.”

“네? 교육요? 문제없습니다. 타실 수 있습니다.”

“그러면 탑시다. 나는 좋습니다.”

그러나 이 대화에는 심각한 오해가 있었다. 우리는 ‘탑승’을 활주로에 있는 비행기에 탑승해 지상 이동하는 것을 생각하고 말한 건데, 대통령은 하늘을 나는 것으로 생각하신 것이다. 대통령이 자리를 떠나시고 사색이 된 경호처장의 우려를 듣고 나서야 오해가 있었다는 것을 알았다. 하지만 어쩔 수 없었다. 대통령은 이미 하늘을 날고 계실 텐데 어떻게 내려오라고 말할 수 있겠는가…….

공군과 경호처 의전 긴급회의가 열렸다. 먼저 규정을 봐야 했다. 지상 이동은 특별한 사전 교육 같은 건 필요 없었다. 하지만 하늘을 나는 것은 달랐다. 일단 공군 참모총장의 허가가 필요했다. 특정 고도 미만으로 비행해야 하며 탑승 전에 안전 교육과 장비 교육, 비상 탈출 및 관련 절차 교육도 필요했다.

대통령이 탑승을 원하시니 교육은 시간을 내어 받으면 되지만 경호처가 문제였다. 일단 전례가 없는 일이고 공중에서 대통령을 근접 경호한다는 것은 불가능한 일이니 경호처의 불안이 컸다. 반면에 공군은 대통령 탑승을 환영하는 분위기였다. 창군 이래 처음으로 현직 대통령이 전투기에 탑승하시겠다니 영광이라는 입장이었다. 행사를 공동 주관하는 방사청 등도 좋아했다. FA-50 세일즈에 확실히 도움이 되겠다고 판단하는 듯했다. FA-50의 우수한 성능과 안전성을 보여주는 방법으로 이만한 방법이 없다는 것이다.

이렇게 다들 좋아하는데 우리와 경호처만 좌불안석이었다. 경호처는 혹시나 있을지 모를 사태가, 우리는 괜한 말을 꺼내서 발생하게 된 이 모든 상황이 걱정스러웠다.

대통령이 탑승하기 전 우리와 경호처 담당자는 대통령이 받으실 교육과 절차를 동일하게 진행하고 예행연습에도 참여했다. 규정을 준수하며 교육받은 대로 따라 하니 다행히 큰 위험 요소는 없어 보였다. 대통령 탑승 시와 같은 항로로 비행을 하고 이륙과 착륙도 경험했다. 경호처도 최종적으로 동의했다. 대통령 전투기 탑승은 당일 오전까지 보안을 유지하기로 했다.

대통령이 타신 FA-50이 ○○ 공군 기지에서 이륙했다. 제103전투비행대대 대대장이 대통령을 모셨다. 전투기는 천안 독립기념관과 동작 국립서울현충원, 용산 전쟁기념관 등을 경유한 후 본 행사장인 서울 성남공항 상공으로 진입했고, 그때 사회자가 모든 행사 참석자에게 말했다.

"지금 상공에는 대한민국 문재인 대통령께서 국산 경공격기인 FA-50에 탑승해 계십니다. 이제 대통령께서 착륙하시면 본 행사를 시작하도록 하겠습니다."

행사 시작 전 갑자기 등장한 전투기에 영문을 모르던 내빈들
이 환호했다. 외국 사절들과 행사 관계자들도 놀라서 하늘을 쳐
다보았다. 전투기는 예정된 시간과 장소에 무사히 착륙했다. 대
통령은 약간 상기된 표정으로 비행기에서 내리셨다. 혹시나 어지
럼증 같은 것이 있으실까 걱정했는데, 유쾌하게 웃으시며 전투기
에서 내려와 준비한 선글라스까지 찾아 쓰고 수고한 대대장과 함

1825일, 1195개의
대통령 일정

께 무대로 걸어오셨다.

우리는 대통령이 착륙 후 바로 연설을 하실 수 있도록 준비해 놓았다.

"나는 오늘 대한민국 대통령 최초로 국산 전투기에 탑승해 우리 하늘을 비행했습니다. 우리 기술로 개발한 FA-50을 직접 체험했습니다. 앞으로 우리는 2030년대 초까지 전투기를 비롯한 다양한 유무인 항공기 엔진의 독자 개발을 이뤄내 '항공 분야 세계 7대 강국'의 역량을 구축하겠습니다."

이날 대통령의 축사는 축사라기보다는 '자랑'과 '자부심'에 가까웠다. 체코 등 동유럽 국가들과 남미에서는 FA-50에 대한 문의가 급증했고, 폴란드와 30억 달러, 말레이시아와 7억 달러 규모의 계약이 체결되기도 했다. 그리고 무엇보다 이날 이후 대통령은 대한민국 '밀덕 끝판왕'에 등극했다.

"충성!"

질병관리청장 임명장 수여식

모두가 주인공이었던 행사

2020년 9월은 위중한 시기였다. 코로나19 대유행은 끝이 보이지 않았고 나날이 심해지기만 했다. 마스크 대란 이후 코로나19 백신 확보는 절대적인 과제가 됐고 국산 백신 개발과 다국적 제약사들로부터 특례 수입이 추진되고 있었다. 이달은 8·15 집회 이후 코로나19 환자가 급증한 시기이기도 했다. 월말에는 5일 동안의 추석 연휴가 시작될 예정이었고, 독감도 걱정이었다.

위기가 위기인 까닭은 대안과 경험이 없기 때문이라고 하던데 코로나19 대유행을 두고 한 말이 아닐까 싶다. 일찍이 경험해 보지 못한 일들의 연속이었다. 이 상황을 진정시킬 수 있는 완벽한 대안 같은 것은 없었다. 정부와 국민 모두 오직 그 시점에서 최선이라고 생각한 것을 믿고 따르는 것 외에는 방법이 없었다. 국민과 정부 사이의 신뢰가 가장 중요했다. 위기의 순간 국민이 정부를 믿지 못하면 그것으로 이미 무너진 것과 다름없었다.

정은경 질병관리본부 본부장은 그 시기에 국민이 정부를 신뢰할 수 있도록 최선을 다해주었다. 흥분하지 않고 침착했던 그의 브리핑은 감정이 실리지 않아 건조하게 들렸고, 이는 국민의 관심을 집중시켰다. 정 본부장은 국민의 불안한 마음을 어느 정도 안심시켜주는 역할도 했다. 그는 과장된 낙관을 하지 않았고 절망적인 상황에서도 비관하지 않았다.

보건복지부 산하 질병관리본부가 질병관리청으로 승격한 것에는 코로나19에 대처하는 핵심 기관으로 인정받았기 때문이지만, 이와 함께 질병관리본부와 정은경 본부장이 보여준 노력과 태도도 큰 영향을 주었다. 많은 국민이 새로 출범하는 질병관리청에 관심과 기대를 갖게 됐고, 정은경 본부장은 초대 질병관리청장으로 임명됐다.

대통령은 정은경 질병관리청장의 임명장을 직접 수여하기로 했다. 통상 대통령은 장관급 이상만 직접 임명장을 수여했다. 차관급 이하는 국무총리가 대통령을 대신해 임명장을 수여했다. 하지만 이러한 전례를 따지기에는 상황이 달랐다. 질병관리청은 코로나19 대유행의 주무 부처였고, 새롭게 출범한 대한민국의 기관이기도 했다. 그래서 대통령이 직접 임명장을 수여하기로 했다.

처음에는 가족과 당사자를 불러 청와대에서 임명장을 수여하는 안으로 준비했었다. 하지만 그렇게 하는 것보다는 대통령이 질병관리청을 직접 방문해 수여하는 것이 더 의미가 있으리라 판단했다. 질병관리청과 상의해 보니 정은경 청장도 같은 생각이었다. 이번 승격은 정은경 개인의 영예라기보다는 질병관리청 구성원 모두의 영예이므로, 모든 직원이 함께 임명장을 받는 것이 더

코로나바이러스감염증-19 중앙방역대책본부 (1.20~)

© 연합뉴스

뜻깊은 일이라는 전언이었다.

대통령이 해당 부처에 직접 방문해 출범하는 새 기관장에게 임명장을 수여하는 것은 처음이었다. 따라서 특별한 형식을 갖추기보다는 직원들 사이에 정은경 청장이 서고, 대통령이 그 안으로 들어가 임명장을 수여하는 것으로 간략히 수여식을 진행했다. 직원들의 환호와 박수 그리고 소박한 꽃다발 하나가 수여식의 전부였다. 그 자리에서 대통령은 짧은 축하 말씀을 했다.

"항상 감사하고 미안한 마음입니다. 질병관리본부가 청으로 승격된 사실 그 자체 그리고 또 초대 청장 임명식을 주인공이라고 할 수 있는 질병관리본부 여러분들과 함께 갖는 것 자체가 대통령과 국민이 여러분께 보내는 감사이며 격려의 뜻이 담겨 있다고 이해해 주시기 바랍니다. 끝까지 역할을 잘해주시고 청으로 승격되는 것을 계기로 해서 더 큰 역할을 해주시기 바랍니다. 그리고 하루빨리 우리 국민이 정상적인 일상으로 되돌아갈 수 있도록 최선을 다해주시길 바랍니다."

권위를 낮추고 의례를 간소화할수록, 권위가 더해지고 형식은 공감을 얻으며 의례는 감동을 준다. 매번 그런 것은 아니지만, 어떤 경우는 반드시 그렇다. 질병관리청장 임명장 수여식이 그랬다.

임명장 수여식이 끝나고 잔잔한 감동을 안고 청와대로 돌아왔다. 야당과 몇몇 매체들은 그날의 임명장 수여식에 대해 방역 수칙 위반이니 '정은경 청장 띄우기'니 어쩌니 하며 비난했다. 정부의 공식 행사는 방역 수칙 위반이 아니고 대통령 기관 방문 수여식의 의미를 설명할 수도 있었지만, 그냥 아무 말 하지 않았다.

문제 제기한 사람들은 코로나19 상황에 답답해서 그랬을 거라고 생각했고, 야당은 응당 그러려니 했고, 일부 매체는 뭐 그럴 수도 있다고 생각했다. 누군가를 돋보이게 하려고 행사를 하는 것이 아니고, 행사가 누군가를 돋보이게 만드는 것인데 그 차이를 모르니…… 어쩔 도리가 없었다.

1825일, 1195개의
대통령 일정

2022년 6월 누리호 발사가 성공했다. 두 번째 발사 만에 성공이라니 정말 대단한 성과였다. 뉴스를 통해 누리호 발사 장면과 성공 소식을 들으니, 2021년에 두 번이나 방문했던 전라남도 고흥 나로우주센터와 그곳에서 일하던 연구원들의 모습이 떠오른다. 발사가 성공했을 때 그들이 얼마나 환호하고 기뻐했을지 짐작이 간다.

　2021년 한 해 동안 대통령은 나로우주센터를 두 번이나 방문했다. 한 해에 같은 기관을 두 번이나 방문하는 경우는 이제까지 없었다. 하지만 대통령은 종합연소시험이 있던 3월과 1차 발사가 있던 10월 두 번 모두 현장을 방문했다. 대부분의 대통령 현장 방문은 기관이 요청하면 검토한 후 결정한다. 아주 특별한 경우를 제외하고는 대개 그렇다. 나로우주센터 방문 역시 주무 부처인 과학기술정보통신부와 항공우주연구원의 요청에 따른 것이었다.

　굳이 이러한 사실을 밝혀 두는 이유는 몇몇 매체들이 과학기

술자들을 대통령의 '병풍'으로 동원했다고 보도했기 때문이다.
현장에 있지도 않았던 기자가 익명 코멘트를 바탕으로 기사를 썼
었다. 물론 그 후 항공우주연구원 원장과 다수 연구원이 진실은
그렇지 않다고 밝혔지만, 늘 그렇듯이 이미 근거 없는 비난이 쓸
고 지나간 후였다.

　당시에는 너무 화가 나서 미칠 지경이었다. 대통령의 진심을

왜곡하는 것은 물론이고 이런 식으로 비열한 '보도'를 한다는 사실에 분개했다. 특히 1차 발사 실패 후 대통령이 연구원들을 어떻게 위로해야 할지 고민하시는 것을 옆에서 지켜보았던 처지라 더욱 그러했다. 발사 과정을 지켜보신 후 대기실에서 최종적으로 성공하지 못했다는 소식을 들은 대통령은 한동안 말씀이 없으셨다. 과기정통부 장관과 과학기술 보좌관도 죄지은 사람처럼 어쩔 줄 몰라 했다. 잠시 후 대통령은 준비해 온 연설문을 보자고 하시더니 수정을 했다.

그때 항공우주연구원 원장이 들어와 발사 이후 최종 실패로 확인된 과정에 대해 대통령에게 브리핑을 했다. 그러다가 갑자기 울먹이며 말했다.

"죄송합니다, 대통령님."

지켜보던 사람들 모두 마음이 그랬다. 그때 대통령이 항공우주연구원 원장과 과기정통부 장관 그리고 과학기술 보좌관 모두에게 말했다.

"여기까지 온 것만으로도 대단한 성과입니다. 죄송할 일도 아니고 오늘 이것만으로도 대단히 축하받아야 할 일입니다."

그리고는 모두 함께 연구원들을 만나러 가자며 발사를 통제하던 곳으로 이동했다. 그곳에는 이미 많은 사람이 모여 있었고 대통령 말씀을 보도하기 위한 생방송도 준비되어 있었다.

"누리호 개발 프로젝트에 착수한 지 12년 만에 여기까지 왔습니다. 이제 한 걸음만 더 나아가면 됩니다. 아쉽게도 목표에 완벽하게 이르지는 못했지만, 첫 번째 발사로 매우 훌륭한 성과를 거뒀습니다. 발사 관제부터 이륙, 공중에서 벌어지는 두 차례 엔진 점화와 로켓 분리, 페어링과 더미 위성 분리까지 차질 없이 이루어졌습니다."

대통령이 대기실에서 몇 번이나 고쳐 쓰신 문장이었다. 연구원들은 무슨 큰 잘못을 한 사람들처럼 그 자리에 다들 고개를 숙이고 있었는데 대통령은 관계자들 한 사람 한 사람에게 "잘하셨다", "훌륭하셨다"는 말을 하며 위로를 건넸다. 모두에게 감사하다며 허리 굽혀 인사도 하셨다.

나로우주센터로 출발하기 전 우리는 모두 성공을 기원했지만 실패할 수도 있다고 생각한 일정이었다. 실은 실패할 수도 있으니 가시지 않는 것이 좋겠다는 의견도 있었다. 하지만 성공과 실패 때문이 아니라 고생한 항공우주연구원을 격려하고, 여기까지 온 우리 우주 산업의 미래를 알리자는 취지로 기획된 일정이었다.

그날 발사 과정 참관 현장에는 항공우주연구원 관계자들과 함께 우주를 꿈꾸는 어린이들도 초청됐다. 우리는 그들을 가장 앞자리에 앉혔다. 항공우주연구원장의 발사 과정 설명도 아이들의 눈높이에 맞게 진행됐다. 사전 준비 단계와 발사 절차까지 어른들을 위한 설명이 아니라, 아이들이 이해할 수 있는 수준의 말들로 준비했다. 누가 뭐라고 해도 이날의 주요 손님은 대통령이 아니라 아이들이었기 때문이다.

누리호 개발 단계부터 함께했지만, 도중에 유명을 달리했던 어느 연구원의 가족도 특별히 초청했다. 아이들의 아빠가 평생을 거쳐 헌신했던 일의 중요한 순간을 그들도 함께했으면 했다. 대통령은 발사 과정을 지켜보고 나가면서 그 가족과 한참을 이야기하며 격려하기도 했다.

2022년 6월 누리호 발사가 성공했다는 소식을 들었다. 감회에 잠길 수밖에 없었다. 이제 우리도 언젠가는 우주를 왕복하게 될 것이고 지금은 생각도 못 하는 대단한 기술도 가지게 될 것이다. 그때 누리호 1차 발사에 함께했던 아이들이 분명 그 일들을 하고 있으리라 기대한다.

그러니 날자! 더 높이 누리호.

대통령 코로나19 백신 접종
백신 불신 걷어내기

'코로나 시국' 초반에 모든 관심은 '백신'에 쏠려 있었다. 전 세계가 백신 개발 과정을 고대하며 지켜보았고, 임상 시험 성공을 기원했고, 마침내 백신이 생산되기 시작했을 때 환호했다.

그리고 세계 각국은 백신 확보 전쟁을 시작했다. 달리 표현할 방법이 없다. 정말 전쟁이었다. 모든 국가가 백신을 확보하기 위해 다국적 제약사들을 상대로 할 수 있는 모든 것을 다했다. 이 경쟁에서 뒤처진 국가들은 사실상 버려졌다.

처음에는 백신을 얼마나 확보했는지, 확보된 백신은 언제 국내로 들어오는지가 모든 뉴스의 중심이었다. 백신을 수송하기 위한 계획이 수립됐고 항공운송부터 지상에서의 이동, 심지어 경찰에서는 백신이 탈취됐을 때 대응하는 시나리오까지 준비해 놓았다.

백신이 생산되기 시작했지만 미국이나 영국 같은 백신 생산국들은 백신을 거부하는 국민 때문에 애를 먹고 있었다. 백신이 있는데도 맞지 않겠다는 사람들을 설득하기 위해 각국 정상들이

'접종 시범'을 보이기도 했다. 여러 노력으로 한국에도 백신이 들어오기 시작했다. 다행히 우리는 백신 자체를 거부하는 사람은 많지 않았다. 하지만 백신이 확보되자 그때부터는 어떤 종류의 백신을 맞느냐로 시끄러웠다. 영국에서 만든 아스트라제네카 백신과 미국에서 만든 화이자 백신을 두고 여러 유언비어가 퍼져나갔고, 기피 백신이 생기면서 정부의 백신 접종 계획에 차질이 우려됐다.

처음에는 대통령이 먼저 백신을 맞는 것은 적절하지 않다는 판단이 많았다. '특혜' 시비 때문이었다. 의료진과 노약자가 먼저 접종하고, 그다음 소방관이나 경찰, 군인 등 사회 필수 요원들이 우선 접종하는 것이 순서라고 보았다. 그래서 첫 번째 백신을 의료진에게 접종했고, 대통령은 현장에 가서 접종을 독려하는 일정을 진행하기도 했다. 하지만 백신에 대한 불안감이 고조되고 실제로 접종을 기피하는 사례들이 나오기 시작하자, 다른 나라처럼 대통령이 우선 접종을 받고 그 모습을 공개하기로 했다.

대통령 접종 계획을 준비했다. 일단 대통령과 여사님 그리고 근접해서 대통령을 수행하는 사람들이 우선 접종 대상자가 됐다. 접종 장소는 국민들이 실제로 접종을 받는 관할 보건소로 결정했다. 청와대에 거주하는 대통령 내외분의 관할 보건소는 종로구 보건소였다. 백신은 사람들이 기피하는 아스트라제네카를 맞기로 했다. 당연한 결정이었다.

날짜를 정하고 시간과 장소를 언론에 공개하고 보건소 직원들에게도 대통령 방문을 알렸다. 특별한 배려 없이 접종 과정 전체를 일반 국민과 똑같은 순서로 해달라고 부탁했다. 대통령의 접종 과정이 '백신 접종 안내서' 역할을 해야 했다. 그리고 차제에 아스트라제네카 백신에 대한 불신도 걷어내야 했다.

대통령 내외분이 오전 이른 시간 보건소에 도착했고, 많은 언론의 취재 속에 백신 접종이 시작됐다. 문진표를 작성하고 의사와 상담한 후 주사를 맞고 혹시 모를 후유증에 대비해 15분간 대기했다. 이러한 모든 과정은 공개됐고, 백신을 맞은 대통령은 곧바로 청와대로 복귀해 당일 오후까지 일정을 진행했다. 백신을 함께 맞은 수행원들도 각자 상태를 확인하고 '문제없음'과 '상태 좋음'을 국민에게 알리자는 계획도 세웠다. 아직 백신에 대한 불안이 존재하는 상황에서 먼저 맞은 사람들이 국민에게 접종 과정과 상태를 공개적으로 말하는 것이 필요하다는 판단 때문이었다.

나는 백신을 접종하기 며칠 전부터 약한 몸살 기운이 있어 몸 상태가 좋지 않았다. 하지만 의사가 접종에 문제가 없다고 판단했기 때문에 동료들과 접종을 받았다. 접종 당일 늦게까지 업무를 보고 집으로 돌아갔다. 그날 밤 식은땀을 흘리고 오한이 좀 오기는 했지만 견딜 만했다. 이튿날 아침이 되자 증상은 모두 사라졌다. 대통령도 여사님도 함께 맞은 수행원들도 큰 문제가 없었고, 각자 접종 후기를 남기며 일정은 마무리됐다.

다음 날 몇몇 극우 유튜버들이 대통령이 백신을 바꿔치기했다는 헛소리를 했다. 아스트라제네카가 아닌 화이자를 맞았다며

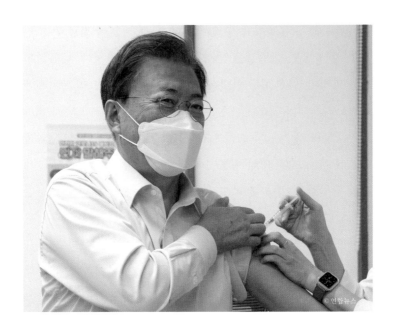

© 연합뉴스

국민을 속였다는 것이었다. 어이가 없었지만 이런 말들을 소개하는 매체들까지 등장했다. '헛소리'를 '보도'로 확산시키는 매체들의 선정성에 두 손, 두 발 다 들었다. 그들은 심지어 대통령에게 주사를 놓았던 간호사의 신상까지 공개했다.

우리는 그 간호사에게 너무 상심하지 말라며 위로했는데, 다행히 그 간호사는 그런 말들에 신경 쓰지 않는다며 의연한 모습을 보여주었다. 하지만 부담이 있을 것 같아 대통령의 2차 접종 때는 다른 사람이 해도 된다고 말하자, 그 간호사는 말했다.

"그런 말들 신경 안 씁니다. 우리 보건소에 다시 오시면, 제가 할 거예요. 이게 제 일입니다."

탄소중립위원회와
맹꽁이 숲

제2차 탄소중립위원회 전체 회의

대통령의 임기 말 주요 국정 과제 중 하나는 '탄소 중립'이었다.
탄소 중립은 전 세계적 과제였지만, 단기간에 성과를 낼 수 있는
것은 아니었다. 무엇보다 지금 준비를 시작해야만 하는 일이었기
에 우리도 탄소중립위원회를 구성했다. 기후변화 대응을 위한 국
제회의 P4G* 서울정상회의(2021) 개최를 즈음해 1차 회의를 했
고 노들섬에서 2차 회의가 개최됐다.

　서울 용산에 있는 노들섬은 원래 P4G 정상회의를 개최하려
고 점 찍어두었던 장소였다. 본래 노들섬은 '중지도'라는 모래와 갈
대숲으로 이루어졌던 섬이었는데 한강을 개발하면서 이 섬의 모
래를 가져다 쓰다 보니 오늘날처럼 작은 섬이 됐다. 그 후 오랫동
안 방치되어 있다가 비교적 최근에야 복합문화공간이 들어섰다.

---

*　P4G(Partnering for Green Growth and the Global Goals 2030: 녹색성장과 2030 글로벌 목표를
위한 연대)는 기후변화에 대응하고 지속 가능하고 탄력적인 경제를 구축하기 위한 세계적인
협의체다. 2021년 5월 30~31일 이틀간 서울에서 개최됐고, 이 회의에서 •지구 온도 상승
1.5도 이내 억제 지향 •탈석탄을 향한 에너지 전환 가속화 등의 내용을 담은 선언문이
채택됐다.

노들섬 복합문화공간은 지열을 통한 난방시설 등 친환경적 요소를 결합해 공간을 조성하기도 했고, 무엇보다 '섬'이어서 한 강에서 도심을 조망할 수 있는 특별함이 있었다. 한강대교만 부분 통제하면 경호, 안전 등 정상회의를 진행하기에 좋은 조건이기도 했다. 그러나 P4G 정상회의가 코로나19로 인해 비대면 형식으로 전환되어 행사장이 불필요해져 언젠가 기후 환경 관련 일정이 생긴다면 사용해야겠다고 '저장'해 놓은 장소였다.

회의 하나 하면서 이렇게까지 의미를 부여해야 하나 싶겠지만, 노들섬 탄소중립위원회 회의는 단순한 회의가 아니었다. 2050 탄소 중립 시나리오와 2030 NDC(Nationally Determined Contribution: 국가결정기여 온실가스 감축 목표) 상향 안이 의결될 역사적 현장이 될 것이었기 때문이다.

2030 NDC 상향안은 2018년 대비 탄소 배출량을 2030년까지 40퍼센트 감축한다는 목표를 제시하는 것으로, 우리 정부는 2018년 온실가스 배출량 대비 26.3퍼센트 감축하기로 했던 기존 안을 대폭 상향해 40퍼센트까지 감축하는 것으로 결정했다. 탄소 중립 선언 1년 만에 구체적인 시나리오와 탄소 배출량 감축 목표까지 만들어 낸 것이다.

"목표를 놓고 여전히 부족하다고 생각하는 분들 또는 너무 과중한 목표라고 생각하는 분들도 있습니다. 기후 위기와 온실가스를 줄여나가야 하는 급박성을 생각한다면 우리가 좀 더 의욕을

111

가져야 한다고 생각할 수 있지만 또 한편으로는 의욕만 가지고 되는 것은 아니기 때문에 우리가 실천할 수 있는 계획을 세워야 한다는 그 두 가지 생각은 다를 바가 없습니다."

대통령은 다른 나라들이 이미 1990년대부터 꾸준히 온실가스를 감축해 온 것에 비해 우리나라는 상대적으로 늦었다는 말씀도 했다. 이러한 감축 목표 달성에 가장 중요한 요인은 탄소 중립을 위한 새로운 기술 상용화라는 견해도 밝혔다. 역사적인 발표였다. 이날 발표가 앞으로 어떤 영향을 끼칠지, 우리 다음 세대의 삶에 어떤 변화를 만들어 낼지 기대와 우려가 교차했다.

회의장에는 재생지로 만든 종이와 소품, 폐건축자재를 활용한 책상 등을 준비했다. 기후 위기를 알리는 시계를 설치하기도 했다. 훗날 이 자리를 평가할 때 조금도 흠잡히지 않았으면 싶은 마음이었다. 공개회의가 끝나고 상징적인 후속 일정도 계획했다. 회의에 참석한 탄소중립위원회 위원들과 함께 오늘을 기념할 수 있는 일정이 필요했다. 노들섬 한편에 멋진 장소가 있었다. 멸종 위기 야생동물 2급 맹꽁이 서식지였다.

노들섬 맹꽁이 서식지는 공간 조성 사업을 추진하다가 섬의 서쪽에서 처음 발견했다고 한다. 하지만 관련 공사로 인해 그 서식지가 유지되기 힘들다는 판단이 내려졌고, 맹꽁이가 사는 환경과 유사하면서 이동 거리도 짧은 노들섬 동쪽에 새로운 서식지와 산란지를 조성한 것이라고 들었다.

　　회의가 끝나고 대통령과 탄소중립위원 등이 맹꽁이 서식지를 둘러보기 위해 나섰다. 장환진 국립생태원 박사는 맹꽁이 숲 개요와 맹꽁이 보존 노력에 관해 설명했다. 맹꽁이 서식지 보호가 탄소 중립과도 맞닿아 있다고 말했다. 산책로 안쪽 통제된 습지에 맹꽁이가 있다고 했는데 이미 늦은 가을이라 아쉽게도 맹꽁이를 볼 수는 없었다.

　　그때 누군가 "여기 맹꽁이 소리가 납니다"라고 이야기했고,

113

장 박사님은 그럴 리가 없다면서 잠깐 소동(?)이 있기도 했다. 분명히 들었다는 사람이 있으니 갑자기 대통령은 맹꽁이 생태와 분포, 존재 확인 방법 등에 대한 폭풍 질문을 쏟아내기도 했다. 그리고 사람들은 잠시 아무 소리를 내지 않은 채 맹꽁이 소리가 들리기를 기다렸다. 노들섬 서쪽 숲에 바람이 서걱이는 소리가 들렸다. 다들 오랫동안 그 소리를 들으며 서 있었다.

같이 갑시다
공주대 부설 특수학교 기공식

대통령 방문 일정은 결정하기까지의 과정과 결정하는 기준이 있다. 각 부처나 비서관실 제안에서부터 대통령 보고까지가 결정 과정이고, 행사 규모, 정무적 판단, 정책 연관성, 그로 인한 기대 효과를 종합해 결정 기준으로 삼는다.

하지만 공주대 부설 특수학교 기공식은 이 과정을 거치지 않았고, 행사의 규모나 형식 면에서 대통령이 참석할 만한 행사는 아니었지만 진행했던 일정이다. 처음에는 소셜 미디어로 대통령의 메시지를 내는 것 정도만 고민했었다.

2018년 9월 '발달 장애인 평생 케어 종합 대책'을 발표하면서 대통령은 특수학교 설립을 위해 학부모들이 무릎을 꿇는 일이 없어야 한다고 말씀하시며 발달 장애인 종합 대책을 주문했던 적이 있었다. 그 결과 중 하나로 이 기공식이 열리는 만큼 전격적으로 대통령의 행사 참석이 결정됐다. 대통령의 강력한 뜻이었다.

"우리 (발달 장애인) 부모님들은 (지역 주민과 국회의원들 앞에) 무릎을 꿇고 빌기도 하고, 머리를 깎기도 하고, 삼보일배도 했습

115

니다. 그런 아픈 마음에 대해서 우리 사회가 얼마나 따뜻하게 마음을 보여주었는지 반성이 됩니다."

발달 장애인과 가족 초청 간담회에서 대통령이 말씀하시던 그 장면을 오랫동안 가슴에 담고 있었다. 흔치 않은 대통령의 눈물을 보았던 날이고, 간담회 중간 발달 장애인 딸을 둔 어머니가 비명처럼 외쳤던 호소에 다들 어쩔 줄 몰라 했었기 때문이다.

대통령 임기 내내 장애인 문제에 적극적이었던 여사님도 일정에 동행하기로 했다. 통상 대통령 일정은 중앙부처나 지방자치단체 등과 협업으로 만들어지는데 이번에는 공주대학교와 일을 하게 됐다. 대통령 의전이 낯설고 대규모 언론이 참석하는 행사에 익숙지 않은 분들이라 행사 전은 물론 현장에서도 고생이 많았다.

그래도 공주대학교 측은 성심성의껏 행사를 준비해 주었다. 특별히 장애인들을 위해 노력해 온 여야 의원들도 초청하고, 학교에 다니게 될 장애인, 특수학교 교사, 그리고 부모님까지 한자리에 앉았다. 대통령은 "올해 수많은 행사를 다녔지만 가장 따뜻하고 훈훈한 일정"이라고 말씀하셨다.

"한 아이를 키우는 일은 쉽지 않은 일이지만 마을이 아이를 키우면 아이가 다시 마을을 성장시킬 것입니다. 아직도 일부 지역에서 장애인 특수학교 설립을 반기지 않는 분들이 적지 않은 것이 안타까운 현실입니다. 보다 너른 마음으로 우리 아이라고 여겨주시기를 당부드립니다."

간담회에 함께했던 여사님은 대통령의 어릴 적 일화를 소개하기도 했다. 대통령이 고등학생 시절 장애가 있는 친구를 업고 소풍을 다녀왔던 이야기였다. 간담회가 끝나면 기공식 현장에서 첫 삽을 뜨는 행사가 예정되어 있었다. 이동이 불편한 장애인과 참석자가 먼저 현장으로 가고, 대통령 내외분은 잠시 시간을 두고 이동해 현장에서 만나 기념사진을 찍고 첫 삽을 뜨기로 했다. 참석자들의 이동 시간을 확보하기 위해 내외분을 별도 대기실로 모시고 기다리고 있었다.

대통령이 말씀하셨다.

"아니 왜 여기서 기다리는 겁니까? 다 같이 이동하면 되지."

"아닙니다. 이동에 불편하신 분들이 계셔서 대통령님은 조금 있다가 천천히 가시는 게 좋을 것 같습니다."

"아니 그러지 마세요. 다들 같이 가면 됩니다. 뭘 특별하게 대통령이 늦게 등장하고 그러지 않아도 됩니다. 이런 행사는 같이들 가는 게 좋습니다. 같이 갑시다."

"아니요. 대통령님. 그런 의도가 아니라 장애인 분들이라 우리가 먼저 움직이면……."

대통령은 곧장 자리에서 일어나셨고, 여사님은 "뭘 그렇게 서두르시나요" 하며 어쩔 수 없이 뒤를 따르고, 우리도 하는 수 없이 바로 뛰어나가게 됐다.

예상대로 기공식 현장으로 가는 길에는 장애인 분들과 그 가족들이 이동 중이었는데, 뒤에서 갑자기 대통령이 빠른 걸음으로 다가오니 이분들도 놀라서 휠체어를 빨리 밀거나 불편하신 몸으로 발길을 서두르고, 대통령은 이분들이 빠르게 가니 그러지 말라고 손짓하며 걸음을 더 빨리 걸으시고, 대통령이 빠르게 가시니 경호와 의전 요원들도 뛰기 시작하고, 뒤처진 여사님은 대통령을 향해 "여보! 같이 가요" 하시고, 나는 그 뒤에서 볼멘소리로 나지막히 말했다.

　　"대통령님은 여사님하고도 같이 안 가시면서……."

　　대통령 말씀처럼 장애, 비장애인 모두가 함께 가는 대한민국을 기원한다.

767킬로미터의 여정

호우 피해 긴급 점검

2020년 8월 4일 중부지방을 중심으로 호우 피해가 발생했다. 오후에 이미 피해 상황이 심각했는데 주말까지 추가적인 집중호우가 예보됐다. 대통령은 당일 오후 1시 호우 피해 긴급회의를 소집했다.

이런 긴급한 상황이 되면 청와대 상황실, 위기관리센터가 주무 부서가 되어 대통령을 보좌한다. 긴급회의는 영상 연결을 통해 각 지역 상황을 점검하고, 여러 부처와 전체 상황을 공유하며 협조를 요청하고, 대통령 특별 지시를 실시간으로 재난안전대책본부에 전파한다. 이날은 주무 부처인 행정안전부와 피해가 심각한 경기도, 충청도, 강원도 그리고 기상청 등이 연결됐다.

폭우가 그치고 피해 상황 점검과 복구 작업이 시작된 것은 8월 10일 전후였다. 피해는 예상보다 심각해서 영남, 호남, 충청 지역까지 광범위했다. 예정된 일정들을 보류하거나 연기하고 대통령이 직접 피해 현장을 둘러보면서 복구 상황을 점검하기로 했다. 여사님은 이미 강원도를 찾아 피해 복구 현장에서 자원봉사를 하고 계셨다.

대통령 수해 현장 방문은 통상적인 대통령의 일정보다 더 정교하게 계획되어야 했다. 수해 현장과 같은 비극적인 상황이 발생한 곳에 방문하는 것은 일반적인 현장 방문과는 많이 다르기 때문이다. 옷차림에서부터 말 한마디, 이동 수단과 현장에서의 태도까지 조심 또 조심해야 한다. 대통령 방문이 자칫 피해자들이나 현지 주민들에게 원성을 살 수도 있고, 잘못된 말 한마디 때문에 차라리 방문하지 않는 편이 나았다는 평가를 받을 수도 있다. 무엇보다 이미 비극을 겪은 사람들에게 다시 상처를 줘서는 안 되기 때문이다.

국가 재난이 발생하면 여야 정치인들과 각 부처 장관들, 자치단체장들도 앞다퉈 현장을 방문한다. 다들 도우려는 마음과 위로하려는 마음으로 현장에 가지만 현지 주민들로서는 못마땅할 때가 있다. 현장에 와서 되지도 않은 말을 하거나 사진만 찍고 가는 경우가 종종 있기 때문이다. 그래서 피해 현장 방문은 다른 방문 일정보다 더욱 진정성 있는 형식과 내용으로 채워야 한다.

거기에 더해 대통령 현장 방문은 '대통령'만이 할 수 있는 일정이어야 한다. '대통령다움'을 보여줄 수 있어야 한다는 의미다.

먼저 의전, 경호, 위기관리센터, 상황실 담당자들이 영남, 호남, 충청 지역 현장을 확인하기 위한 답사를 시작했다. 모든 피해 현장을 둘러보는 것은 불가능하니 답사 보고를 받고 그중 한 곳을 선택하려는 계획이었다. 그런데 답사팀 보고를 받고 보니 모든 지역의 피해가 심각했고, 각 지역 담당자 모두가 해당 지역으로 오셔야 한다고 보고했다. 그러나 일정을 하루 이상 빼기 어려웠고, 그렇다고 어느 한 곳만 선택하기도 어려웠다.

"대통령님 이렇게 되면 방법은 하나밖에 없습니다. 하루를 통째로 비워서 열차를 타고 영남, 호남, 충청 지역을 모두 돌아보시는 것이 어떻겠습니까?"

"그게 가능하겠습니까?"

"네, 특동(대통령 전용 열차)으로 이동하시고 기차역이 없는 곳은 버스로 이동하셨다가 다시 열차로 복귀하시면 자정 전까지 다 방문하실 수 있을 것 같습니다."

"그럼 그렇게 해보죠."

대통령이 피해 현장 상황을 실시간으로 확인하고, 시간도 아낄 겸 열차에서 상황 점검 회의를 열기로 했다. 청와대 수행원도 최소한으로 꾸렸다. 대신 현장을 가장 잘 알고 있는 각 부처 실무자들을 열차에 태웠다. 출발하자마자 집중호우 피해 상황 및 복구 지원 계획, 해당 지역 방역 상황 그리고 자원봉사 지원 계획까지 대통령에게 보고했다. 점심 식사는 열차 안에서 도시락으로 해결했다.

열차가 처음 도착한 곳은 경남 하동이었다. 대통령은 오후 1시 30분쯤 화개장터에 도착해 피해 상인들과 간담회를 진행했다. 그 자리에서 대통령은 빠른 지원을 약속했다. 39사단 장병들이 현장에서 수해 복구 작업을 돕고 있었는데 대통령은 "제가

39사단 출신"이라며 현장 지휘관과 병사들을 격려하기도 했다.

오후 2시를 조금 넘긴 시간에는 구례군 오일장에 도착했다. 그곳에서 대통령은 특별재난지역 지정에 최선을 다하겠다는 약속을 했다. 그리고 물청소하는 자원봉사자들에게 감사 인사를 하고 쓰레기 더미에 깔린 식기들을 직접 옮기기도 했다. 그러자 주변 상인들이 "더 중요한 일을 하시라"며 대통령을 만류하기도 했다.

오후 3시 30분 구례 양정마을로 이동했다. 폭우로 민가 지붕 위에 가축들이 고립됐던 곳이었다. 현장 보고를 위해 나온 구례 군수는 뉴스에 소개됐던 장면을 사진으로 보여주며 "이 소들 중에 한 마리가 얼마 전 쌍둥이 송아지를 낳았다"고 말하자 대통령은 희망의 상징이라며 잠시 웃기도 하셨다.

　　오후 5시경에는 마지막 방문지인 충남 천안 병천천 제방 복구 현장에 도착했다. 아직 현장 전체가 복구가 한창이라 발목까지 빠지는 진창이었다. 대통령은 여기서 장화를 갈아신고, 오이를 재배하던 비닐하우스를 돌아보았다. 현장에 있던 마을 주민, 자원봉사자, 공무원 들이 모여 당장 필요한 것들과 앞으로 지원해 주었으면 하는 것들을 대통령에게 요청했고, 대통령은 현장에 함께했던 수행원들과 행안부 관계자 등에게 빠른 지원을 당부했다.

　　충남을 마지막으로 이날 현장 점검은 마무리됐다. 다시 열차에 오른 대통령이 서울역에 도착한 시간은 대략 8시경이었고, 이날 이동 거리는 총 767킬로미터였다.

한국형 전투기 KF-21 출고식

항공우주연구원에 박수를 보내며

2022년 7월 KF-21 보라매가 드디어 하늘을 날았다. 감회가 남다를 수밖에 없었던 것은 1년 전 있었던 KF-21 출고식 때문이었다. 그날 행사의 모든 순서와 일정이 하나하나 생각이 나서 오랜만에 그때 영상을 돌려보고 사진을 찾아보기도 했다. 출고식이 끝나고 '다음 대통령은 이 비행기가 처음 날아오르는 행사에 참석하겠구나' 싶어 부러운 마음까지 들었었는데, 어느새 시간이 지나 하늘을 날고 있는 KF-21을 보게 됐다. 좋기도 하고 섭섭하기도 하고 그립기도 하고 뭐라 설명하기 어려운 기분이었다.

　대통령 일정으로 시제기 출고식이 확정되자마자 경남 사천으로 향했다. 사천에 있는 한국항공우주산업이 바로 KF-21을 만든 곳이기 때문이다. KF-21 사업은 김대중 정부 때부터 무려 20여 년 동안 숱한 부침을 거친 사업인데, 마침내 완성된 것이다. 이러한 역사적 과업의 마무리에 대통령을 모시고 행사를 할 수 있다는 것은 큰 영광이었다. 그래서 연출에 욕심을 낼 수밖에 없었다.

전체적인 콘셉트를 잡기 위해 각국 대사관과 공군에 요청해 해외 방산 업체인 에어버스Airbus와 유로파이터Eurofighter의 출시 행사를 비롯해 많은 자료를 보았다. 하지만 '이거다!' 싶은 행사가 보이지 않았다. 화려하고 멋졌지만, 우리 정서와 맞지 않았고 KF-21 개발 과정과 이야기를 담아내기에도 적당하지 않았다.

그러던 어느 날 출근길 고궁박물관 앞을 지나가다가 때마침 열리던 전시 포스터 앞에 홀린 듯 멈춰 섰다. '조선 왕실 군사력의 상징, 군사 의례 특별전'이었다. 박물관으로 들어가 전시를 보았다. 문치文治의 나라로만 인식됐던 조선의 무치武治를 보여주는 전시였다. 거기에는 우리가 고민했던 모든 것이 있었다.

소총 한 자루 만들지 못했던 나라에서 전투기를 만들게 된 우리 역사가 있었다. 갑옷과 투구, 각종 군기, 훈련과 실전을 기록한 여러 기록화에는 침략당하고 패배했던 참혹한 역사가 아니라, 왜란을 물리치고 북벌을 꿈꾸었던 두근거리는 시대가 있었다. 칼과 창, 화살과 활의 시대를 지나 총포와 전함에 이르기까지 다양한 병기 개발 과정도 함께 있었다.

출고식 전체는 국내 방송은 물론 전 세계 주요 국가에 생방송 할 예정이었다. 그만큼 국민의 관심과 세계 여러 나라의 관심이 집중된 행사였다. 따라서 가장 한국적이면서 동시에 세계적인 모습을 보여주어야 했다. 또 우리 영토의 모든 곳을 수호하라는 의미를 담아 행사장 천장에 청룡, 백호, 주작, 현무 깃발을 걸었다. 네 개의 깃발은 동서남북 각 방위를 상징하는 조선 시대 군기였다. 전통의장대 취타 연주와 함께 임진왜란, 병자호란, 의병 항쟁, 독립운동, 6·25 전쟁, 그리고 지금까지의 무기 개발과 전쟁사를 영상에 담았다.

100퍼센트는 아니지만 상당 부분 국산화된 내용을 중심으로 KF-21 개발 과정을 소개하는 시간도 가졌다. 실제 프로젝트를 진행한 연구원들과 기술진이 직접 무대에 나와 설명했다. 그 지난했던 과정을 모두 암기 수준으로 외우고 있다는 사실에 놀랐다. 그들이 얼마나 강한 집념으로 일해왔는지 느낄 수 있었다.

그리고 가장 중요한 시제기 등장. LED를 분할하고 시제기를 유압 턴테이블에 올리고 롤러를 달아 무대 앞으로 등장시켰다. 이 한 장면을 위해 스태프들과 항공우주연구원 관계자들이 며칠을 고생했다. 음악, 조명, 그리고 시제기 전체에 투사할 '매핑'(건물 외벽에 영상을 투사하는 것)까지 정확한 타이밍을 맞추기 위해서 많은 노력을 기울였다.

KF-21 보라매에 대한 애정은 대통령이 가장 컸다. 축사를 마무리하며 대통령은 KF-21의 주요 기술과 개발, 연구 인력의 이름을 하나하나 호명하기 시작했다. 무대에 나와 눈물을 닦는 기술진도 있었다. 얼마나 가슴 벅찼을까…… 내빈들 모두가 일어나 기립 박수를 보냈다.

본 행사가 끝나고 비공개 조립 현장에서도 대통령의 칭찬은 그칠 줄 몰랐다. 대통령이 행사 현장에서 그렇게 좋아하고 즐거워하시는 모습을 보는 것도 흔치 않은 일이었다. 행사를 준비할 때 어느 연구원이 이렇게 말했었다.

"우리는 진짜 돌덩이 같은 기분으로 일했어요. 정권이 바뀔 때마다, 이리저리 던져지고 깨지고 부서지면서도 그럴수록 더 단단해져야겠다는 생각으로 왜 그런 노래 있잖아요. 돌멩이인가 하는……."

시제기 소개 직전 연구원들의 노력을 영상으로 만들면서 가수 하현우가 나와 〈돌덩이〉를 불렀던 이유가 거기에 있었다.

KF-21 보라매의 더 높은 비상을 기대하며 항공우주연구원 기술·연구진에 박수를 보낸다.

©연합뉴스

1825일, 1195개의
대통령 일정

각 군 사관학교 졸업식
첫 계급장과 군 통수권자

군 통수권자로서 대통령의 권위가 가장 잘 드러나는 행사는 국군의 날이다. 육·해·공군 사관생도와 각 군 의장대를 앞에 두고 진행되는 국군의날 행사는 대통령이 군 최고 지휘관임을 보여주는 상징적인 의례다. 국군의날과 함께 군 통수권자로서 매해 반드시 참석했던 군 행사가 하나 더 있다. 바로 사관학교 졸업식이다.

사관학교 졸업식에 대통령이 참석한 것은 이승만 대통령 때부터다. 이후 대통령들은 대부분 졸업식에 참석해 왔고, 박정희 대통령 이후 문재인 대통령까지는 매해 참석해 왔다. 하지만 육·해·공군사관학교 졸업식 모두에 참석했던 것은 아니다. 역대 대통령들이 참석했던 졸업식은 주로 육군사관학교 졸업식이었다. 이명박·박근혜 정부 시절 사관학교 졸업식은 각 학교에서 하고, 다시 졸업 생도들을 한자리에 모아 계룡대에서 합동 임관식을 했다. 두 대통령은 이 임관식에 참석했다.

문재인 정부 출범 초, 이전 관례대로 합동 임관식을 하고 그곳에 대통령이 참석할 것인지, 아니면 특정 사관학교 졸업식에 참석할 것인지 국방부 문의가 있었다. 전례는 어떠했고 대안은 있는지 확인하기 위해 관계자들이 모여 회의를 했다. 그때 확인한 바로는 졸업생(신임 장교)들은 학교에서 졸업식과 임관식을 한꺼번에 하는 것을 선호한다고 했다. 졸업식을 하고 다시 계룡대에 모여 졸업식(임관식)을 하는 것도 부담이고, 가족들도 비슷한 행사에 두 번이나 시간을 내기가 어렵다는 이유였다.

관계자들과 회의 끝에 문재인 정부에서는 통합 임관식을 하지 않고 군별로 졸업·임관식을 하는 것으로 결정됐다. 대신 대통령이 육·해·공군사관학교를 순차대로 방문해 졸업식을 주관하고, 그동안 소외됐던 간호사관학교, 육군3사관학교까지 가시는 것으로 계획했다. 임기가 5년이니 졸업식에 다섯 번 참석할 수 있고, 그러면 재임 중에 사관학교 5곳 모두를 방문할 수 있을 것이라는 계산이었다.

2018년 대통령은 육군사관학교 졸업식에 참석했다. 졸업식 식순을 바꿀 필요도 이유도 없었지만 딱 하나 마음에 걸리는 것이 있었다. 소위로 임관하는 졸업생들에게 대통령이 계급장을 달아주는 순서가 있는데 이전까지는 우수 생도와 대표 생도 10여 명에게만 달아주었다는 것이다. 인원이 많으니 어쩔 수 없었겠지만, 모든 졸업생이 4년 동안 고생하며 달게 된 소위 계급장인데 소수만 대통령에게 계급장을 받는다는 것이 괜히 섭섭했다. 그렇다고 몇백 명이 넘는 졸업생에게 계급장을 달아주려니 그 시간만 해도 30분이 넘을 테니 방법이 고민이었다.

문득 '혼자 하시지 말고 여럿이 하면 어떨까?' 하는 생각이 들었다. 졸업 생도를 연단 위에 올리지 말고 대통령과 주요 지휘관들이 모두 단 아래로 내려가 각각 한 열씩을 맡아 계급장을 달아주자는 생각이었다. 한쪽은 대통령이, 한쪽은 가족이 함께 계급장을 달아주면 더 의미가 있을 것 같았다. 국방부, 육군사관학교 모두 동의했다. 대통령도 좋아하셨다.

2019년은 해군사관학교 졸업식이었다. 대통령이 경남 진해 해군사관학교에서 졸업식을 주관하는 것은 처음이고 해군 경비정을 타고 해상 사열을 받으며 입장하는 것도 처음 있는 일이었다. 해군에 대한 관심과 애정을 보인 것이다. 일반 국민에게는 생소한 사관학교 졸업식을 국민에게 좀 더 잘 알려주기 위해 졸업식 중계방송에 해군사관학교 관계자가 출연해 졸업 식순과 군 의례의 의미를 해설하도록 했다. 이후 각 군 사관학교 졸업식 때마다 이 해설은 꾸준히 유지됐다.

2020년은 공군사관학교 졸업식이었다. 아쉬운 것은 코로나19로 인해 처음으로 가족 없는 졸업식이 됐다는 것이었다. 대통령도 여사님도 가족 없이 졸업을 맞는 생도들을 안타까워하셨다. 오고 싶은데 오지 못하는 가족들도 안타깝기는 마찬가지였다. 여사님이 가족들을 대신해 졸업 생도 부토니에(가슴에 다는 꽃)를 마련해 주셨다.

그리고 아쉬워하는 가족들과 생도들을 위해 깜짝 이벤트를 하나 준비했다. 생도들 모르게 모든 가족에게 연락해 5초짜리 영상을 보내달라고 했다. 짧은 인사와 사랑한다는, 고생했다는 고백들이 모였다. 이걸 편집해 졸업식 중간 생도들에게 사전 공지 없이 보여줬다. 처음에는 '이게 뭐지' 하던 생도들이 자기 가족을 확인하며 애써 눈물을 참는 모습이 많이 보였다. 이렇게나마 가족에게 축하받을 수 있어 다행이다 싶었다.

2021년은 간호사관학교 졸업식이었다. 졸업식도 하기 전에 코로나19 현장으로 의료 지원을 떠나야 했던, 그래서 정말 미안하고 대견했던 생도들이었다. 군인으로서 명령에 따라 감염병 현장에서 충실히 임무를 수행했던 간호사관학교 생도들은 국민 영웅이 되어있었다. 세계적인 아티스트 BTS도 이들에 대한 존경과 감사의 의미로 졸업 축하 영상을 보내주기도 했다. 대통령이 간호사관학교 졸업식에 참석한 것은 개교 이래 처음이었다.

"코로나19 위기 상황 속에서도 우리 청년 사관생도들이 졸업을 앞당기거나 학업을 일시 중단하고 힘든 국민 곁으로 달려갔던 그 고마움을, 우리 국민은 결코 잊지 않을 것입니다."

이날 축사는 국민 모두의 마음을 대신 전달한 것이었다.

2022년 드디어 대통령 임기 마지막 해, 육군3사관학교 졸업식이 거행됐다. 육군3사관학교 졸업 생도 477명은 개교 이래 처음으로 방문한 대통령을 환영해 주었다. 임기 초 매해 각 군 사관학교 졸업식 참석을 결정하면서 "그럼 마지막은 3사관학교에서

하게 되겠네요" 했었는데 결국 그해가 됐고, 마침내 그날을 맞게 됐다.

3사관학교 졸업식 역시 코로나19로 인해 가족들은 참석하지 못했다. 대통령은 여사님, 국방부 장관 등 군 주요 지휘관들과 함께 단상에서 내려와 임관 장교들에게 계급장을 직접 수여했다. 이로써 문재인 대통령은 재임 중 5개 사관학교 졸업식에 모두 참석했다. 임기 초에 했던 약속을 지킨 셈이다. 군인이 가장 영예롭다는 첫 계급장을 다는 그 자리에 군 통수권자가 함께했다는 것은 결코 작은 의미가 아닐 것이다.

지난 5년 동안 대통령에게서 계급장을 받았던 모든 장교의 건승과 건강을 기원한다.

대통령의 조문

고 이예람 중사 조문, 평택 순직 소방관 영결식

고 이예람 중사 조문

대통령은 직접 조문을 하기보다 근조 화환이나 메시지를 통해 조의를 표한다. 늘 이미 계획된 일정들이 있기 때문이고, 조문 자체도 정치적 행위로 해석되기 때문이다. 사건, 사고로 비명에 가신 분들을 조문하는 것도 여러 고려를 하지 않을 수 없다. 특히 그것이 국가 책임일 때 대통령 조문이 실제로 위로가 될지, 아직 아물지 않은 유가족의 상처를 더 아프게 하지는 않을지 고민할 수 밖에 없다. 게다가 직접 조문을 하게 되면 그와 유사한 부고를 받았을 때 가지 않는 것도 이상하게 된다. 그렇다고 밀려있는 국정을 뒤로 하고 늘 조문을 우선하기도 그렇고 이래저래 난감해진다.

고 이예람 중사 빈소가 차려졌을 때, 대통령이 직접 조문을 가시는 것을 반대했다. 아직 유가족 요구가 제대로 반영되지 못했고, 딸을 잃은 부모의 슬픔을 과연 위로할 수 있을까 싶은 마음 때문이었다. 너무나 비통한 상황이었고, 조문하기엔 너무 이르다고 판단했다. 유가족의 요구를 충실히 반영한 사건 규명과 대책이 나와야 최소한의 도리를 다한 것이고, 그때쯤 되어야 대통령의 위로가 받아들여질 것이라 보았다.

하지만 대통령 생각은 달랐다. 상황을 고려하는 것보다 어찌 됐든 딸을 잃은 부모를 찾아뵙는 것이 지금 해야 하는 일이라고 생각하시는 것 같았다. 갑작스럽게 일정이 만들어졌고, 대통령은 안보실장, 국방부 장관과 함께 빈소를 찾아갔다. 예정에 없던 방문이라 가족이 놀랐을 법도 한데 빈소는 차분하고 조용했다.

대통령은 조용히 분향과 절을 하고 고인의 아버지, 어머니와 마주 섰다. 그리고 부모님의 손을 잡고 한참을 가만히 서 계셨다. 이예람 중사 아버지가 울기 시작했다. 그 모습을 보던 대통령도 눈가가 붉어졌다. 우리는 차라리 이 중사 아버지가 대통령을 붙잡고 하소연이라도 했으면 좋겠다 싶었다. "어떻게 된 일이냐고, 어떻게 이럴 수가 있냐고, 이렇게 될 때까지 이 나라는 뭘 하고 있었냐고" 따지고 화를 냈으면 했다.

하지만 아무 말씀이 없었다. 그게 더 아팠다. 조문을 마치고 돌아 나오는 길에 대통령의 뒷모습을 보았다. 전송하고 돌아서는 이 중사 아버지의 뒷모습도 보았다. 두 분 모두 걸음이 무너져 있었다.

조문하고 얼마 후, 국가인권위원회 20주년 기념식이 있었다. 행사장으로 출발하기 직전 급한 보고를 받았다. 고 이예람 중사 가족이 행사장 앞에서 시위 중이라는 상황 보고였다. 대통령 이동 동선에 시위가 있으면 시위자를 차단하거나 격리하는 것이 규정이었다.

대통령에게 상황을 말씀드리자 "(그 장소에) 그렇게 계신다면 인사라도 나누는 것이 맞겠지요"라며 차에 오르셨다. 우리는 도착 전에 부모님을 하차 지점으로 모셔 직접 대통령을 만날 수 있도록 했다. 이 중사 부모님은 대통령 앞에서 조용히 인사를 하고 준비한 입장문을 전달했다. 이 중사 어머니는 이 중사 사진을 대통령에게 보여드리며 "지난번에 보셨던 예람이에요"라고 말했다.

그리고 이번에도 조용히 자리를 떠나셨다.

대통령을 앞에 두고 하고 싶은 많은 말을 참으며 딸 사진만을 보여준 그 부모의 마음이 어떠했을까. 또 그 사진을 바라보며 잘 알겠다고 답하는 대통령 마음은 어떠했을까. 차마 하소연도 못 하는 부모 심정과, 그 마음을 잘 알면서도 아무 말 하지 못하는 대통령 마음이 자꾸 같아 보였다.

옆에서 본 대통령의 일이란 권한의 크기보다 책임의 크기가 훨씬 더 컸다. 또한 대통령의 일이란 지금 바로, 여기서, 확실하고 분명하게 할 수 있는 것보다는 천천히 확인하여, 여러 가지를 종합적으로 처리해야 하는 일들이 더 많았다.

대통령은 결과를 명령할 수 없다. 대통령은 과정만 명령할 수 있다. 그러나 대통령이 명령한 과정을 결과라고 생각했던 사람들은, 그 명령의 결과가 생각과 다를 때 깊은 상처를 받는다. 대통령 앞까지 나서야 했던 유가족의 서러운 마음과, 그 마음을 알지만 결과를 명령할 수 없는 대통령의 처지, 그 옆에서 우리는 그저 무력했다.

평택 화재 순직 소방관 영결식

이른 새벽 지시를 받았다. 대통령이 평택 화재 순직 소방관 영결식에 참석하겠다고 하셨다. 대통령으로서 가는 것이 아니라 국민의 한 사람으로 가는 것이니 별도 의전이나 형식을 갖추지 말라는 말씀과 함께였다.

"조사는 어떻게 하시겠습니까?"

유가족과 국민에게 대통령으로서 그래도 메시지가 필요한 것은 아닌지 묻지 않을 수 없었다.

"조사 없이, 그저 순서가 허락하면 헌화와 분향 정도로."

대통령은 영결식장에 도착해 소개 없이 열 뒷자리에 서서 운구와 유가족을 맞이했다. 이후 자리에 앉아 동료들의 조사를 경청하고 유가족의 헌화와 분향을 지켜보셨다. 그렇게 모든 식순의 마지막이 되어서야 홀로 일어나 분향을 하시고 유족에게 다가가 인사를 드렸다. 그리고 운구 행렬 뒤를 따르는 유족과 함께 나란히 걸음을 옮기시면서 세 분 소방관의 마지막을 함께했다.

조사 한마디 하지 않으신 그 두 시간 동안 대통령이 어떤 생각을 하셨는지는 모르겠다. 하지만 내려가지도 않은 마스크를 자꾸 올리며 눈물을 찍어내시던 대통령의 모습을 보았다. 영구차가 떠나기 전 전송을 위해 늘어선 소방관들과 함께 겨울바람을 맞으며 서 계신 모습이 무척이나 추웠다.

"살려서 돌아오십시오. 그러나 소방관 당신도 반드시 살아서 돌아와야 합니다. 이것은 대통령의 명령입니다."

지난 소방의날 대통령이 소방관들에게 했던 말씀이 자꾸만 생각났다. 다시 한번 고 이형석 소방위, 박수동 소방교, 조우찬 소방사의 명복을 빈다.

마지막 대담
손석희 전 JTBC 대표와의 대담

임기 마지막 대통령 기자회견이 '연기'됐다. 마지막 해외 순방 이후 코로나19 신종 변이 바이러스인 '오미크론'이 등장하면서 방역에 비상이 걸렸기 때문이다. 대선을 앞둔 시점에 현직 대통령 기자회견이라는 것이 득실을 떠나 '논란'이 될 소지가 있기도 했다. 기자회견 연기 소식에 실망한 기자들이 여럿 있었고, 불통이니 어쩌니 하며 비난하는 야당도 있었다. 그래도 마지막 기자회견은 대선 이후에 하자는 것이 중론이었다.

하지만 나를 포함 몇몇 사람들의 생각은 달랐다. 이제는 현안을 다루어야 하는 시점이 아니고, 지난 5년을 회고해야 하는 시점이라 생각했다. 그리고 회고에 가장 적절한 형식은 기자회견보다는 1:1 대담이라고 확신했다. 회고에 가장 적절한 형식이 대담이라는 것에는 국민소통수석실도 같은 입장이었다. 다만 기자들의 불만이나 '기자회견'을 안 한다며 펼쳐질 야당의 정치 공세가 걱정이긴 했다.

대통령 재임 기간 대담은 여러 번 추진됐다. 기자회견을 대체하는 것으로 추진됐던 적도 있고, 기자회견과는 별도로 기획했던 적도 있다. 하지만 번번이 보고도 못 한 채 폐기됐다. 1:1 대담이 대통령 생각을 가장 효과적으로 전달할 방법이라는 것을 알면서도 쉽게 결정을 못 한 이유는 하나였다.

누구와 대담을 할 것인가.

물론 사소한 문제들도 있었다. 먼저 기자회견을 대담으로 대체하면 출입 기자들이 싫어할 것이라는 의견이 있었다. 그리고 다수의 기자와 하는 기자회견이나 일반 국민과 하는 국민과의 대화는 다소 내용이 부실하더라도 참석 자체만으로 소통하는 이미지를 얻을 수 있는데, 굳이 대통령의 생각과 수준이 다 드러나는 심층 대담을 선택할 이유가 무엇인가 하는 반대도 있었다.

하지만 대통령 임기를 총정리하고 지난 일들을 회고하며 무엇보다 새 정부에게 공개적으로 조언할 수 있는 마지막 기회였다. 대통령이 재임 기간 깊게 묻어두었던 생각들을 꺼내어 국민에게 보여주어야 할 때가 된 것이다. 기자들의 불만이 있겠지만 이제 퇴임하는 마당에 심각하게 고려할 일은 아니었고, 국민과의 '소통'도 중요하지만 대통령이 가지고 있던 5년의 국정 철학을 국민에게 알려드리는 것도 꼭 필요한 일이었다.

개인적으로도 차마 묻지 못하고 알지 못했던 대통령의 '생각'과 '회고'가 궁금하기도 했다. 대담의 필요성에 대부분 공감은 했지만, 여전히 문제는 '누구와 대담을 할 것인가'였다.

실은 이 문제가 풀려야 대담이 성사될 수 있었다. 여러 차례 많은 의견이 취합됐다. 라디오 시사 프로그램 진행자, TV 메인 뉴스 앵커, 각 방송사 정치부 기자, 청와대 출입 기자, 대학교수, 문화예술인, 오랫동안 대통령과 친분이 있던 사람들…… 보고가 올라온 명단으로 대통령 대담을 구상해 보았지만 뭔가 부족했다.

완벽한 대담을 구성한다는 것이 참 어려운 일이라는 것을 새삼 느꼈다. 대통령과 마주 앉아 대담하는 사람은 대통령이 가진 권위만큼 진행자로서의 권위가 있어야 했다. 주고받는 말의 무게가 어느 정도 균형을 이루어야 긴장이 유지되고, 긴장이 유지되어야 대담이 늘어지지 않기 때문이다.

대통령과 대담자가 지나치게 가까워 보이는 것도 적절하지 않다고 판단했다. 대담자의 질문 자체에 대중이 선입견을 갖기 때문이다. 질문이 날카롭지 않게 느껴지거나 지나치게 대통령을 배려하는 것처럼 보일 수도 있다.

너무 적대적인 것도 적절하지 않기는 마찬가지다. 현안을 놓고 다투는 자리가 아니고 임기를 마무리하는 자리라는 것을 고려해야 했다. 그러기 위해서는 진행자가 지난 국정 운영 시간에 대해 비판적인 애정을 가져야 대담 흐름이 원만해질 것이다. 이러한 조건, 아니 실은 이보다 더 많은 조건이 있었지만 여기에 부합하는 인물은 한 사람뿐이었다.

바로 손석희 전 JTBC 대표였다. 대통령이 대담을 해야 한다면 손석희 전 JTBC 대표가 가장 적당한 상대라는 것에는 대부분 동의했다. 하지만 가장 우려스럽다는 의견도 많았다. 우려에는 나름대로 이유가 있었다. 〈뉴스룸〉을 진행할 당시 보여주었던 인터뷰 방식을 불편해하는 사람도 있었고, 대통령이 후보 시절 출연했던 방송에서 집요하게 질문을 되풀이해 묻던 모습을 기억하는 사람들도 꽤 있었다. 대통령의 마지막 대담을 그런 식으로 진행하면 난처하지 않겠냐는 걱정이었다.

논의가 다시 공전했다. 이대로 두면 지난 5년처럼 대담자 선정의 벽을 넘지 못하고 좌초될 상황이었다. 대담을 할 것인지, 진행자를 손석희 전 대표로 할 것인지 결정해야 했다. 비서관들의 의견이 합의가 안 되고 갈렸으니, 이 결정은 결국 대통령 몫이었다. 찬반 의견이 같이 보고됐다.

"대통령 마지막 소통 일정을 '대담'으로 하자는 것은 모두가 동의하나, 결국 대담자 선정이 난항입니다. 손석희 전 대표가 가장 적절하다고 생각되어 말씀드립니다. 다만 많은 사람이 지난번 대통령님이 손 대표 방송에 출연했을 때처럼 진행이 될까 봐 우려가 큽니다. 저희끼리는 의견이 갈려서 아무래도 대통령님이 결정하셔야 할 것 같습니다."

그러자 대통령은 의외로 쉽게 답하셨다.

"아니, 그때 나는 그렇게 불편하지 않았는데요. 왜 그걸 그렇게 생각들 하지? 그게 마지막 질문인가 그랬을 텐데 내가 질문을 이해 못 했을 뿐이지 못 물어볼 것을 물어본 것도 아니고 난 그리 불편하지 않았습니다. 그것 때문에 못 할 것은 아닙니다."

그것으로 가장 어려웠던 대담자 선정이 의외로 간단히 끝났다. 그동안 우리가 대통령의 생각을 미리 재단해서 처리한 일들이 얼마나 있을지 늦은 후회와 반성을 하지 않을 수 없었다.

곧장 일본에 있는 손석희 전 대표와 통화를 했다. 저간의 사정을 말하고 대통령과의 마지막 대담을 부탁드렸다. 손 대표는 생각할 시간을 달라고 했다. 충분히 이해할 수 있었다. 모르는 사람은 '그냥 하면 되지 본인에게도 좋은 일 아닌가' 싶겠지만 대통령과의 대담이나 인터뷰 혹은 공개적인 '대화'를 한다는 것은 쉬운 일이 아니다. 우리처럼 정치적 갈등이 심한 사회에서는 양극단의 지지자들에게 욕먹을 수밖에 없는 일이다.

이편에서 불편한 이야기가 저편에서는 당연히 해야 할 이야기이고, 그 반대도 마찬가지다. 조금이라도 대통령의 성과를 칭찬하면 불같이 화를 내는 사람들이 있고, 대통령의 실수나 정부의 정책 실패에 쓴소리를 해도 마찬가지다. 그 모든 비난을 무심히 받아 안고 무게중심을 잃지 않으며 대담을 끌어가야 하니 결코 쉬운 일은 아니다.

짧은 시간 깊은 고민을 했을 손 대표는 결국 대담을 승낙했다. 대담은 이틀에 걸쳐 청와대 곳곳에서 장소를 옮겨가며 진행됐고, 이틀간 JTBC를 통해 방송됐다. 방송 내용에 대해서는 부언하지 않겠다. 대통령은 하고 싶은 말씀을 다 했고, 손 전 대표도 물어보고 싶은 것을 다 물어보았다.

대담을 지켜본 이틀 동안 토할 때까지 롤러코스터를 탄 기분이었다. 두 사람의 대담에는 살 떨리는 말들도 있었고, 괜히 기획

145

했구나 후회되는 순간도 있었다. (손석희 대표가) 너무하는 것 아닌가 싶어 화가 날 때도 있었고, 속이 시원하기도 했으며, 슬프기도 아쉽기도 한, 다양한 감정이 스쳐 갔다. 그리고 우리의 5년도 그 대담과 함께 이제 정리됐구나 싶은 생각도 들었다.

방송 이후 대통령의 대담은 크게 회자했다. 대통령은 대담에서 많은 생각을 밝히셨고, 하고 싶었던 말씀을 하셨다. 그동안 어떻게 참으셨지 싶은 대목도 있었다. 어떤 부분은 공격받기도 했고 어떤 부분은 늦은 이해를 구하기도 했다. 이쪽저쪽 생각이 엇갈렸고, 찬반과 호오가 교차했다.

하지만 다행스럽게도 대통령 퇴임 전 마지막 대담이라는 형식을 비난하는 사람은 적었다. 대담자와 짜고 했다느니 일방적으로 대통령을 치켜세우기 위한 기획이라는 말도 없었다. 오직 손석희 전 대표와 대통령의 말만 분석되고 인용됐으니 좋은 대담이었다. 게다가 대통령이 대담에 아주 만족해하셨으니 더 바랄 것이 없었다. 마지막 대담을 촬영하느라 고생했던 JTBC 스태프 모두에게 늦은 감사 인사를 드린다.

대통령의 휴가

대통령이 임기 중에 휴가다운 휴가를 가신 기억이 없다. 휴가를 한 번도 못 가셨던 것은 아니지만 대개 하루 이틀 정도의 짧은 일정이었다. 그것도 양산 사저에서 쉬다 오시는 것이 대부분이었다. 여름휴가라고 따로 가셨던 것은 경남 거제의 저도 방문 정도가 전부였다. 저도 방문 때에도 현지에서 저도 개방 행사 일정을 하셨으니 휴가라고 하기도 좀 그렇다.

대통령이 휴가를 안 가시니 다들 휴가를 못 가고, 다들 휴가를 못 가니 대통령은 신경 쓰지 말고 다들 휴가를 가라 하시고…… 지난 5년 동안 청와대에서 매해 8월 첫 주가 되면 되풀이되는 광경이었다.

어느 해인가는 웬일로 휴가를 가시겠다고 (그때도 양산으로) 해서 나도 가시는 날에 맞춰 낚시 준비를 하고 대통령을 모셔다 드린 뒤 곧장 제주행 비행기에 몸을 실었었다. 하지만 제주 공항에 도착하자 대통령이 장마로 인한 호우 피해가 심각해 바로 청와대로 복귀 중이라는 문자가 와 있었다. 나도 마중 나온 지인들과 석별의 정을 나누며 다시 비행기를 타고 서울로 올라왔다.

내 기억 속에 가장 강렬했던(?) 대통령 휴가는 경북 안동 하회마을 방문 때였던 것 같다. 엄밀히 말하면 여름휴가는 아니었다. 언론에 공개되고 수행원과 참석자도 있었으니 사실상 공식 일정이었다. 하지만 대통령이 가보고 싶어 하셨던 서애 류성룡 고택도 방문하고 병산서원도 보았으니 뭐 휴가라고 할 수도 있긴 하다. 어쨌든 그날 병산서원 만대루에 앉은 대통령과 여사님 모습은 모처럼 평온해 보였다.

그리고 잊지 못할 사고(?)도 있었다.

하회마을의 투어 프로그램 중에는 '하회 별신굿 탈놀이'가 있다. 하회마을을 방문한 사람이면 여기저기를 구경하다가도 그 시간이 되면 다들 모여 관람하는 인기 프로그램이었다. 사전 답사를 하면서 대통령이 탈놀이를 보시는 게 좋을 것 같아 일정에 넣었다. 미리 확인해 보니 탈놀이의 마지막은 공연자들과 관람객들이 한데 어우러져 한바탕 탈춤을 추는 것이었다. 대통령이 그 장소에 가시면 필시 공연자들이 대통령을 무대로 모시려 할 것이고, 어색한 것을 싫어하는 대통령이 난처해하실 수 있으니 미리 말씀을 드렸다.

"대통령을 무대로 모시면 안 됩니다. 그냥 다른 분들과 탈춤을 추시고 우리는 자리에서 박수를 치겠습니다."

혹시나 하는 마음에 공연을 담당하는 마을 어르신께도 여러 번 다짐을 받았다. 미리 대통령에게 보고도 했다. "이러저러한 상황인데 그냥 앉아서 박수만 치면서 즐기시면 됩니다"라고……

대통령이 공연장에 도착하자 사람들이 환호했고 공연이 시작됐다. 잠시 후 공연이 끝나자, 출연진이 모두 나와 인사를 하고 다시 신나는 장단이 울리면서 공연장 마당은 출연진과 관객이 어우러져 춤판이 벌어졌다. 그때 탈을 쓴 누군가가 대통령 손을 이끌고 무대로 나왔다. 순식간에 벌어진 일이었다. 사람들이 "와 대통령이 나오셨다. 신난다. 문재인! 문재인!"이라고 외쳤고, 한쪽에서는 "김정숙! 김정숙!" 하는 소리도 들렸다.

그때 대통령은 얼굴은 웃으셨지만, 눈빛은 날카롭게 무엇인가, 아니 누군가를 찾고 있었다.

'아!' 나는 대통령이 찾으시던 '누군가'가 나라고 확신하고 급히 몸을 숙였다.

잠시 후 엄청난 박수 소리와 환호가 터졌다. (살짝 일어나 보니) 대통령이 팔을 쭉 뻗으시고 덩실덩실 춤을 추고 계셨다. 얼굴은 웃고 계셨지만 여전히 누군가를 찾는 눈빛으로…… 그때 그 눈빛과 내가 마주쳤고, 대통령의 손끝이 파르르 떨렸던 것은 오직, 나만 보았을 것이다.

지금도 그때를 생각하면…… 서늘하다. 몸이 아려 온다.

II
대한민국
국가 기념식

육군 중사 김기억

2018년 63주년 현충일 추념식

매해 6월 6일은 순국선열을 추모하는 현충일이다. 기념紀念하는 것이 아니라 추념追念하는 것으로 그날을 기린다. 국가를 위해 멸사봉공한 이들을 추념하다니 얼마나 뜻깊은 일인가.

하지만 많은 국가 기념식이 그렇듯 현충일의 참뜻이 국민에게 잘 전달되고 있는가 생각해 보면, 그렇지 않다. 매년 돌아오는 여느 명절보다도 못한 경우가 많다. 일상에 바쁜 국민에게 특별히 관계된 가족사가 있지 않으면 국경일은 그저 하루 쉬는 날일 뿐이다. 오늘이 현충일이라며 슬픔에 잠겨있거나 순국선열에 대한 가슴 떨림으로 하루를 보냈다는 사람을 만나기란 쉽지 않다.

국가 기념식의 첫 번째 과제는 '그날'의 의미를 잊지 않도록 하는 것에 있다. 의미를 잊지 않기 위해서는 그날에 담긴 이야기가 무엇인지 찾아서 국민에게 보여주어야 한다. 이야기에 공감하는 국민이 많을수록 그날의 의미는 잊히지 않고 기억되며 살아 숨 쉬게 된다.

6·25 전쟁이 끝나고 열렸을 1956년 제1회 현충일 추념식은

어떠했을까. 아마도 전후戰後에 더욱 깊어진 슬픔으로 가득했을 것이다. 부모 잃은 자식들과 자식 잃은 부모들이 한자리에 모여 절절한 슬픔을 나누었을 것이다. 다시는 이 땅에 전쟁이 일어나면 안 된다고 생각했을 것이고, 평화를 지키기 위해서 강해져야 한다고도 생각했을 것이다. 구체적이고 생생한 경험에 치를 떨었을 것이다.

그러나 60년이 넘는 세월 속에 사람도, 이야기도 다 흘러갔다. 단단했던 슬픔도 씻기고 기억도 이내 사라져갔다. 현충일을 다시 공감할 수 있는 날로 만들기 위해서는 슬픔의 이야기를 찾아야 했다.

이전까지 현충일 추념식은 대부분 서울 현충원에서 열렸다. 변화를 주고자 전국 국립묘지들을 살펴보았다. 우리나라에는 서울 현충원뿐만 아니라 여러 국립묘지가 있다. 대전 현충원, 4·19민주묘지, 3·15민주묘지, 5·18민주묘지, 영천, 임실, 이천 그리고 산청호국원이 국립묘지로 지정되어 있었다. 그러나 서울과 대전을 제외하고는 현충일 추념식과 성격이 맞지 않거나 장소가 협소했다.

서울 현충원은 전직 대통령들과 장성들의 묘가 많이 안치되어 있다. 추념식 장소로 시설과 접근성이 좋다. 이미 수십 년 동안 같은 추념식이 진행됐기 때문에 추념식에 최적화되어 있다. 현충일 추념식을 무리 없이 치르고 싶다면 서울 현충원만한 곳이 없다는 게 중론이었다. 대전 현충원은 계급이 낮은 군인, 경찰,

공무원 들이 주로 모셔져 있다. 최근 순직자들도 대부분 대전 현충원에 모시고 있다. 접근성은 당연히 서울보다 떨어지고, 행사장으로 사용된 전례도 거의 없었다.

우리는 여러 차례 논의 끝에 대전 현충원을 추념식 장소로 결정했다. 장소를 옮긴 결정적인 이유는 외부 접근권이나 기능적 조건들은 미흡했지만, '생생한 슬픔'이 있는 곳이고 무엇보다 그곳에서 찾아낸 이야기 때문이었다. 그 이야기는 바로 우리가 열심히 찾던 '여전한 슬픔'이었다.

대전 현충원을 답사하던 중 현충원장의 안내에 따라 무연고 묘역을 둘러보게 됐다. 무연고 묘역은 다른 묘역과는 달리 울긋불긋한 꽃들이 묘비마다 꽂혀 있었다. 오히려 더 화려해 보이는 그곳이 무연고 묘역일지는 전혀 몰랐다. 그런데 가까이서 보니 그 꽃들은 모두 조화였다. 현충원장은 찾아와서 헌화하는 사람들이 없으니 조화라도 꽂아두었다고 설명했다. 그래서 멀리서 보면 가족이 찾아오는 묘역보다 더 화려하게 보였던 것이다.

대전 현충원장은 화려한 조화가 있던 어느 비석 앞으로 우리를 안내했다. 비석 앞에 서자마자 현충원장의 설명을 듣기도 전에 울컥했다. 묘비에 각인된 글자 때문이었다.

육군중사 김기억,
1931년에 태어나 1953년 5월 3일 양구에서 전사

　단단한 묘비에 더 단단하게 새겨져 있는 글자 하나하나가 우리를 때렸다. 고 김기억 중사는 스물세 살이 되던 해 전사했다. 그의 생몰 연도와 전사 기록이 묘비 측면에 새겨져 있었다. 그의 이름도 자신을 기억해 달라는 듯 단단히 새겨져 있었다. 그러나 세월이 흐르면서 그의 부모와 가족은 모두 사망하고, 이제는 아

대한민국
국가 기념식

무도 돌보지 않는 무연고 묘가 됐다.

'428030 대한민국의 이름으로 당신을 기억하겠습니다.'

현충일 추념식 제목을 그 자리에서 떠올렸다. 428030은 현충원, 호국원, 민주묘지, 신암선열공원까지 10개 국립묘지 안장자를 모두 합한 숫자로 국가를 위해 헌신한 모든 분을 잊지 않고 기억하겠다는 의미를 담았다.

'대한민국의 이름으로 당신을 기억하겠습니다.'

스무 살 청춘을 국가에 바친 무연고 묘역의 수많은 비석 앞에서 우리가 할 수 있는 최선은 '대한민국의 이름으로 기억하겠다'는 다짐 뿐이었다. 그렇게 2018년 63주년 현충일 추념식이 대전 현충원에서 엄수됐다.

문재인 정부가 끝나고 다음 정부가 들어서고, 그다음 또 그다음으로 대한민국이 이어지는 동안 지금보다 더 많은 순국선열과 무연고 묘가 슬프지만 생겨날 것이다. 살아남은 사람들의 애국이란 잊지 않는 것, 국가의 이름으로 그들을 기억해 주는 것, 그런 것이 아닐까. 그것이 스물세 살 고 김기억 중사를 대하는 국가의 도리, 국민의 도리가 아닐까. 고 김기억 중사를 기억했으면 좋겠다. 그 이름처럼 잊지 말고 잊히지 않도록.

오희옥 애국지사의
올드 랭 사인

2017년 72주년 광복절 경축식

첫 광복절 경축식을 준비하면서 국가 기념식에서 바꿀 수 있는 부분이 많지 않다는 걸 알았다. 뭔가 새로운 구성을 하고 싶어도 '국민의례−훈포상−축사−대통령 말씀−축가'로 이어지는 경축식 순서에서 생략할 수 있는 것은 없었다. 결국 정해진 순서와 시간 안에서 줄 수 있는 변화를 찾아야 했다. 행안부와 보훈처에 경축식에서 포상받는 독립지사 중 특별한 사연이 있는 사람을 찾아 달라고 부탁했다.

행안부에서는 오희옥(당시 92세) 지사를 추천했다. 오희옥 지사는 부모와 함께 광복군에서 활동했던 여성 독립운동가로 그 해 대통령에게 훈장을 받는 친수 대상자였다. 우리의 아이디어는 광복절 경축식 애국가를 연주할 때, 애국지사들을 선창자로 모시고, 참석자들이 이어서 제창하는 것이었다.

기존 애국가 제창에서는 특별히 선창자를 세우지 않았었다. 애국가 제창이라는 틀은 그대로 유지하되 선창자만 추가하는 것이니 전례가 없다고 해도 큰 문제는 없을 것으로 보았다. 그 정도가 문제라면 책임도 얼마든지 질 수 있겠다 싶었다.

직접 만나본 오희옥 지사는 92세라는 것이 믿기지 않을 만큼 정정하시고 총기가 있었다. 오 지사를 뵙는 순간 이분이 애국가를 부르는 것이 가장 좋겠다는 확신이 들었다. 그래서 행사 전날 리허설 시간에 지사님을 무대로 모셔서 부탁드렸다.

"지사님, 애국가 한번 불러 보실 수 있겠어요?"

"그럼 할 수 있지."

원래는 오케스트라 반주에 맞춰 연습 겸 해볼 요량이었는데 마침 국방부 관현악단이 잠시 휴식 중이라 연주를 할 수가 없었다.

"지사님, 지금 반주가 없는데 몇 소절만 그냥 해보실래요?"

"어, 그럼 애국가 부르면 되는 거지?"

오 지사는 숨도 고르지 않고 바로 애국가를 부르기 시작했다. 갑자기 가슴이 쿵쾅쿵쾅 뛰었다. 망치로 머리를 한 대 맞은 듯한 기분이 들었다. 오희옥 애국지사가 부른 애국가는 안익태가 작곡한 애국가가 아니라 올드 랭 사인Auld lang syne 애국가였다. 우리 애국가에 곡조가 없을 때 스코틀랜드 민요에 가사를 붙여 불렀던 애국가. 독립운동가 애국가로 알려진 그 멜로디였다.

"우리가 독립운동할 때는 이렇게 불렀었어."

어린 시절 광복군이었던 부모님과 함께 불렀다는 옛 애국가를, 아무 반주도 없이 92세 노 지사의 목소리로 만났을 때, 독립지사들에 대한 경의와 존경을 느끼지 않을 수 없었다. 아니, 그들이 겪었을 오랜 고초가 그 노래 마디마디마다 스며있는 것 같은

©연합뉴스

161

대한민국
국가 기념식

기분이 들었다.

72주년 광복절 경축식에서 연주됐던 오희옥 지사의 애국가는 그렇게 만들어졌다. 오희옥 지사 애국가 선창은 참석자들 제창 앞에 배치했고, 지사는 리허설 때처럼 홀로 무대에 나와 아무런 반주도 없이 애국가 1절을 부르셨다. 애국가 1절이 끝나고 나서, 국방부 성악병 네 명이 무대에 올라 지사의 손을 잡고 함께 애국가를 1절부터 4절까지를 다시 제창하는 것으로 기념식을 시작했다.

72주년 광복절 경축식은 대단한 변화가 있지 않았다. 기존 국민의례 형태도 그대로 유지했다. 다만 오희옥 지사가 부르는 애국가 한 절을, 제창 순서 앞자리에 놓았을 뿐이다. 하지만 그날의 모든 뉴스는 오희옥 지사가 부른 애국가를 보도했다. 감동적이고, 울컥했다는 후기들도 많았다. 그것은 오희옥 지사의 애국가가 우리가 왜 광복절을 경축식으로 기념하는지 분명히 기억나게 해주었기 때문이었다. 이날의 경험은 이후 5년 동안 국가 기념식을 구성하며 변화를 고민할 때, 기념식 원형을 찾는 일부터 시작하게 만들어 주었다.

문재인 정부 기념식이 이전과 많이 다르다는 말을 종종 들었다. 하지만 문재인 정부 5년간 국가 기념식은 새로울 게 하나도 없었다. 새로운 것이 아니라 처음 기념식이 만들어진 이유와, 그날의 감격과, 그날의 슬픔과, 그날의 감정을 복원하려 했을 뿐이다. 오희옥 애국지사의 애국가처럼 말이다. 그게 전부였다.

700명의 합창단과 환희의 송가

2018년 73주년 광복절 경축식

두 번째 광복절 경축식은 첫 번째 경축식 때와는 '사회적 공기'가 달랐다. 그 1년 사이에 많은 일이 있었다. 평창 올림픽이 있었고, 남북 문화 교류가 있었고, 판문점 선언이 있었다. 남북 간 긴장은 확연히 완화되고 있었다.

　무엇보다 곧 대통령의 평양 방문이 예정되어 있었다. 이런 분위기에서 남북 모두의 최대 경축일인 광복절 행사의 방향이 무엇을 향해야 하는지 숙고하지 않을 수 없었다. 여러 자료를 찾아보다가 같은 해 3·1절 행사에서 여럿이 함께 낭독했던 독립선언문을 다시 읽어보았다.

　오늘 우리의 조선 독립은 조선 사람으로 하여금 정당한 삶과 번영을 이루게 하는 동시에 일본으로 하여금 잘못된 길에 벗어나 동양을 버티고 나갈 이로서의 무거운 책임을 다하는 것이며, 중국으로 하여금 꿈에도 피하지 못할 불안과 공포로부터 떠나게 하는 것이며, 또 동양의 평화가 중요한 일부가 되는 세계 평화와 인류 복지에 꼭 있어야 할 단계가 되는 것이라.

—〈기미독립선언서〉 중에서

〈기미독립선언서〉는 우리나라 광복의 목적을 동양 평화와 세계 평화에 기여하는 단계라고 규정했다. 우리는 이 단어에서 잠시 떨렸다.

'평화.'

광복의 목적이 단순히 식민지에서 벗어나는 것에 있는 게 아니라, 세계 평화의 디딤돌을 얹는 데에 있다는 것이다. 진심으로 담대한 선언이었다. 이는 한반도 평화가 세계 평화라는 문재인 정부의 베를린 선언과 정확히 맞닿아 있었다. 우연한 발견이었지만 어쩌면 필연적인 확인이기도 했다. 광복절을 맞아 특별 전시회가 열리는 용산 국립중앙박물관에 무대를 세우고 '평화, PEACE, 平和, 和平' 등 세계 각국 언어로 평화라는 텍스트-이미지를 제작했다.

고종이 미국인 외교 고문 오언 데니Owen N. Denny에게 하사했던 우리나라에서 가장 오래된 태극기인 '데니 태극기'와 독립운동 중에 사용됐던 김구 태극기, 독립군 태극기, 진관사 태극기, 남상락 자수 태극기 등 여러 형태의 태극기도 함께 게양했다. 국기가 게양될 때는 기타리스트 신대철이 일렉 기타로 애국가 1절을 연주하기도 했다. B1A4 산들은 우리 문학 중 평화의 서정을 가장 잘 표현한 시에 음악을 얹은, 정지용의 〈향수〉를 불렀다.

백범 김구 선생님을 김종구 배우가 분扮하여 재구성한 '나의 소원' 연설도 있었다. 이날 대통령은 베를린 선언부터 73주년 광복절까지 경주해 온 한반도 평화 프로세스의 미래를 이렇게 희망했다.

"한반도 평화와 번영은 우리가 어떻게 하냐에 달렸습니다. 낙관의 힘을 저는 믿습니다. 광복을 만든 용기와 의지가 우리에게

165

분단을 넘어선, 평화와 번영이라는 진정한 광복을 가져다줄 것입니다."

대통령 연설 다음 순서로 우리는 세계 평화를 기원하는 특별한 연주를 따로 준비했다. 처음 염두에 두었던 곡은 안익태 〈한국환상곡〉이었다. 적절한 선곡이라고 생각했다. 광복절 경축식에서 연주될 수 있는 가장 무난한 선택이 아닌가 싶었다. 하지만 당시에 안익태에 대한 친일 논쟁이 있었다. 게다가 일부는 사실로 밝혀지기도 해 부담이 생겼다.

고민 끝에 베토벤 교향곡 9번 〈합창〉을 선택했다. 〈합창〉은 우리 작곡가의 곡은 아니지만, 전 세계인이 존경하는 위대한 작곡가의 곡이다. 무엇보다 동서독 분단의 상징인 베를린 장벽이 무너질 때, 평화와 화합의 음악으로 연주되기도 했다. 한반도 평화가 세계 평화라는 우리의 메시지와도 잘 붙었다.

이 피날레 공연을 위해 KBS교향악단 그리고 전국의 모든 전문 합창단을 섭외해야 했다. 광복절 경축식은 정부 수립 70주년이라는 의미도 겸하고 있어서 700명 규모의 매머드급 합창단을 기획했기 때문이다. 솔리스트 4명과 합창단 700명 그리고 오케스트라 연주는 연습부터 만만치 않았다. 가장 무더운 8월 한여름, 야외, 낮 공연이라는 최악의 조건을 두루 갖춘 기념식이었다. 전체 연습에서 합창단이 자기 자리를 잡는 것만으로도 시간이 부족했다. 하지만 거기에 한 가지를 더 주문했다.

'절대 가사나 악보를 보지 말 것.'

독일어로 된 원문 가사를 합창단이 악보도 없이 연주하기를 부탁한 것이었다. 합창단원들의 항의가 만만치 않았지만 연출적으로 꼭 필요한 요구였다. 일반적인 합창 공연이나 클래식 공연이라면 상관없겠지만, 각종 기념식에서 합창 음악이 연주될 때를 보면 참석자 반응이나 시청자 몰입도가 그리 높지 않다.

거기에는 여러 이유가 있겠지만 무엇보다 연주자의 시선이

대한민국
국가 기념식

악보에 고정되어 있기 때문이다. 그것은 연주자들이 객석과 카메라를 보면서 연주할 때와 비교해 보면 확실히 알 수 있다. 가사와 멜로디를 외우고 연주하는 게 쉽지는 않겠지만 고생한 만큼 국민의 호응이 있을 것이라고 설득했다. 다행히 악보를 보지 않고 연주가 마무리되자 현장 참석자들과 방송을 통해 본 시청자들은 연합 합창단에게 많은 박수와 환호를 보내주었다.

73주년 광복절 경축식 마지막은 만세 삼창이었다. 하지만 '만세' 자체가 이제는 낯설어져 선창자도 참가자 들도 '만세'를 할 때마다 많이들 어색해했다. 그렇다고 만세 삼창을 하지 않을 수도 없어 고민 끝에 새로운 형태로 만세 삼창을 만들었다.

먼저 백범 김구, 위창 오세창, 가인 김병로 선생 만세 장면들을 국가기록원을 통해 찾아냈다. 그 영상과 경축식 현장을 섞어 영상 속 인물이 선창하면 73주년 광복절 기념식에 참석한 사람들이 후창하는 형태였다. 과거가 현재를 만나서 미래를 다짐한다는 의미였다. 그렇게 73주년 광복절 경축식은 끝이 났다.

요즘도 이따금 기념식들을 찾아보곤 한다. 국립중앙박물관 계단 뒤편에 가려있던 합창단 700명이 오케스트라 연주와 함께 '쏟아져' 나오는 장면은 몇 년이 지났지만 여전히 짜릿하다. 그때 경축식이 끝나고 썼던 후기에 "몇 년 후에는 남북 합동 광복절 경축식을 할 수 있겠지"라고 썼었는데…… 이제는 너무나 비현실적인 바람이 된 것 같아 마음이 스산하다.

그래도 어쩔 수 없다. 오직 '평화'다.

어린이날 100주년

대통령 특별 지시 사항

'어린이'라는 말이 만들어진 것은 1914년이고, 어린이날이 만들어진 것은 1922년으로 세계에서 두 번째라고 한다. 그때는 일제 강점기였으니 놀랍다. 이렇게 따져보니 어린이날은 개천절을 제외하면 가장 오래된 기념일일 수도 있겠다 싶다. 1922년 5월 1일 탑골공원과 광화문 등지에 선전물 1만 2,000매가 배포됐고, 천도교소년회, 불교소년회, 대한소년단이 모여 조직적으로 행사를 했다고 한다.

이때부터 뜻있는 어른들이 어린이 잡지를 만들어 읽을거리를 제공하고, 소년 문예가들이 어린이 독자 투고란에 동시童詩를 투고하면 곡을 붙여 동요를 만들어 불렀다고도 한다. 이때 투고한 최순애, 이원수, 윤석중 등의 소년 작품이 〈오빠 생각〉, 〈오뚜기〉, 〈고향의 봄〉이었고 이 동시들이 노래가 되어 오늘까지 동요로 불리고 있다. 당시 배포됐던 〈어린이날 선전문〉에는 이렇게 적혀있었다고 한다.

1. 어린 사람을 헛말로 속이지 말아주십시오.

2. 어린 사람을 늘 가까이하시고 자주 이야기하여 주십시오.

3. 어린 사람에게 경어를 쓰시되 늘 부드럽게 하여 주십시오.

4. 어린 사람에게 수면과 운동을 충분히 하게 하여 주십시오.

청와대에 있으면서 가장 어려웠던 행사가 어떤 행사인지에 관한 질문을 많이 받았다. 그럴 때마다 "모든 행사가 어렵고, 쉽지 않다"고 말해왔지만, 실은 그중에서도 어려웠던 행사가 있었다. 우리에게 가장 어려웠던 행사는 매년 잊지 않고 찾아오는 어린이날 행사였다. 초청한 어린이들이 무엇을 좋아하는지, 어떤 것에 감동하는지 알 수 없어서 매번 가장 힘들었다.

역대 대통령들은 청와대로 어린이들을 초청해 왔다. 하지만 어린이날 행사에 어린이를 초대하기는 했지만, 진정한 의미에서 그들을 위한 행사는 아니었다. 어린이들을 앞에 두었지만 주로 어른들, 대통령의 메시지를 알리는 방향으로 기획됐기 때문이다. 물론 대통령 행사가 여느 행사처럼 오로지 행사 참석 대상의 만족만을 위해 만들어질 수는 없다. 대통령 행사에는 매우 정무적인 의도가 있다. 참석 대상의 만족을 목적으로 하는 것이 아니라 대통령의 메시지를 통해 정책을 홍보하거나 정치적인 효과를 얻기 위해 기획하는 경우가 더 많다.

임기 첫해 어린이날 행사를 준비하면서 이전 박정희 대통령 때부터 박근혜 대통령 때까지의 행사를 찾아보았다. 아이러니하게도 박정희, 전두환, 노태우, 김영삼, 이명박, 박근혜 대통령 행사에서는 어린이를 초청했다는 사실, 그 자체가 화제였다. 권위가 강조되거나, 때로는 강요됐던 정권에서는 대통령과 어린이들이 만났다는 것만으로도 배려가 되고 메시지가 됐다.

반면 김대중·노무현 정부 행사에서는 대통령과 어린이들의 대화와 그날 발표된 대통령의 메시지가 중심이었다. 상대적으로 권위가 덜한 정부에서 어린이들을 초청하는 것은 그리 놀라운 일은 아니었다. 이보다는 그 자리에서 대통령이 무슨 말을 했고, 그날 교육부나 복지부가 어떤 정책을 발표했는지가 큰 뉴스로 다뤄졌었다.

문재인 정부 어린이날에는 교육부와 함께 낙도(육지와 멀리 떨어진 외딴섬)의 분교 학생들과 다문화 가정 자녀들을 청와대에 초청했다. 될 수 있는 한 대통령과 여사님이 어린이들과 많은 시간을 함께 보낼 수 있도록 기획했다.

2018년 96회 어린이날 초청 행사는 청와대 정문 앞에 어린이들이 도착하는 것으로 시작했다. 국방부 의장대가 청와대 정문부터 어린이들을 맞이했다. 청와대 정문은 대통령과 국빈급 외부 인사만이 출입할 수 있는 문이다. 그런 청와대 정문을 '미래의 대통령과 국빈들을 위하여'라는 설명과 함께 활짝 열었다. 정문을 통과한 어린이들을 청와대 본관 대통령 집무실로 안내했다. 의장대가 본관 앞까지 에스코트했다. 이동하는 어린이들을 위해 행진곡을 연주할 때도 어린이들에게 가장 인기 있는 곡들로 군악대에

따로 부탁했다. 군악대는 〈아기 상어〉 같은 노래들로 모두를 즐겁게 해주었다.

해외 정상이나 국빈급 손님이 청와대를 방문할 때처럼 대통령과 여사님이 본관 앞에서 미리 나와 어린이들을 맞이했다. 어린이들은 대통령, 여사님과 인사를 나누고 청와대 대정원에 마련된 자리에 참석했다. 모든 순서는 해외 정상을 위한 공식 환영식과 같은 내용으로 진행됐다. 거기에 의장대 시범 군악대 연주, 전통 공연 등을 추가로 준비했다. 환영식이 끝나고 집무실을 비롯한 청와대 공간을 함께 관람한 후, 영빈관에서 준비된 식사를 하고 녹지원 잔디 마당에 모여 작은 운동회를 했다.

운동회는 대통령과 여사님, 두 편으로 나누어 두세 가지 게임을 하도록 했다. 다행스럽게도 날씨가 좋았다. 어린이들뿐만 아니라 대통령과 여사님도 녹지원 운동회에 아주 진심이어서 다들 즐거운 시간이었다. 운동회 결과는 아마 여사님 편의 압도적인 승리였던 것으로 기억한다. 행사의 마지막은 기념사진 촬영이었다. 녹지원 소나무 아래서 두서없이 사진을 찍었다. 그것으로 그날의 모든 일정을 마무리했다.

행사가 끝나자 국민소통수석실과 몇몇 기자들의 연락을 받았다. '대통령 메시지'가 없다는 지적이었다. 반드시 들어가야 했을 대통령 당부라든지, 어린이날 복지와 교육 문제 같은 정책 사안들에 대한 언급 없이 그냥 놀기만 하면 어떻게 하느냐는 말을 들었다.

하지만 우리도 알고 있었다. 마지막 놀이가 끝나고 함께 둘러앉아 꿈과 미래를 이야기했어야 했다. 문재인 정부가 가지고 있는 어린이 정책 같은 것을 할아버지 버전으로 이야기하는 그런 대목이 있어야 했다. 아마 그것이 저녁 뉴스가 됐을 것이다. 우리도 대통령이 이야기하는 모습이 필요하다고 보고를 드렸었다. 그러나 행사 며칠 전 대통령은 그러한 계획을 다 들으시더니 이렇게 말씀하셨다.

"다 알겠는데, 한 가지는 하지 마세요. 내가 아이들 앞에서 뭔가 연설을 한다거나 이야기를 한다거나 하는 거는 하지 맙시다. 좋아하지도 않을 거고 나도 하루 아이들과 놀면 충분합니다. 같이 하루 즐겁게 놀면 됐습니다. 절대 내가 말을 해야 하는 순서는 넣지 마세요."

살려서 돌아오라
그리고 살아서 돌아오라

소방의날 기념식

도심을 뒤흔드는 소방차의 사이렌 소리는 재난의 핵심부로 달려가는 소방관들의 다급한 외침이다.

사람이 사람을 부르고 사람이 사람에게 달려간다.

사람만이 사람에게 달려가고 사람만이 사람을 구할 수 있다.

사람들아 기다려라.

사람들아 우리가 간다.

사람들아 조금만 견뎌라.

사람들아 죽지 마라 라고 소방차는 외치면서 달린다.

소방차들은 사이렌을 불어서 다른 많은 자동차들을 제쳐놓고 그 사이로 질주한다.

소방차에게 길을 내어주는 자동차들은 아름답다.

사람들은 사람을 살리러 가는 사람들에게 길을 양보한다.

달리는 소방차에는 번쩍이는 고가 사다리와 소방 호스가 실려있고, 중무장한 젊은 소방관들이 타고 있다.

소방관들의 표정은 긴장으로 굳어져 있다.

달리는 소방차의 대열을 바라보면서 나는 내 나라와 정부의 선한 기능이 정확히 작동되고 있음을 안다.

여기가 사람 사는 동네임을 안다.

재난에 처한 사람들을 향해 달려가는 소방차 대열은 정부의 가장 아름다운 모습이다.

그것은 뒤로 미룰 수 없는 일이고, 지금 당장, 바로 여기서, 신속 정확히 이루어져야 하는 일이고, 매일매일의 거리에서 온 국민들이 모두 보고 있는 일이다.

나는 달리는 소방차의 대열을 향해 마음속으로 기도했다.

살려서 돌아오라. 그리고 살아서 돌아오라.

—김훈, 58주년 소방의날 기념식에 부치는 글

문재인 정부에서는 소방 관련 일정과 행사가 많았다. 소방관들에 대한 위로와 국가직 전환을 위해서였다. 대통령 현장 방문도 소방서가 가장 먼저였다. 보급되는 장비들이 열악해 소방관들이 진화에 필요한 특수 장갑이나 용품을, 저마다 개별로 구입한다는 언론 보도가 나온 직후라 소방 장비의 현장 점검 의미도 있었다. 심하게 그을리고 망가진 방화복과 장비는 열악한 소방관에 대한 처우를 그대로 보여주는 것 같았다.

대통령은 소방의날 행사에 임기 중에 두 번이나 참석했다. 첫 번째 소방의날 행사에서는 역대 대통령 중 처음으로 순직 소방관 위령탑을 찾아 참배했다. 당시만 하더라도 순직한 소방관을 기리는 일을 대통령이 직접 챙겼던 전례가 없었다. 순직한 군인이나 경찰관을 예우하는 것에 비하면 너무하다 싶을 정도였다. 소방관 순직 위령탑도 문재인 정부 초에는 천안에 있던 중앙소방학교에 단 하나가 건립되어 있었다.

대통령은 이러한 현실을 무척 안타까워하셨다. 어느 해 현충일 연설에서 국가를 위해 헌신한 군인과 경찰뿐만 아니라, 소방관 역시 마땅한 예우와 배려가 있어야 한다는 메시지를 내기도 했었다.

'소방관들에 대한 예우와 배려.'

중앙소방학교에서 열린 2017년 소방의날 행사는 그러한 취지로 준비했었다. 어쩌면 너무 상투적인 주제였다. 이전 기념식이라고 소방관에 대한 예우와 배려를 하지 않았겠나 싶기도 했다. 상투적이고 뻔한 주제를 달리 보이게 만들기 위해서라도 이야기가 필요했다. 구체적인 인물, 사건, 장소를 담아 기념식을 구성하기로 했다. 인물과 사건이 구체적일수록 주제가 명징해지고 사람들의 공감과 감동을 끌어낼 것이라고 생각했다.

중앙소방학교에 마련되어 있는 위령탑 참배로 행사를 시작했다. 통상적인 기념식의 경우 본 행사 중 묵념으로 모든 추모 의식을 갈음한다. 하지만 행사 동선이 길어지더라도 대통령 참배부터 시작하기로 했다. 참배에 함께할 참석자도 의전 서열순이 아니라, 그간 순직했던 소방관 가족과 가족 중에서도 나이가 어린 초등학생, 중학생으로 정했다.

이런 구성을 하게 된 이유에는 개인적인 사연도 있었다. 어린 시절 동네에서 함께 놀던 형이 있었다. 부모님끼리도 잘 아는 사이였다. 그 형은 어렸을 때부터 운동을 잘했고, 동생들을 잘 챙기던 말 그대로 '동네 형'이었다. 세월이 흘러 형은 특전사 부사관으로 직업군인 생활을 하다가 전역해, 소방관이 되어 인명 구조 업무를 한다는 이야기를 들었다. 그러던 중 세월호 참사가 일어났다. 형은 그 현장에서 구조 작업을 마치고 복귀하던 중 헬기 사고로 순직했다.

형에게는 형수와 어린아이 둘이 있었다. 어느 날 그 형 어머니와 내 어머니가 만난 자리에서 형 어머니가 "손자들이 너무 어릴 때 아들이 순직해서 아빠가 어떤 사람이었는지, 어떤 일을 했는지 아이들이 잘 모르는 것 같다"면서 속상해하더라는 이야기를 내 어머니에게서 전해 들었었다.

소방의날 기념식과 관련 보고를 드릴 때, 내 짧은 사연도 함께 말씀드렸다. 그러자 대통령은 말씀하셨다.

"그렇다면 순직 소방관이 순직했던 상황과 그 가족에 대해서도 상세하게 알려주세요."

대상자 선정이 지체되는 바람에 기념식 전날에야 순직자와 그 유족에 대한 상세한 사연들을 대통령에게 문서로 올려드렸다.

다음 날 소방의날 기념식장에는 비가 부슬부슬 내렸고, 예정대로 대통령과 유가족은 함께 참배를 했다. 참배가 끝나고 본 행사장으로 이동하면서 대통령이 그 자리에 함께한 아이들을 향

해 말씀하셨다.

"네가 ○○이구나, ○○이 아빠가 얼마나 훌륭하신 분인지 대통령 할아버지가 이야기해 줄까?"

대통령은 그렇게 전날 보고한 내용을 아이들 한 명, 한 명에게 설명하며 유가족과 함께 기념식장까지 걸어오셨다. 참석자들 모두 대통령과 아이들 사이의 대화를 들으며 천천히 기념식장으로 걸어갔다.

그해 소방의날 기념식에서는 대통령을 제외한 여타 축사나 내빈 소개를 처음으로 하지 않았다. 대신 실제 붕괴 사고에서 구조된 국민이 무대에 올라 소방관들에게 감사 인사를 했고, 소방관들을 위해 여러 기부 활동을 해온 배우 정우성과 한지민을 명예 소방관으로 위촉하는 순서가 있었다.

화재 신고로 시작해 건물 전체를 방수하는 입체적인 소방 작전을 보여주는 시범도 있었다. 시범은 다양한 상황을 두고 거기에 맞는 구조 방법을 소개하도록 시나리오를 짜서 생방송으로 공개했다. 생방송 기념식의 경우 이러한 실연實演을 기획하는 것이 효과적이다. 불이 났을 때 소방관들이 어떤 상황에 놓이고, 그 상황에서 어떻게 '일'을 하고 있는지 현장을 생생히 보여줄 수 있다. 비록 훈련 상황이었지만 열기가 직접 느껴질 정도로 뜨거운 불꽃이 치솟았고, 치솟는 불 속으로 뛰어드는 소방관들의 모습을 보며 현장에 참석한 많은 사람이 눈물을 흘렸다. 그 모습은 아름다웠고, 처절했고, 눈부셨다. 사람을 살리기 위한 사람의 헌신은 말로 표현하기 어려운 감동이 있었다.

2020년 기념식은 충남 공주에 새로 만들어진 중앙소방학교에서 진행됐다. 추모비도 새로 건립됐고, 다양한 상황에서 소방관들이 훈련할 수 있도록 체계적인 훈련 시스템과 실습 시설도 갖추어졌다. 소방관의 국가직 전환이 이루어졌고, 소방청이 신설됐고, 만족할 수준은 아니겠지만 소방관 처우도 조금은 나아졌다.

하지만 그사이 많은 소방관이 국민의 생명을 구하고, 재산을 지키다 순직했다. 그날 소방의날 기념식에서는 대통령의 연설 한 문장에 그 자리에 참석했던 모든 사람의 마음이 저릿해졌다.

"나는 오늘 대통령으로서 여러분께 명령합니다. 최선을 다해 생
명을 구하십시오. 그러나 여러분 자신도 반드시 살아서 돌아오
십시오."

이 말은 대통령의 명령이었지만, 국민 모두의 명령이었고,
자기 생명을 담보로 다른 사람의 생명을 살리려는 모든 소방관에
대한 감사와 존경이기도 했다. 그날 우리는 불이 났을 때 불 속으
로 뛰어드는 법을 가르치는 중앙소방학교 가장 높은 곳에 이렇게
써 놓았다.

살려서 돌아오라, 그리고 살아서 돌아오라.

우리 모두는 군인이거나,
군인이었거나,
군인의 가족입니다

69주년, 70주년 국군의날 기념식

2018년 건군 70주년 국군의날 기념식은 이른바 정주년(5년, 10년 주기) 행사였다. 통상 정주년에는 다른 해보다 국군의날 행사 규모를 더 크게 해왔다. 60주년, 65주년 같은 정주년에는 대규모 군사 퍼레이드가 서울공항이나 여의도, 광화문 등에서 열렸었고, 정주년을 제외한 나머지 해에는 계룡대에서 사열 중심 행사로 진행되어 왔다.

문재인 정부 국군의날 행사는 계룡대가 아닌 육·해·공군 특색에 맞게 매해 다른 장소에서 진행하고 싶었다. 이러한 계획에 대해서는 당시 국방부도 긍정적이었다. 계룡대가 아닌 다른 여러 장소에서 국군의날 기념식을 하자는 주장에는 나름대로 이유가 있었다. 내륙인 논산 계룡대에서 기념식을 하다 보니 육군의 모습은 보여줄 수 있었지만 해군과 공군의 모습을 보여주는 것은 불가능했다. 그나마 공군은 공중 사열이라는 형식으로 날아가는 비행기라도 보여주었지만, 해군은 오리발을 들고 행진하는 것 이상은 보여줄 수 있는 것이 없었다.

그러니 육·해·공·해병대까지 우리 국군의 모습을 국민에게 제대로 보여드리기 위해서는, 대통령이 매해 각 군 야전 부대를 직접 방문해 그곳에서 국군의날 행사를 하는 것이 바람직하다고 생각했다.

여러 논의 끝에 2017년 69주년 국군의날 기념식은 건군 이래 처음으로 해군 기지가 있는 평택 2함대 사령부에서 열렸다. 평택은 해군 기지이기도 했지만 가장 넓은 연병장을 가지고 있는 곳이기도 했다. 덕분에 계룡대에서도 전시할 수 없는 육군 장비들과 대형 상륙함을 비롯해 그동안 보여주지 못했던 해군 자산을 국민에게 보여드릴 수 있었다.

70주년 국군의날은 건군 이래 처음 야간 행사로 기획했다. 오전 10시에 시작하는 국군의날 기념식을 오후 6시로 옮기고, 장소도 서울 전쟁기념관으로 바꾸었다. 군인이나, 군 관계자뿐만 아니라 일반 국민에게도 행사를 공개해 가능한 많은 사람이 기념식에 참석할 수 있도록 했다. 그러나 국군의날 기념식 장소와 시간을 옮긴 것을 두고, 국민의힘과 일부 보수단체의 비난이 거셌다. 그들 주장의 요지는 '국군의날 기념식을 북한 눈치를 보면서 시가행진도 없이 한다'는 것이었다.

어이없는 주장이었지만 집요했다. 시가행진을 위해 분열 연습을 해야 하는 장병들의 수고와 사열을 위해 동원되는 장비들만 따져 보아도 그것이 얼마나 낭비인지 금방 계산이 나올 일인데, 국방과 안보를 정략적으로 이용하려는 공격이었다. 대체 분열할 때 팔을 얼마나 높이 절도 있게 흔드는지와 우리나라 국방력이 무슨 밀접한 관계가 있겠는가? 사열이나 분열보다 우리 군의 첨단 자산과 각 군의 특징을 잘 드러나게 기념식을 구성하는 것이 여러 면에서 나은 방식임에도, 그들은 '밤에 전쟁기념관에 숨어서 몰래' 국군의날 기념식을 한다는 비난을 지치지도 않고 계속했다.

그러나 그해 '시가행진 없이 숨어서 몰래 한' 70주년 국군의날 행사는 공중파 3사 합계 15퍼센트가 넘는 시청률을 기록했다. 이는 역대 국군의날 기념식 시청률 중 가장 높은 수치였다. '숨어서 몰래 한 것'치고는 너무나 많은 국민이 함께 지켜본 셈이다.

70주년 국군의날 기념식의 높은 시청률과 국민적 관심은 행사 시작 시각을 저녁 여섯 시로 옮겼던 이유도 컸다. 공중파 방송 3사를 비롯한 많은 국내 방송사가 이른바 '황금 시간'을 국군의날 기념식에 할애할 수밖에 없었다. 이 역시 건군 이래 처음 있는 일이었다. 덕분에 공휴일이 아님에도 70주년 국군의날 기념식을 많은 국민이 시청할 수 있었다. 기념식 시간이 일몰 후로 조정되면서 조명과 영상 등 각종 장치도 활용할 수 있어 이전까지의 국군의날과는 여러 면에서 다른 연출을 할 수도 있었다.

새로운 내용으로 국군의날 기념식을 만드는 일은 두근거리는 일이었다. 국군 태권도 시범은 품세와 격파 중심의 일반적인 태권도 시범에서 일렉트로닉 댄스 음악에 맞추어 역동성 있게 구성했다. CG와 창작 품세를 가미하고 마지막에는 격파 난이도를 끌어올려 전혀 다른 시범으로 변모했다.

'워리어 플랫폼'(개인 전투 체계) 시연은 컴퓨터 그래픽과 현장을 오가는 새로운 시도였다. 비상 상황이 발생해 부대가 출동하고 현장에 투입되어 적을 탐색한 후 격퇴하는 과정을 '영상-현장-CG-현장' 순으로 연결했는데, 시놉시스 작성부터 실제 장비 운용까지 여러 차례 수정 보완하는 과정을 거쳐야 했다.

영상 속 부대원들이 출동하면 행사장 현장에 실제 UH-60 헬기가 등장해 영상 속 부대원들을 실제로 헬기 강하로 침투시키고, 워리어 플랫폼을 장착한 부대원들이 무대와 객석으로 산개하는 동안, 드론과 자율 차량, 전술 차량이 등장하면 다시 영상에서 전투를 벌였다. 그리고는 영상 속 총격 및 폭파 장면을 현장에서 받아 교전을 만들어 냈다. 영상과 현장 시연을 연계한 시도였다.

이 모든 과정은 참석자가 있는 상태에서 원 테이크로 진행했다. 워리어 플랫폼 시연에는 그룹 2PM으로 활동했던 '옥택연 상병'이 출연하기도 했다. 특별히 유엔군 참전 용사 중 생존 장병들도 각국에서 초청했다. 그들의 헌신에 대한 감사와 함께 달라진 우리 국군의 모습을 직접 보여주고 싶었다. 대한민국을 위해 목숨을 걸었던 참전 용사들을 위해 가수 오연준 군이 〈어메이징 그레이스〉를 불렀다.

기념식 마무리는 가수 싸이와 국방부 의장대 공연이었다. 싸이는 출연료도 받지 않고 공연에 들어가는 장치를 기부하면서까지 출연해 주었다. 〈챔피언〉, 〈강남스타일〉, 〈예술이야〉로 이어

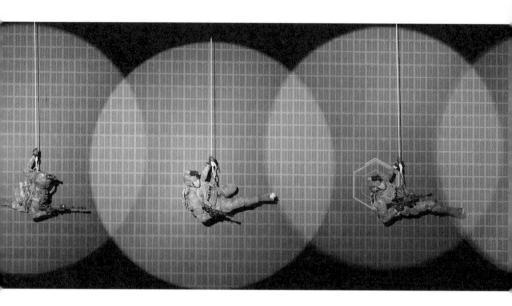

지는 싸이의 무대에 병사들이 뛰어나와 함께 즐기기도 했다. 특히 의장대와 함께 공연한 〈챔피언〉과 마지막에 모든 행사 병력이 함께했던 〈예술이야〉는 70주년 국군의날 기념식 중 가장 멋진 장면이었다. 그날 싸이는 마지막 곡을 남겨두고 참석자들을 향해 이렇게 말했다.

"우리는 모두 군인이었거나 군인이거나 군인의 가족입니다. 건군 70주년 국군의날을 축하합니다. 다 같이 뛰어!"

싸이의 마지막 노래와 함께, 70주년 국군의날 기념식은 행사에 참석했던 국민과 군인의 환호성으로 기념식이 아니라 축제

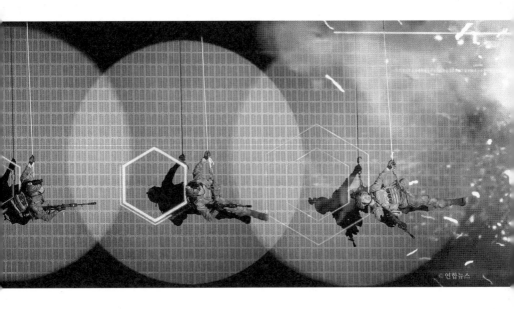

©연합뉴스

가 됐다. 국군의날은 군인이 더 대접받고, 더 존경받고, 더 사랑
받는 그런 날이 되기를 바랐다. 다들 기뻐하는 모습을 보니 내심
뿌듯했다.

　하지만 전쟁기념관 길 건너편에서는 국군의날 분열과 퍼레
이드를 하라는 보수 단체와 국민의힘 집회가 밤늦게까지 계속되
고 있었다.

동백꽃 피었습니다

제주 4·3 추념식

한 국가가 무엇을 기념하는지를 보면 그 민족이 거쳐온 역사의 질곡을 확인할 수 있다. 어떤 기념일이든 거기에는 사건이 있었고, 또 사연이 있었다. 사건과 사연은 역사가 되고 역사는 '그날'을 기억하는 사람들에게는 여전한 '현실'이기도 하다.

우리나라 기념일 중 많은 날이 '기쁜 날'이라기보다는 '슬픈 날'이다. 실제로 국가 공식 기념일 중 '경축식'은 광복절밖에 없다. 축하할 날이 없는 것은 아니지만 기념일 중 꽤 많은 경우가 '경축'하기보다는 '추모'하거나 '추념'하기 위해 제정됐다. 국군의 날, 경찰의 날, 소방의날 같은 특정 기관 기념일도 마찬가지다. 축하도 해야 하지만 전쟁이나 각종 사건 사고로 순직한 분들을 추모해야 하는 날이기 때문이다. 그래서 우리나라 국가 기념식은 대개 무겁고, 살아남은 사람들은 여전히 아프다.

문재인 정부 기념식은 각 기념일의 의미에 따라 그와 관련된 사건과 사연을 되새기는 데 초점을 맞춰 왔다. 정부가 어떤 사건과 사연을 기념식으로 제정한 이유는 기억을 되새기고 잊지 않도록 만들려는 것이지만, 위정자의 정치적 의도와 집권 세력의 이데 올로기도 반영될 수밖에 없다. 그렇게 정치적 선택에 따라 기념일 이 선정되는 동안 꼭 기억해야 마땅한 우리 역사의 많은 날이 사 라졌다. 그날들과 함께 사연도, 사람도 사라졌다. 어떤 흔적은 부 서졌고, 어떤 기억은 온전치 못하게 됐다. 어쩌면 지난 세월 제주 의 1948년 4월 3일은 그러한 '많은 날' 중 하나였을 것이다.

4·3 추념식을 준비하며 여전히 생생한 그 슬픔에 많이 놀랐 다. 사람들은 너무나 분명히 그날을 기억하고 있었다. 흔적과 사 연을 품은 채 살고 있었다. 문재인 대통령은 재임 중 총 세 번 4·3 추념식에 참석했다. 통상적인 기념식에 대통령 참석은 격년이 원 칙이지만, 임기 첫해부터 참석하기 시작해 코로나19로 기념식이 축소됐을 때까지도 참석했다.

세 번 모두 추념식 장소는 노무현 정부 시절 조성된 4·3 평화 공원이었다. 평화공원은 돌아가신 분들의 위패가 모셔져 있고, 묘역과 추모비, 추모공원도 완벽하게 조성된 공간이었다. 하지 만 그 완벽함 때문에 오히려 그날의 비극과 슬픔이 너무 서둘러 정리된 것은 아닌가 싶기도 했다. 4·3의 슬픔이 이토록 생생한데 4·3 평화공원은 이미 지나간 일인 듯 그만 잊으라고 이야기하는 것 같았다. 그래서 추념식 준비로 제주에 갈 때마다 우리는 제주 도 관계자들과 함께 4·3과 관련한 다른 여러 장소를 둘러보았다. 4·3 평화공원이 아닌 다른 장소에서 추념식을 구상하기 위해서 였다.

《제주일보》에 따르면 제주 내 4·3 관련 유적지는 596곳에 달한다고 한다. 제주 4·3 기념사업회가 선정한 대표적인 유적지만 해도 43곳에 이른다. 곤흘동, 제주 농업학교, 너븐숭이, 영모원, 북촌국민학교, 다랑쉬마을, 표선해변, 주정공장, 알뜨르 비행장…… 새로운 장소에 들를 때마다 처절한 사연들이 우리를 뾰족하게 찔렀다.

하지만 우리는 4·3 평화공원으로 발길을 돌릴 수밖에 없었다. 우리가 들렀던 현장들…… 그곳의 사연과 이야기들은 정돈된 추념식을 진행하기에는 너무 가슴 아픈 것들이었다. 우리가 찾아간 4·3 관련 유적지에서 잊힌 사연을 들을 때마다 함께 답사 중인 사람들이 훌쩍였다. 유적지 596곳은 저마다 개별적인 슬픔으로 가득 차 사람들을 찌르고 있었다.

그래서 다시 4·3 평화공원으로 돌아올 수밖에 없었다. 개별적인 슬픔을 넘어 국가권력에 의해 자행된 비극을 사죄하고, 죽은 자들을 위해 제사 지내고, 산 자들을 위로하기 위해서는 마땅한 장소가 4·3 평화공원밖에는 없었다.

그렇게 세 번 모두 처음 장소로 되돌아가 추념식을 준비했다. 추념식에서는 슬픔의 당사자인 제주 사람들과 제주를 깊이 사랑하는 사람들을 함께 무대에 올렸다. 커다란 상처를 가진 사람들은 자신의 상처를 쉽게 꺼내 보여주지도 않지만, 다른 사람들의 이해와 공감도 쉬이 받아들이지 않는다. 우리는 그 사실을 4·19 기념식, 5·18 기념식을 준비하면서 알게 됐다.

자기 슬픔이 클수록, 그 슬픔을 이해하려고 노력하는 사람들에게조차 쉽게 마음을 열지 않는다. 그래서 4·3 추념식은 사건 피해자들과 사건을 바라보는 사람들 모두를 이해시켜야 한다는 생각도 했다. 당사자인 제주 사람과 이른바 육지 사람, 4·3의 비극과 떨어져 있었으나 아픔을 공감하는 사람들이 추념식에 함께했다.

제주를 사랑하는 가수 이효리는 제주 출신 시인들의 추모 시를 낭송했고, 제주로 이주한 가수 루시드폴은 제주 무용단과 함께 씻김굿 음악을 맡았다. 4·3 피해자의 손주들이 자신들의 할아버지, 할머니에게 보내는 편지를 낭독하기도 했다. 편지를 낭독하는 순서는 매해 진행했는데, 해마다 소개해야 할 편지들이 넘쳐 고르기가 어려웠다.

4·3 추념식 중 가장 뿌듯했던 순간은 2021년이었다. 그해 드디어 4·3 특별법이 완성됐기 때문이다. 본행사가 끝나고 피해자들의 위패가 안치된 위패 봉안관에서 대통령은 특별법 법령집 3권에 서명을 하고 4·3 영령들에게 봉헌했다. 가수 하림과 제주 소녀가 영령들을 위한 헌정 음악을 연주했다.

제주 4·3 사건 진상 규명 및 희생자 진상 규명에 관한 특별법을 4.3 영령들께 바칩니다.

2021년 4월 3일
대통령 문재인

대한민국
국가 기념식

 서명을 마친 대통령은 한동안 봉안관을 떠나지 못하셨다. 그
리고 봉헌식 연주를 맡았던 가수 하림에게 "중요한 순간에 음악
으로 감정을 보태주어 고맙습니다"라고 말씀하셨다. 동백꽃 흐
드러지던 4월의 봄날이었다.

블록버스터
2017년 경찰의날 기념식

모든 정부 기관은 창립이나 창설을 축하하는 기념일이 있다. 대통령 주요 일정에도 그러한 기념식 참석이 종종 있다. 그러나 모든 기념일에 대통령이 참석하는 것은 아니다. 대통령 참석은 주로 국민의 삶과 밀접하거나, 국방, 안보와 같은 중요한 사안을 다루는 관계 기관에 집중되어 있다.

대통령이 직접 참석하는 대표적인 정부 기관 기념일로는 국군의날, 소방의날, 경찰의날 등이 있다. 대통령은 가능하면 이 기관들 기념식에는 꼭 참석해 왔다. 대통령이 참석을 결정하면, 그때부터 기념식은 해당 기관과 청와대 일이 된다. 그렇게 기관들과 함께 기념식을 준비하다 보면, 국민이 각 기관에 대해 가지고 있는 감정이 다르다는 것을 느낄 때가 있다.

특히 국군의날이나 소방의날에 대한 국민 호응과 경찰의날을 대하는 국민 호응은 사뭇 다르다. 뭐랄까…… 경찰의날에 훨씬 냉담하다. 냉담한 이유에 대해 행사를 같이 준비했던 경찰청 관계자들과 이야기를 나눠 본 적도 있다. 아무래도 경찰이 민생

195

과 밀접하다 보니 이런저런 일들로 국민과 서먹한(?) 사이가 된 것이지 않을까 싶다.

"교통 위반 딱지 하나만 떼도 경찰들이 얼마나 욕을 먹는지 아마 모르실 거예요."

하기야 그동안 이런저런 일로 경찰을 탓한 적이 꽤 있는 것 같다. 차가 막혀도, 교통을 통제해도 경찰 잘못인 것처럼 느낀 적이 있다. 흔치 않지만 사소한(?) 일탈이라든지 위반으로 경찰서에 간 경험이 있는 사람은 다들 경찰에 억울했거나 분노했던 감정이 조금씩은 있지 않나 싶다. 여하튼 경찰의날 행사는 행사할 때도, 행사가 끝나고 나서도, 그 반응을 보면 응원보다는 원망이 컸다. 국군의날이나 소방의날과는 확실히 달랐다.

우리는 그게 좀 안쓰러웠다. 청와대 일을 하다 보면 알게 모르게 노력하는 해당 기관과 공무원들의 헌신을 알게 된다. 그들의 헌신을 알게 되면 평소에 느꼈던 그들에 대한 인식이 이기적이고 편협했구나 싶어진다. 그래서 잘해주고 싶어진다. 원래 2017년 경찰의날 행사는 간소하게 하려고 했었다. 취임 첫해라 이런저런 큰 행사들이 연이어 있었기 때문이다. 하반기에는 여러 외교 행사를 비롯해 평창 올림픽 사전 행사가 있었고, 게다가 10월 21일 경찰의날은 10월 1일 국군의날과도 준비 기간이 겹쳤다.

그래서 새로운 시도보다는 기존 관례를 따르기로 했다. 경찰청과 논의해 지난 10년 동안 했던 것처럼 세종문화회관에서 실내 행사로 진행하기로 했다. 크게 준비할 것이 없는 특별하지 않은 경찰의날이었기에 간략한 계획만 대통령에게 보고했다. 대통령도 별말씀이 없으셨다. 그런데 행사를 몇 주 남겨놓은 어느 날 대통령이 불현듯 말씀하셨다.

"평창 올림픽과 관련해 테러 위협이나, 이런 것들에 대비하고 있는 것으로 알고 있는데 이번 경찰의날에는 우리 경찰의 준비 태세를 한번 보여주는 것도 좋겠습니다."

대한민국 경찰의날 역사상 가장 특별한 '스펙터클 블록버스터' 기념식의 서막이었다. 문재인 정부 5년 동안 대통령이 참석하시는 행사와 관련해 직접 어떻게 했으면 좋겠다고 말씀하신 경우는 이때가 유일했다.

당시는 평창 올림픽을 '평화 올림픽'으로 만들기 위해 전 부처가 노력하고 있었다. 북한 미사일보다 무서운 북미 간 말 폭탄이 오가고 있었고, 언론은 올림픽을 앞두고 소규모 국지전이나 테러 위협이 있을 수 있다고 보도하기도 했다. 그런 시점에서 '경찰의날 행사에 테러에 대비하는 완벽한 준비 태세'를 보여주자는 대통령의 말씀은 동의할 수밖에 없는 좋은 '주제'였다.

그러나 경찰의날 주제를 '평창 올림픽 대테러 훈련'으로 수정하려니 일이 많았다. 예정된 장소인 세종문화회관에서 '대테러 훈련'을 보여주려면, 영상을 만드는 것 외에는 할 수 있는 것이 없었다. 영상은 연출된 이미지, 음악, 나레이션으로 의도한 주제를 효과적으로 보여줄 수 있다는 분명한 장점이 있지만, 어지간한 완성도가 아니면 기념식 현장에서는 몰입하거나 공감하기가 어렵다. 오히려 긴 시간의 영상 시청은 전반적인 행사 긴장도를 허물어뜨린다.

여러 고려 끝에 현장성을 최대한 살려 실시간으로 대테러 준비 태세를 보여주고, 이것을 생방송 하는 것으로 가닥을 잡았다. 경찰청, 경찰특공대, 평창조직위 등과 협의를 시작했다.

기념식 장소도 세종문화회관에서 광화문광장으로 바꾸었다. 광화문광장은 경찰특공대가 평창 올림픽과 관련해 훈련하고 있는 모든 시나리오를 보여줄 수 있는 공간이었다. 높은 건물, 넓은 평지, 실제 차량이 움직일 수 있는 도로 등을 갖춘 가장 이상적인 공간이었다.

하지만 경찰의날 기념식을 위해서는 광화문광장을 일부 통제해야 했고, 다양한 장비 시범단 운용 등이 사전에 철저하게 계획되어야 했다. 그러다 보니 사전 통제 계획을 공지하고 우회로를 확보해야 하는 복잡한 업무가 발생했고, 그 과정에서 시민의 불편과 그에 따른 민원에 대해서도 적절히 조치해야 하는 부담도 생겼다.

하지만 다행(?)스럽게 '경찰청' 행사라 그 분야에 있어서는 너무나 완벽하고 민첩하게 일 처리가 됐다. 다른 기관 행사였다면 협조를 구하고 공조를 해야 하는 과정이 복잡하고, 실무에서 예상치 못한 문제들도 생기기 마련인데, 경찰청이야 원래 이런 일을 하는 부처니 정말 수월했다.

여러 조건을 조성하고 나서부터 진짜 고민이 시작됐다. 먼저 평창 대테러 상황을 관리하는 조직위, 군, 경찰 등과 함께 대테러 준비 태세 시나리오 중 구현이 가능한 상황 모델을 찾았다. 첫 번째 시나리오는 폭발물 발견에서부터 처리까지의 과정, 두 번째는 인질 납치 발생시 이에 따른 대처 방안과 구출 과정, 세 번째는 선수단 숙소에 테러리스트가 난입한 상황을 가정한 구출 격퇴 시나리오였다.

다소 황당하게 들릴지는 몰라도 이 세 가지 시나리오 모두 이전 올림픽이나 국제 경기에서 발생했던 일들이었다. 또다시 일어날 가능성이 있는 시나리오였기 때문에 경찰특공대는 여기에 맞추어 오랜 시간 훈련 중이었다. 실제 훈련을 보기 위해 모처에 있는 경찰특공대로 가서 훈련을 참관했다. 여러 대의 특수차량, 화기, 병력, 탐지견 등을 직접 보니 정말 대단했다. 반복된 훈련으로 이미 경찰특공대는 초 단위까지 완벽하게 준비되어 있었다. 그 완벽한 모습을 어떻게 담아내는 것이 좋을까?

그러려면 무엇보다 영상 연출과 현장 연출 간의 차이를 극복해 내야 했다. 실제 훈련 모습을 현장에서 보면 대단하다고 느낄 수 있지만, 방송을 통해 보는 것은 그만한 감동을 받기가 어렵다. 현장에서 볼 때는 눈앞에 벌어지는 상황을 입체적으로 인지하기 때문이다. 무대뿐만 아니라 무대 아래, 혹은 현장 분위기와 긴장감 같은 것을 모두 느끼면서 바라본다.

하나의 시퀀스sequence만 진행되는 것이 아니라, 여러 개의 시퀀스가 겹친다. 멀리서 경찰 차량이 움직이고, 눈앞에서는 테러리스트들이 모여있고, 길 건너편에는 선수단이 버스를 기다리고 있다. 이 모든 상황이 거의 동시에 벌어진다. 현장에서는 이 모든 상황을 한 번에 볼 수 있지만, 영상은 그것을 하나의 신scene 으로 나누어 차례대로 보여주거나 교차해 보여줄 수밖에 없다. 그래야 시청자들이 상황을 이해를 할 수 있다. 여기에 발단, 전개, 절정, 위기, 결말을 납득할 수 있도록 내용을 담아야 모두의 감동과 공감을 얻어 낼 수 있다.

우리는 세 개의 시나리오를 실행하는 데 있어 광화문 전체를 무대로 삼았다. 광장 전체를 활용해 폭발물 탐지 및 처리 과정은 광화문을 중심으로 왼쪽, 인질 납치 및 구출은 오른쪽에서 시작해 왼쪽에서 마무리되는 식이었다. 각 상황은 배성재 아나운서의 설명과 경찰청 관계자의 해설을 덧붙였다. 보여줄 수 없는 건물 안쪽 밀폐된 공간 상황은 보디캠body cam으로 사전에 촬영해 VCR을 만들고, 현장 생방송 사이에 송출해 참석자와 시청하는 국민의 이해를 도왔다.

이날 기념식의 하이라이트는 경찰특공대가 헬기를 이용해 건물 옥상에 침투, 건물 외벽을 타고 내려오는 레펠 시범과, 광화문 교보빌딩 앞에서 납치된 인질 구출 작전 시범이었다. 경찰특공대 헬기가 교보빌딩 옆 광화문 KT 건물 옥상으로 진입해 로프를 내리면 경찰특공대가 로프를 타고 옥상으로 내려간 뒤, 다시 KT 건물 옥상에서부터 외벽을 타고 도로까지 내려오는 장면이었다.

　　단 몇 초 만에 경찰특공대는 옥상에서 바닥까지 다양한 레펠 방법을 사용해 하강했다. 인질 구출 시범 역시 납치, 신고, 출동, 통제, 진압, 구출까지 모든 과정을 국민에게 보여주었다.

　　전체 시나리오와 리허설을 진행한 뒤 한 가지를 추가하기로 했다. 인질 납치 상황에서 인질 역할을 개그맨 김영철에게 급히 부탁했다. 마침 라디오 진행을 마친 김영철은 영문도 모른 채 끌려(?)와 다른 인질들 틈에 앉아있다가 졸지에 납치됐다가 풀려나

대한민국
국가 기념식

는 수모(?)를 겪었다. 덕분에 무겁고 딱딱해질 수밖에 없는 시범 행사의 긴장이 풀렸고, 행사에 재미가 더해졌다.

광화문 상공에 전례 없이 헬기가 날아다니고, 공포탄과 화약이 터지고, 건물 옥상과 외벽에 경찰관들이 오르내리는, 어찌 보면 위험한 상황들을 만들면서 걱정도 많았다.

"꼭 이렇게까지 해야 할까요? 그냥 안전하게 영상으로 찍고 그걸 내보내면 어떨까요?"

혹시나 있을지 모를 사고와 그에 대한 책임이 걱정되어 경찰특공대 담당자에게 여러 번 했던 말이었다. 실제로 사소한 사고라도 일어나면 큰일이겠다 싶어 규모와 상황을 축소하고 싶은 마음이었다. 그때마다 경찰특공대 담당자는 이렇게 말했다.

"이거 행사 아닙니다. 우리에게는 훈련입니다. 실제로 이렇게 거리에서 실전 같은 상황에서 훈련하는 게 얼마나 원했던 건지 모릅니다. 우리가 아무리 요청해도 민원이나 위험 때문에 못했던 건데 이번에 할 수 있게 좀 도와주십시오."

이날 광화문광장에서는 아주 특별한 경찰의날 기념식이 만들어졌다. 경찰특공대를 비롯해 우리 일상을 지켜주는 경찰들의 수고가 국민에게 소개됐고, 경찰관들은 자신들의 임무를 구체적인 시범으로 보여주었다. 경찰에 대해 섭섭한 국민도 많이 있겠지만 오늘도 보이지 않는 곳에서 열심히 훈련하고 있을 대한민국 경찰들을 응원해 주었으면 한다.

피스메이커

3·1절이나 광복절 같은 5대 국경일은 아니지만, 국군의날에는 많은 국민의 관심이 집중된다. 남북 대치 상황에서 국군의날 기념식은 단순한 행사가 아니라 안보와 관련한 중요한 메시지를 발표하는 자리가 되기도 한다.

첫 국군의날 행사를 준비하면서 국방부와 함께 향후 5년간 국군의날 기념식 계획을 이야기한 적이 있다. 각 군 부대를 대통령이 직접 방문해 각종 시범 및 군 무기 체계 등을 시연하는 '작전 + 훈련 + 기념식'과 같은 프로그램으로 만들자는 의견이었다.

합리적인 의견이었지만 반대도 적지 않았다. 군에서 보여주고 싶어 하는 것과 국민이 보고 싶어 하는 것도 아주 달랐다. 그때마다 국방부 의견 중 수용할 수 있는 부분들은 최대한 받아들였다. 다만 한 가지 중요한 변화는 반드시 동의해 주길 바랐다. 국군의날 기념식에 분열이나 무기 사열, 무술 시범을 지양하자는 것과 시연과 실연을 중심으로 행사를 만들자는 것이었다.

앞서 평택 2함대 사령부에서 열린 국군의날 기념식 이후 용산 전쟁기념관 국군의날 기념식까지 성공적이었고, 안팎으로도 좋은 평가를 받았다는 점이 국방부와 우리 측 협의를 쉽게 만들어 주었다. 역시 누군가를 설득하는 가장 좋은 방법은 성공 사례를 보여주는 것이다.

그렇게 문재인 정부 국군의날 기념식은, 75주년을 맞아 용산 전쟁기념관에서 대규모로 진행됐던 기념식을 제외하고는 모두 각 군 부대에서 진행했다. 평택2함대(해군), 대구전투비행단(공군), 이천특수전사령부(육군)까지…….

공군이 중심이 됐던 대구 국군의날 기념식에서는 우리 F-15K 전투기들이 행사 시작과 함께 동해 독도, 서해 직도, 남해 마라도까지 초계비행하고 다시 행사가 종료되기 전에 복귀해 대통령에게 보고하는 모습을 연출했다.

이천 특수전 사령부에서 열렸던 기념식에서는 육·해·공군 특수전 전력이 공개됐다. 육군이 보유하고 있는 다양한 헬기 전력을 통한 특수부대 침투, 전개, 퇴출까지 전 과정도 실시간으로 보여주었다.

임기 마지막 해인 2021년에는 드디어 해병대 순서가 됐다. 건군 이래 해병대에서 처음 진행된 국군의날 기념식이었다. 행사 전반을 해병대가 주도하는 것도 처음 있는 일이었다. 해병대에서 열리는 기념식 첫 후보지는 포항 해병대 1사단 연병장이었다. 잘 닦여진 연병장은 정비만 조금 한다면 큰 문제가 없어 보였고, 공간도 넓어 여러 장비를 전시하는 것도 가능한 공간이었다. 물론 해병대에서 했다는 상징성도 가질 수 있었다.

문제는 연병장이라는 공간이 해병대를 직관적으로 보여주지 못한다는 점이었다. 따로 설명이 없다면 연병장은 그냥 운동장이다. 이곳이 포항이고 해병대 1사단이라는 것을 설명해 주지 않으면 어느 곳에 있는 어느 부대인지 도무지 알 도리가 없다. 서울 근교 어느 부대라 해도 다를 바가 없었다. 좀 더 명징한 공간을 찾아야 했다.

두 번째 후보지는 포항 도구 해안이었다. 주로 해병대 상륙작전 등을 훈련하는 곳이고 방송을 통해서도 많이 알려진 장소였다. 설명이 없어도 해병대의 상징성이 보이고, 무엇보다 각종 시연과 시범을 바로 직관할 수 있다는 장점이 있었다.

하지만 도구 해안은 훈련용으로는 적합해도 행사장으로는 비좁았다. 게다가 해안은 모래밭이라 만약 비라도 조금 내리면 정상적인 기념식 진행이 불가능해 보였다. 내빈 수를 최소화한다고 해도 무대와 객석 시범까지 모두 그 자리에서 진행하기가 어려웠다.

국방부 관계자, 청와대 의전비서관실, 대통령 경호처, 그리고 해병 1사단 관계자들이 도구 해안에서 회의를 했다. 장소의 한계와 그것을 어떻게 극복할 수 있을지를 논의했지만 별다른 뾰족한 수가 나오지 않았다. 그때 동행했던 해병 1사단장에게 물었다.

"해병대가 상륙할 때 한 번에 얼마나 상륙할 수 있나요?"

"대대 병력이 가능하고 지원 차량 등도 일부 가능합니다."

"그럼 그 인원들은 다 어디서 오나요?"

"상륙함에 탑승해서 대기하고 있다가 출발하죠."

우리는 해군 협조를 얻어 상륙함인 마라도함으로 이동했다. 마라도함은 해군이 보유하고 있는 제일 큰 상륙함이었는데 도구 해안 전방을 바라보며 대기하고 있었다. 그 자리에서 도구 해안을 바라보며 검토를 시작했다. 마라도함의 넓은 갑판은 행사를 치르기에 적당한 공간이었다. 이전 제주 관함식과 서해수호의 날에도 상륙함 갑판에서 행사를 진행했던 경험이 있다. 따라서 이곳에서 본행사를 진행하기에 큰 문제가 없다는 것은 확인된 사실이었다.

문제는 함상 위에서는 각종 시범을 실행할 수가 없고, 날씨가 궂으면 파도와 바람 때문에 기념식 자체도 어려울 수밖에 없다. 발상을 바꾸어야 했다. 굳이 함상 위에서 모든 것을 실시할 이유가 없고, 굳이 국군의날이라고 '제대 병력'이 한 공간에 있을 필요도 없다고 생각한 후에 말했다.

"우리 이번에 여기 포항의 하늘과 바다, 그리고 저기 도구 해안 전체를 활용해 보죠. 기상이 안 좋으면 예비 날짜를 받아 수정해 진행하죠."

대통령과 내외빈이 참석하는 장소를 마라도함 갑판으로 하고 국민의례, 포상, 대통령 말씀 등 본 행사는 같은 함상에서, 해병대를 중심으로 한 상륙과 공중으로 각 군이 전개하는 시범은 도구 해안으로 하자는 것이었다. 함상 행사 참석자들이 건너편 해안을 볼 수 있도록 마라도함의 위치만 잘 잡으면 가능할 것 같았다. 실제로 구현하려면 수많은 디테일과 싸워야 할 테지만 큰 방향은 그렇게 정해졌다. 다행스럽게도 국방부, 해병대, 경호처 모두 동의해 주었다. 행사까지 불과 한 달여 밖에 남지 않은 상황에서 준비에 들어갔다.

가장 중요한 부분은 육·해·공·해병대 합동작전이었다. '단순히 장비를 보여주는 전시나 시범 기동과 달리 실제 작전이라면 어떻게 하겠는가?'라는 질문에 답하는 방식으로 준비를 시작했다. 실제 목표지역이 설정되면 가장 먼저 무엇을 해야 하는지부터 마지막으로 그 목표지역을 확보하는 전 과정을 보여주자는 것이었다. 우리 군이 보유한 자산과 전술 중에 군사적인 이유로 공개할 수 없는 부분을 제외하고는 국민에게 보여줄 수 있는 가장 완벽한 작전을 보여주자는 데 뜻이 모두 모였다.

위성을 이용한 정보 수집, 특수전 병력 투입, 조기 경보기를 필두로 한 항공 전력 전개, 지속적인 공중 우세 확보, 상륙전을 위한 해군 함포 사격, 해병대의 공격, 공격을 엄호하고 상륙을 돕기 위한 각종 지원 헬기와 공격 헬기 기동, 상륙, 거점 확보 시나리오가 착착 만들어졌고, 각 군은 호흡을 맞추며 훈련에 들어갔다. 기념식을 준비하던 모든 사람에게 국군의날은 '작전'이 됐다.

본 행사 준비도 서둘렀다. 본 행사장이 된 마라도함에서 가능하면 해안 상황이 잘 보일 수 있도록 위치를 잡았다. 대통령의 마라도함 착함着艦은, 우리 기술로 만든 해병대 헬기인 마린온을 이용하는 것으로 결정했다. 향후 방산 세일즈까지를 고려한 결정이었다.

드디어 행사 당일이 됐다. 날씨는 어느 때보다 화창해 시야가 탁 트였고, 도구 해안을 비롯해 모든 영역이 '양호'했다. 이날 행사는 대통령이 마린온을 이용해 착함하고, 하기下旗에 맞춰 각 군부대를 상징하는 기수단이 경례하면, 대통령과 주요 지휘관이 기수단을 사열하며 본 행사장에 입장하는 것으로 시작됐다.

기수단 사열이 끝나자 이어서 국민의례가 시작됐다. 직전에 SLBM(잠수함발사탄도미사일) 발사를 성공시킨 국산 3,000톤급 잠수함인 도산 안창호함에 태극기를 부착해 마라도함 앞으로 기동하는 것을 보여주었다. 원래 계획은 안창호함이 태극기를 달고 수중에 있다가 수면 위로 급부상하는 것이었는데, 도구 해안 수심이 나오지 않아 아쉽지만 포기해야 했다.

국기에 대한 경례는 해병대 주관이라는 상징적인 의미를 담아 해병대 1기인 이봉식 옹이 맡아주셨다. 이봉식 옹은 2020년 6·25 70주년 행사 때도 모셨었는데 1년 사이 더 수척해지신 모습이라 안타깝기도 했다.

각 군을 대표하는 기수단이 마라도함 건너편 해군 함상에서 마라도함을 바라보며 군 통수권자인 대통령에게 경례했고, 국군의 날을 맞아 각종 훈장과 포장褒章이 수여됐다. 이어 국방부 장관, 대통령 축사가 이어졌다. 이윽고 각 군이 합심해 준비한, 작전명 '피스메이커', 도구 해안 상륙작전이 시작됐다.

약간의 실수는 있었지만 안전사고나 특별한 문제없이 목표로 했던 해안을 확보했다. 국민들은 20여 분간의 상륙작전을 영화처럼, 잘 편집된 다큐멘터리처럼 보았다고 호평했다. 특히 맨 마지막 '블랙이글스'가 대미를 장식하며 기동하는 장면은 리허설 내내 시간이 한 번도 맞지 않아서 걱정했었는데, 본 행사 때 기적같이 절묘하게 맞아떨어져 짜릿하기까지 했다.

그렇게 문재인 정부 마지막 국군의날 행사가 끝났다. 보여줄 수 있는 모든 것을 보여준 기념식이었다. 아쉬움과 헛헛한 마음을 안고 청와대로 복귀했다. 복귀해서 대통령을 관저로 전송하려는데, 대통령은 잠시 머뭇하더니 뒤를 돌아보신 뒤 관저로 올라가셨다.

대통령이 떠나시자마자 주위에 있던 의전비서관실 직원들 모두가 환호했다. 대통령은 행사가 끝난 뒤 단 한 번도 우리에게 '수고했다', '고생했다', '좋았다'라고 말씀하신 적이 없다. 하지만 정말로 괜찮은 행사가 끝나면 '쓱' 한 번 뒤를 돌아보시곤 한다. 그것이 우리에겐 최고의 찬사였고 뜨거운 격려였다.

'피스메이커'는 그렇게 종료됐다. 문재인 정부 마지막 해가 되어서야 임기 초에 꿈꾸었던 기념식을 만들었다. 단지 사열하는 한 사람을 위한 행사가 아니라, 국군을 신뢰하는 모든 국민을 위한 행사가 만들어졌다. 우리가 여기까지였으니 다음은 더 나아질 것이다. 진심으로 그러하길 바란다. 국민의 군대, 대한민국 국군 파이팅!

꽃이 피었다

33주년 6·10 민주항쟁 기념식(고 배은심 여사를 기리며)

2020년 6·10 민주항쟁 기념식은 박종철 열사가 돌아가셨던 남영동 대공분실에서 열렸다. 굳이 이 장소를 선택한 이유는 독재와 반민주의 상징인 남영동 대공분실이 민주화 운동의 역사를 담은 민주인권기념관으로 바뀌기 때문이었다. 인권 탄압의 가장 상징적인 곳에서 마침내 인권과 민주화의 꽃이 피었다는 그런 서사를 펼쳐 보고 싶었다.

미리 둘러본 대공분실은 기념관으로 바꾸는 작업이 한창이었지만 여전히 서늘한 기운이 느껴지는 공간이었다. 육중한 철문, 숨만 쉴 수 있도록 작게 내어놓은 창문, 그리고 무엇보다 건물 뒤편으로 설치된 나선형 계단이 그러했다.

"눈을 가리고 여기까지 끌고 와서 건물 입구로 가는 것이 아니라, 건물 뒤편 나선형 계단으로 올라가는 거예요. 끌려온 사람은 극도의 공포와 혼란을 느끼면서 되풀이되는 나선형 계단을 타고 끌려갑니다. 왜인지도 모르고, 어디로 가는지도 모른 채 취조실에 들어가게 됩니다."

남영동 대공분실은 그랬다. 건물 자체가 '의도'였고, '목적'이었고, '결과'였다. 군사독재 정권에 저항하는 수많은 사람을 고문하고, 없는 죄를 뒤집어씌우고, 결국에는 죽음에 이르도록 만드는 공간이었다. 도대체 여기가 뭐 하는 곳인지 일부러 알지 못하도록 만들어 놓은 곳이었다. 그래서 그날의 기념식 장소로 적절했다.

행사장 구성을 위해 공간 이곳저곳을 둘러보았다. 그때 무언가 설치 중인 작업대 근처에서 사진 한 장을 보게 됐다. 이전에도 몇 번 본적이 있던 사진이었다. 전투경찰 방패에 붉은 카네이션을 꽂아주고 있는 유가족들 모습 앞에 한참을 서 있다가 적어보았다.

'꽃이 피었다.'

6·10 민주항쟁 기념식 제목을 〈꽃이 피었다〉로 정했다. 그 서슬 퍼런 시절 절절한 분노에도 꽃을 들고 나선 사람들의 마음을 기리고 싶었다. 결국 그 꽃들이 모여 한 시대를 바꾸었고, 이 처절한 공간에도 이제 꽃이 피어난다고 이야기하고 싶었다.

기념식 당일 서늘한 대공분실 앞마당에 꽃밭 같은 무대를 만들었다. 외벽 아랫부분을 생화로 장식하고 푸른 잎들을 구해와 이어 붙였다. 이 꽃들과 잎들이 담쟁이처럼 끈질기게 이 건물을 감싸주었으면 좋겠다는 생각으로 무대를 만들었다.

그리고 대공분실 509호. 박종철 열사가 마지막을 맞았던 그 방 좁은 창밖으로 커다랗고 붉은 꽃 한 송이를 걸었다. 어떠한 말

도, 설명도 없이 509호 그 방 창문에 내건 꽃 한 송이가 모든 것을 '상징'할 수 있지 않을까 싶었다. 그리고 모든 참석자가 똑같은 붉은 꽃 한 송이씩을 가슴에 달았다.

그날 기념식에는 그간 민주화 운동에 헌신했던 분들에 대한 훈장 추서와 수여도 있었다. 전태일 열사 어머니 고 이소선 여사를 비롯해, 고 지학순 주교, 고 조영래 변호사, 박종철 열사 아버지인 고 박정기 님까지, 대한민국 정부의 반성과 사과가 담긴 그리고 민주화 운동에 대한 노고를 치하하는 훈, 포장 수여식이었다.

한 분, 한 분이 민주화 운동의 역사였고 슬픔이었고 비극이어서 어떤 훈, 포장 수여에서도 느낄 수 없었던 회한이 느껴졌다. 이날 국민훈장 모란장 맨 마지막 수여자는 배은심 여사였다. 민주화 운동의 어머니이자 이한열 열사의 어머니…… 무대 위에 서 있는 것조차 민망해하신, 그을린 얼굴에 슬프고 또 슬픈 표정을 가진 배은심 여사는 민주화 운동 투사가 아닌 그저 아들을 잃은 어머니였다.

일전에 영화 〈1987〉 시사회에 참석한 대통령이 영화 상영에 앞서 관계자들과 환담을 나눈 적이 있었다. 그때 배은심 여사도 참석하셨다. 그 자리에서 대통령은 영화를 함께 보자고 제안하셨지만 배 여사님은 "나는 못 보겠어요. 아직은"이라고 말씀했었다. 그 한마디에 대통령 내외분은 물론 그 자리에 있던 감독과 배우들, 수행원들 모두 뭐라 말을 보탤 수가 없었다.

이날 무대에 오른 배 여사께 대통령은 훈장을 수여하며, 뭐라고 말씀하셨는데 우리는 듣지 못했다. 배 여사는 기쁘지도 슬프지도 않은 표정으로 그저 묵묵히 훈장을 받고 인사를 한 후 자리로 돌아가셨다. 자리에 앉아 물끄러미 자신이 받은 훈장을 쳐다보시던 그 모습이 쓸쓸했다.

이날 훈장 수여식의 수여 보조는 국방부 의장대가 아닌 경찰의장대에 부탁했다. 다른 경우라면 몰라도 이날은 경찰이 해야 할 것 같았다. 그런데 정말 우연하게도 수여 보조를 맡은 경찰의장대 의경 이름이 '이한열'이었다. 우연이었겠지만 우연으로만 보이지 않았다.

국민의례 중 국기에 대한 경례도 다르게 준비했다. 매번 하는 국가 행사에 매번 하는 국민의례인데 무슨 신경을 그리 썼느냐 할지도 모르겠지만, 실은 모든 국가 기념식에서 가장 신경 쓰는 부분이 국민의례였다. 변화의 여지가 많지 않은 행사일수록 더욱 그랬다. 의례적으로 진행되는 경례와 맹세, 애국가 제창에 의례의 본질을 유지하며 어떠한 변화를 줄 수 있을지 고민하는 것은 매번 어려운 문제였다.

이번에도 6·10 민주항쟁 당시의 사진에서 모티브를 얻었다. 당시 시위 현장에서 청년들이 태극기를 펼쳐 들고 있던 사진이 있었다. 그날 시위에 참여했던 그분들을 수소문해 찾아냈고, 두 분을 대공분실 옥상으로 모셨다. 20대 청년에서 50대 장년이 되어버린 사진 속 두 분은 국기에 대한 경례 구령에 맞추어 대공분실 2층 옥상에서 다시 한번 태극기를 힘차게 펼쳐 들었다.

이날 행사의 마지막은 시청 앞에서 열렸던 이한열 열사 노제 당시 문익환 목사의 연설이었다. 장준하 열사부터 이한열 열사까지, 문익환 목사가 어떤 설명도 없이 피를 토하듯 열사들의 이름을 부르짖는 영상이었다. 그 영상 끝에 가수 정태춘, 박은옥 선생의 〈92년 장마 종로에서〉 노래를 이어 붙였다.

한 시대를 끝내기 위해 몸부림치던 한 세대의 역사가 그 노래와 함께 흘러갔다.

2022년 1월 9일, 이한열 열사의 어머니이신 배은심 여사가 돌아가셨다. 대통령 내외분은 광주 빈소를 찾아 조문했다. 고인의 영정 옆에 그날 받은 국민훈장 모란장이 놓여있었다. 배은심 여사의 명복을 빈다.

청년의 날(with BTS)

2020년 제1회 청년의 날

세상에는 어려운 일이 많지만 가장 큰 어려움 중 하나는 따를 만한 '전례'와 해오던 '관례'가 없는 경우가 아닐까 싶다. 게다가 이 '처음'이 앞으로 전례가 될 것이고, 세월이 흐를수록 '관례'가 될 것이라고 생각하면 부담 백배가 아닐 수 없다.

제1회 청년의 날이 그랬다. 청년의 날 자체가 처음 제정됐으니 찾아볼 전례가 없었고 광복절, 3·1절 같이 어떤 사건을 기념하는 것도 아니니 담아낼 내용도 고민이었다. 식목일에 나무를 심는다거나 해양의 날에 바다 쓰레기를 청소한다거나 하는 어떤 구체적 행위를 요구하는 날도 아니었고, 소방의날이나 경찰의날처럼 특정 대상을 위무하려는 것도 아니니 이제껏 해왔던 행사와는 여러모로 달랐다.

청년 정책의 주무를 맡고 있던 국무총리실, 청와대 청년비서관실과 함께 며칠 동안 주제에 대해 논의했다. 하지만 누구도 이거다 싶은 주제를 찾지 못했다. 그렇게 답 없는 고민을 하다가 되돌아가 시작부터 다시 검토해 보기로 했다.

먼저 시기 문제부터 살펴보았다. 청년의 날은 기존 기념일처럼 특정 날짜가 정해져 있지 않다. 매년 9월 3주 차 토요일로 지정되어 있다. 날짜가 매해 바뀐다는 의미다. 날짜가 아니라 요일을 지정한 의미는 아마도 많은 사람의 참여를 고려했기 때문일 것이다. 공휴일이 아닌 이상 주말로 행사일을 지정한 것은 다양한 프로그램을 진행하기에 쉽다고 판단했을 것이다.

2020년 9월 셋째 주 토요일은 9월 19일이었다. 첫 행사이기도 하고 아주 특별한 사정이 있지 않는 한 앞으로 당기거나 뒤로 미룰 수도 없다. 그렇게 조정할 수 없는 날짜가 정해졌다.

다음은 장소였다. 코로나19 대유행으로 실내 행사가 제한된 상황이었다. 계획됐던 대규모 행사들이 줄줄이 취소되고 있었다. 국가 행사의 경우 예외 규정이 있어 실행할 수는 있지만, 대규모 행사는 자제하는 것이 좋겠다는 분위기였고 정무적으로도 그러한 판단이 우세했다. 하지만 첫 번째 행사이니만큼 '청년의 날'에 국민이 관심을 가질 수 있도록 만들어야 한다는 요구도 분명히 있었다.

결국 실내가 아닌 실외에서 국가가 청년 문제에 깊은 관심이 있다는 것을 보여줄 수 있는 장소가 필요했다. 여러 고려 끝에 청와대 녹지원으로 장소를 확정했다. 녹지원 푸른 잔디밭과 소나무도 청년의 날과 어느 정도 맞아떨어지는 이미지였다.

마지막은 내용이었다. 통상적인 국가 기념식과 차별을 어떻게 둘 것인지가 관건이었다. 핵심 메신저를 대통령이 아닌, 청년 당사자로 하자고 결정했다. 대통령이 축사를, 청년 대표는 메시지를 전달하자는 것이다. 청년들은 믿지 않을 수도 있지만, 국가와 기성세대는 당연히 청년을 응원한다. 응원으로만 그치지 않고 여러 제도와 개선책을 만들기도 한다.

하지만 청년이 겪고 있거나 겪게 될 현재와 미래의 모든 문제는 결국 기성세대가 아닌 청년 스스로 헤쳐 나갈 수밖에 없다. 그래서 기성세대가 할 수 있는 최선은 그들의 선택을 믿어주고, 그들 뒤에 서 있는 것이라는 데 의견을 모았다. 그런 취지에서 대통령은 청년을 위로하고 응원하는 격려의 말로 축사를 갈음하기로 했다. 가장 중요한 청년의 날 메시지는 오히려 청년에게서 듣는 것이 행사 취지에 부합한다고 판단했다.

그렇다면 첫 번째 청년의 날의 메신저로 누구를 선정해야 할까? 많은 의견과 토론, 조사를 거쳤지만 결과는 같았다. BTS였다. 가장 성공한 아이돌, 세계적인 아티스트, 한국 문화를 세계 문화로 확장한 아이콘. 대한민국 청년을 대표하는 데 이만한 인물이 없었다.

하지만 우려되는 지점도 있었다. 바로 그 완벽함이 걱정이었다. 그들의 성공이 오늘날 청년의 현실을 반영할 수 있을까? 동시대 청년이 겪고 있는 여러 문제를 그들이 이해할 수 있을까? 성공한 이들의 모습을 보는 청년의 마음이 과연 좋기만 할까? 서로 너무 다른 세상에 사는 사람들은 아닐까? 여기에 더해 바쁜 일정을 소화하고 있는 BTS가 과연 행사에 올 수는 있을까? 행사에 와서 노래하는 것이 아닌 자신들의 이야기를 해달라고 하면 아티스트가 부담 없이 그걸 받아들일 수 있을까?

여러 고민과 의문이 꼬리를 물었다. 하지만 고민을 해결할 방법은 문제와 마주하는 것이니 일단 그들을 찾아가 묻기로 했다. 아니나 다를까 그들은 무척 바빴다. 일정을 조정하는 것조차 쉽지 않았다. 하지만 일정을 조정하기 전에 그들이 메신저로 나서 준다면 어떤 메시지를 던질 수 있을지부터 정리해야 했다.

"완벽한 성공, 멋진 현실과 미래를 가진 BTS가, 어렵고 힘들어하는 청년에게 어떤 메시지를 내놓을 수 있을까요?"

그들이 이 질문을 두고 즉답을 피했던 이유에는 일정 문제도 있었겠지만, 행사 참석으로 인한 효과와 파장은 어떠할지 고민도 있었을 것이다. 얼마 후 BTS 측에서 다시 연락이 왔다.

"우리의 성공을 이야기하는 것이 아니라 우리의 과정을 이야기하면 될 것 같습니다. 우리는 정답을 찾아서 온 것이 아니라 정답을 만들기 위해서 노력했을 뿐이거든요. 그 노력과 과정에 대해 멤버들의 생각을 정리해 볼까 합니다."

우리는 모두 이 말에 매료됐다. "정답을 찾아다닌 것이 아니라 정답을 만들기 위해 노력했을 뿐"이라는 말.

제1회 청년의 날은 날씨가 참 좋았다. 코로나19 상황이었지만, 청와대 녹지원으로 가능한 많은 청년을 초청했다. 다양한 삶을 사는 청년들이었다. 성공한 청년도 있었고, 좌절을 경험한 청년도 있었다. 자신의 꿈을 유보한 채 군 복무 중인 청년도 있었

대한민국
국가 기념식

고, 이제 막 꿈을 위해 한 걸음 내디딘 청년도 있었다.

그리고 지난 청년 시절을 회고하는 대통령도 그 자리에 함께 있었다. 성공의 길을 모색하는 것이 아니라 각자 걸어온 걸음에 의미를 부여하고, 정답을 찾는 것이 아니라 정답을 만들기 위해 노력하는 마음과 그 마음을 바라보며 응원하는 마음이 모인 자리였다.

제1회 청년의 날을 기념하기 위한 작은 이벤트도 준비했다. 메신저인 BTS 멤버들에게 올해 태어나 앞으로 19년 후에 청년이 될 다음 세대를 위해 기억할 만한 무엇, 들어볼 만한 무엇, 되새겨볼 만한 무엇을 남겨달라고 부탁했다. 고맙게도 BTS는 그 세 가지의 의미를 담은 선물을 준비해 주었다. 우리는 그 물건들을 봉인해 대한민국역사박물관에 기증했다. 그것은 타임캡슐이자 미래 세대에게 주는 선물이기도 했다.

2020년에 태어난 아이들이 청년이 되는 2039년, 캡슐은 열리게 될 것이고, 2039년 청년의 날에는 이 선물의 내용과 의미가 당대 청년에게 메시지가 되길 기대하는 마음도 함께 담았다. 그날이 되면 제1회 청년의 날을 준비했던 모든 사람은 기성세대가 되어있을 것이다. 그때 우리도 그 장면을 지켜보며 회고할 수 있으면 좋겠다. 우리 청춘도 저렇게 아름다웠다고 말이다.

세월은 흘러가도
산천은 안다
40주년 5·18 민주화운동 기념식

이명박·박근혜 정부 내내 외면받던 5·18 민주화운동 기념식이 문재인 정부가 들어서고 정상화됐다. 임기 첫해부터 대통령은 5·18 기념식에 참석했다. 그 자리에서 대통령은 아버지를 잃은 딸이 편지 읽는 모습을 지켜보다가 자리에서 일어나 그 딸을 안아주었다. 생방송 중이었고 아무도 예상하지 못한 행동이었지만, 참석자들과 시청하던 국민들은 그 모습에 박수를 보내며 함께 울었다.

나는 다른 자리에서 그날을 자주 회고했다. 어떤 기획도, 어떤 연출도 그보다 더 극적인 감동을 만들어 낼 수는 없을 것이다. 아무것도 연출하지 않음으로써 연출한 것 이상을 보여줄 수 있었던 감동이었다. 그 장면은 진심이 가진 힘을 보여주었다. 행사 연출을 업으로 삼는 사람으로서, 커다란 깨우침이자 반성이었다.

2020년 대통령 재임 중 마지막이 될 5·18 기념식을 준비하게 됐다. 그때는 의전비서관이 아닌, 대통령 행사기획 자문위원으로 주요 국가 기념식의 기획과 연출을 맡고 있었다.

대한민국
국가 기념식

개인적으로는 두 번째 5·18 기념식 연출이었다. 앞서 말했지만 같은 의미의 행사를 반복적으로 만들어 내는 것은 결코 쉽지 않다. 새로움은 언제나 이전 것들과 결별하는 것에서부터 시작한다. 하지만 나름대로 최선을 다해 만들었던 이전 행사를, 그것도 내가 만들었던 행사를 부정하면서 같은 취지의 행사를 다르게 만든다는 것은 무척 괴로운 일이다.

코로나19 국면이어서 참석자 규모를 줄여야 했고 거리두기 등 규정도 준수해야 해서 기획 여건이 아주 좋지 않았다. 그러저러한 사정 때문에 대통령에게 코로나19 시기 국가 행사를 취소해야 하는 것은 아닌가 의견을 드린 적도 있었다. 그때 대통령은 이렇게 말씀하셨다.

"6·25 전쟁 중에도 전시 정부가 주관하는 광복절 행사가 부산에서 열렸습니다. 화려하거나 새롭지 않더라도 국가가 존재하는 한 국가 기념일 행사는 반드시 만들어져야 합니다."

2020년 5·18 기념식은 어느새 40주년이었다. 이른바 '꺾어지는 해'에 걸맞도록 더욱 잘 준비해야 했다. 일단 40주년이라는 세월을 되새겨 볼 수 있는 장소부터 고민했다. 먼저 추천된 곳은 해마다 행사가 있었던 5·18 묘역이었다. 참배를 위해서 반드시 들러야 할 곳이자 수많은 영령이 잠들어 있는 곳이다. 이제까지 행사가 진행됐던 곳이고 공식적인 추모 시설이기도 하니 특별한 사정이 있지 않은 한 당연한 선택지였다.

하지만 이번 5·18 기념식은 40주년이라는 '특별한 사정'이

자꾸 마음에 걸렸다. 5·18 유가족을 포함한 기념식 관계자들의 의견을 추가로 들었다. 대부분은 묘역이 낫다는 의견들이었다. 무엇보다도 5·18 기념식 전후로 참배가 있는데, 대통령이 참배하려면 어차피 묘역으로 가야 한다는 동선상의 이유도 있었다.

하지만 유가족 일부는 40주년이라는 특별한 의미를 고려하면 5·18 민주화운동의 가장 상징적인 공간인 옛 전남도청 앞에서 행사를 하는 것이 좋겠다고 생각했다. 이번이 아니면 도청 앞 행사는 앞으로 더욱 쉽지 않을 것 같았다. 문득 〈임을 위한 행진곡〉의 "세월은 흘러가도 산천은 안다"는 대목이 떠올랐다.

산천은 정말 알고 있을까? 40년 전 그날을.

세월은 흘러가도 산천은 안다. 40주년 5·18 기념식에 가장 어울리는 제목이었다. 40년이라는 세월이 비록 흘러갔어도, 그래도 산천은 알고 있다는 그 오랜 시간과 기억을, 그리고 다짐을 담아보고자 했다. 기념식 주제가 정해지니 장소는 역시 옛 전남도청 앞 광장이 가장 적합한 선택이라는 확신이 들었다.

그렇게 장소를 도청 앞으로 결정하고, 묘역 참배는 부대 행사로 기획했다. 본 행사 전후로 대통령이 묘역을 방문해 예를 표하기로 했다. 참배에 대해 아쉬워하던 분들도 납득해 주었고 대통령에게 그렇게 보고를 드렸더니 대통령 역시 그러한 계획에 동의해 주셨다.

코로나19 확산으로 인해 40주년이지만 아쉽게도 참석자를 늘릴 수는 없었다. 유가족을 중심으로 최소한의 인원만을 초청해야 했다. 하지만 도청 앞 광장이 비어 보이는 것은 안 될 일이었다.

여러 궁리 끝에 도청 앞 광장과 분수대까지를 행사 장소로 설정하고, 참석자 좌석을 방사형으로 배치해 적은 인원이지만 광장 전체를 채우도록 했다. 그저 사람이 많은 것처럼 보이고 싶었던 것은 아니었다. 당시 도청 앞 광장을 가득 메웠던 그날의 사람들을 추모하려는 의미였다. 객석 배치 또한 기념식에 중요한 부분이다. 그렇게 5·18 기념식이 무대와 무대 아래가 하나로 연결됐으면 하는 의도였다.

40주년 5·18 기념식에는 많은 사람이 참석하지 못했다. 심지어 매해 진행됐던 5·18 전야제도 취소가 되어 아쉬움이 컸다. 기념식 본 행사가 5·18 40주년을 기념하는 가장 중요한 행사가 됐다. 도청 앞이라는 장소에 더할 콘텐츠가 필요했다. 행사에 참석하지 못하고 영상으로 기념식을 보는 국민이 40주년을 기념하며, 세월이 흘러도 기억할 수 있는 '무엇'이 필요했다.

결국 5·18 민주화운동 40년의 역사와 상흔을 보여주어야 했다. 하지만 그것을 무대 퍼포먼스로만 하는 것은 한계가 있었다. 그렇다고 단순히 영상물을 하나 더 만드는 것으로는 의미도 감동도 잡아내기 어려웠다.

정재일 음악감독에게 연락했다. 그와는 이전에도 여러 번 함께 작업할 기회가 있었다. 판문점에서 아리랑을 모티브로 만들었던 〈하나의 봄〉, 한-아세안 정상회의 만찬 때 피날레로 연주된 〈아세안의 노래〉도 그의 작품이다. 그에게 연락해 연출 방향과 기념식의 의미를 설명하고 부탁을 했다. 그리고 한 가지 조건을 걸었다. 〈임을 위한 행진곡〉을 모티브로 해달라는 부탁이었다. 그 역시 고개를 끄덕이며 한 가지 조건을 걸었다. 충분한 방송 시간을 달라는 것이었다. 우리는 그를 믿었다. 뭔가 대단한 것이 나올 것이라 기대했다.

그리고 그 결과는 훌륭했다. 정재일 감독은 5·18 40주년 헌정 음악 〈내 정은 청산이요〉를 만들어 주었다. 완성된 곡을 덧붙일 영상은 장민승 감독이 연출했다. 작품은 정확하게 연출 방향과 일치했다. 다시 한번 이 천재의 성과에 감탄했다. 정재일은 이 음악에서 남도 예술의 정수라 불리는 민요 〈육자배기〉, 한국 전통문화 핵심 중 하나인 〈진도 씻김굿〉과 민주주의 상징 곡 〈임을 위한 행진곡〉을 다양한 구성과 형태로 활용했다.

장민승 감독은 5·18 상흔이 고스란히 간직된 옛 국군광주병원의 모습과 당시 수감자들이 붙잡혔던 옛 광주교도소 독방, 그리고 1980년 당시 제작된 석판화와 5·18 역사 자료 등을 활용해 곡에 붙였다. 그러나 이 작품의 진짜 하이라이트는 〈임을 위한 행진곡〉이 전조轉調 되어 불린 정훈희 선생의 노래였다.

나를 붙잡지 못한 걸 후회하지 말아요 / 날 기억해 주는 것 그걸로 되었소 / 어찌 우리 그날을 잊을 수 있겠소만 / 어찌 우리의 한이 풀릴 수 있겠소만 / 얼마나 더 그대를 기다릴 건지 / 언제 우리 웃으며 또 만날 건지 / 그때까지 그대여 부디 잘 계시오 /

229

그때까지 그대여 부디 잘 계시오

〈임을 위한 행진곡〉 변주에 얹어진 이 절절한 노랫말은 깊은
감동을 주었다. 바람이 부는 너른 들판 위로 흰 눈이 천천히 내리
면서 영상은 끝났다. 영상과 함께 40주년 5·18 민주화운동 기념
식도 끝이 났다.

정부 기념식 최초로 25분이라는 긴 시간 동안 영상이 송출
됐다. 지난 40년 동안 5·18 민주화운동에 대한 여러 작품과 영상
이 있었지만, 가장 높은 수준의 음악과 영상이었다고 감히 말하
고 싶다. 이 음악과 영상은 이후에도 꾸준히 화제가 됐고 별도의
상영 행사가 열리기도 했다. 지금도 5·18 민주화운동 40주년 기
념식 제목이 잊히지 않는다.

세월은 흘러가도 산천은 안다.

산천뿐만 아니라 우리도 그날과, 그 사람들을 잊지 않는 것,
아니 잊지 않으려는 노력이 필요하다. 세월은 흘러가도 산천은
알고 있듯 세월이 아무리 흘러가도 잊지 않는 사람들이 됐으면
한다. 광주와 5·18과 그리고 민주주의를 위해.

영웅에게

70주년 6·25 전쟁 기념식

"문재인 정부 5년 동안 가장 기억에 남는 행사는 무엇인가요?"

매번 받았던 질문이다. 솔직히 말해 모든 행사가 각별했다. 대통령이 참석하는 어떤 행사도 허투루 할 수 없었고, 허투루 할 수 없었기 때문에 각별하지 않을 수 없었다.

그런 질문을 받을 때면 고민하다가, 결국에는 질문한 사람이 기대하는 답변을 하곤 했다. "판문점 회담이나, 국군의날 행사입니다."

하지만 누군가 "문재인 정부 5년 동안 연출적으로 가장 완벽했던 행사는 무엇이었나요?"라고 묻는다면 주저 없이 "70주년 6·25 전쟁 기념식 〈영웅에게〉입니다"라고 답할 것이다.

〈영웅에게〉는 지난 5년간 해왔던 어떤 기념식보다 연출적으로 공을 많이 들였고, 여러 장치에 신경을 썼다. 사전 준비 과정부터 당일까지 가장 많은 연습과 리허설을 하기도 했다. 완료된 구성을 몇 번이나 수정해 디테일을 살리려고 노력했고, 그러한 디테일이 결국 감동을 만들어 냈다.

기념식 시작은 전 세계 정상들의 6·25 70주년 기념 영상 메시지부터였다. 아마도 건국 이래 처음이었을 것이다. 미국, 영국, 캐나다, 터키, 호주, 필리핀, 태국, 룩셈부르크, 네덜란드, 콜롬비아, 그리스, 뉴질랜드, 에티오피아, 벨기에, 프랑스, 남아공 등 모든 참전 국가와 의료 지원 국가의 대통령, 총리 등 국가수반의 영상 메시지를 받았다.

전적으로 당시 보훈처의 노력이었다. 보훈처는 코로나19 상황에서 해외 참전 용사들에게 마스크와 방역 물품을 제공하는 등 '보훈 외교'에 최선을 다하고 있었고, 긴 시간 동안 각국과 접촉해 영상 메시지를 받아왔다. 이렇게 전달받은 각국 정상들의 영상 메시지는 모두 세 개로 나누어 본 행사 때 송출했다. 기념식에서 영상 메시지만으로 감동받기란 무척 어려운 일인데, 이날의 영상 메시지는 어떤 화려한 영상보다 큰 감동이었다.

정상들의 영상 메시지 다음은 6·25 전사자들의 유해를 싣고 온 공군 공중 급유기와 드론을 사용한 '미디어 파사드'였다. 미디어 파사드는 건물 외벽에 빔프로젝터로 영상을 구현하는 것을 말하지만, 이날은 유해를 싣고 온 비행기 동체에 영상을 투사하고 비행기 위로 드론을 연출해 입체감을 더했다. 투사된 영상은 70년의 세월을 거쳐 이제야 조국 땅에 도착한 6·25 전사자들의 여정이었다.

그들의 여정은 그 자체로 영화였고 역사였다. 1950년 6·25 전쟁이 발발하고 전선이 낙동강까지 밀렸을 때 미군은 급히 참전하느라 완전한 편제를 갖추지 못했다. 보충 병력이 필요했던 미군은 1950년 8월 15일 이승만 대통령과 맥아더 유엔군 사령관 합의에 따라 한국군과 한국인 징집 인원을 선발했다. 이 인원이 바로 카투사(Korean Augmentation to the United States Army, KATUSA)였다.

이때 선발된 인원들은 일본 요코하마에서 짧은 기초 훈련을 받고 바로 미군에 배속됐다. 이후 3·8선을 넘어 장진호까지 진격했다가 중공군 공세에 밀려 수많은 사상자를 남기고 후퇴하게 된다. 이날 우리 공군기를 통해 귀환한 유해들은 바로 이때 장진호에서 전사한 분들이었다.

미국과 북한은 최근까지도 유해 발굴을 진행하고 있다. 북한이 장진호 부근에서 유해를 발굴하면 미국 하와이 유해감식센터로 유해가 보내지고, 그곳에서 정밀 감정을 거치게 된다. 그런데 그 과정에서 미군이 아닌 한국군으로 판정받은 유해들이 발견됐고, 6·25 전쟁 70주년을 맞아 마침내 조국 땅으로 모시게 된 것이다.

낙동강 전선에서 일본 요코하마를 거쳐 북한 장진호에서 전사하고, 70년 만에 하와이를 거쳐 서울로 돌아온 147분의 유해들. 영상에는 이분들의 이야기를 담았고, 그렇게 별이 된 그들을 드론으로 형상화했다.

그날 돌아온 유해 대부분은 아직도 국내 연고자를 찾지 못했지만, 기념식을 얼마 앞두고 기적적으로 신원이 확인된 국군 전

대한민국
국가 기념식

사자 유해 일곱 구가 있었다. 우리 측 지역에서 찾아낸 유엔군 유해 여섯 구도 있었다. 우리는 유엔군 유해를 미국으로 돌려보내는 순서를 기념식에 넣기로 했다. 우리 군의 유해를 찾아준 고마움 때문이기도 했고, 함께 싸웠던 영웅들을 잠시라도 한자리에 모시고 싶었다.

신원이 확인된 유해와 유엔군 유해가 한국군 의장대와 유엔군 의장대의 경례를 받으며 동시에 입장했다. 가수 윤도현은 KBS 오케스트라 연주에 맞추어 김민기 선생의 〈늙은 군인의 노래〉를 불렀다. 대통령 내외, 참전국 대사들과 신원이 확인된 전사자 가족들이 안치단 앞으로 먼저 나와 유해를 맞았다.

유해 안치가 끝난 후 6·25 참전 용사이자 고인들과 함께 싸웠던 이등중사 유영봉 님의 복귀 신고가 있었다. 147분의 유해 앞에선 유영봉 님의 목소리는 떨렸다. 그러나 고인들을 대신해 힘찬 목소리로 대통령과 국민에게 복귀 신고를 했다.

"이등중사 유영봉 외 147명은 조국으로 복귀를 명 받았습니다. 이에 신고합니다."

계획된 순서였지만 눈물을 참기 어려웠다. 아무 말 없이 경례를 받은 대통령도 많은 국민도 아마 같은 마음이었을 것이다. 이어서 국민의례를 시작했다. 집총한 의장대가 새로운 형식을 만들어 국기에 대한 경례를 올렸고, 오르간으로 웅장한 도입부를 만든 애국가가 울려 퍼졌다. 이어서 분향과 묵념 그리고 147명 유해 앞에 참전 기장을 수여하는 순서가 있었다. 아버지와 오빠를 확인한 일곱 분의 유가족은 이 기적 같은 만남에 끝내 오열했다.

행사 프로그램에 이제 막 군에서 제대한 20대 배우 유승호의 편지를 넣었던 까닭은 기념식을 준비하며 전사자들의 나이를 확인했기 때문이다. 스무 살, 스물한 살, 스물세 살…… 겨우 20대 초반에 나라를 위해 가족과 헤어져 전쟁 한가운데로 뛰어든 이들의 마음은 어떠했을까? 두렵고 무섭지 않았을까? 춥고 배고프지 않았을까? 도대체 무엇이 이들을 용감하게 만들고 목숨을 다해 싸우게 했을까? 알 것도 같고 끝내 모를 것도 같았다. 이 들을 수 없는 대답을 같은 나이의 청년을 통해 묻고 싶었다.

그래서 유승호 배우에게 그들에게 보내는 편지를 부탁했다. 돌아가신 할아버지에게 보내는 것이 아닌 당신과 같은 20대 청년에게 보내는 편지를 써달라고 부탁했다.

"허락하신다면 나는 당신을 친구라고 부르고 싶습니다. 나와 같은 나이에 전쟁터로 갔던 친구여."

놀랍게도 유승호는 편지 전문을 대본 없이 암송했다. 암전된 무대는 온전히 유해 앞으로 피어오르는 향 줄기와 목소리만으로 가득 채워졌다. 유승호의 편지에 이어 미국의 트럼프 대통령부터 튀르키예 에르도안 대통령까지 영상 메시지가 이어졌고, 6·25 전사자들과 유족, 관련 단체 참전국 대사들에게 감사패가 수여됐다.

그리고 대통령 연설이 시작됐다. 대통령은 연설에서 신원이 확인된 일곱 분의 이름을 하나하나 호명하며 국가를 위해 헌신한 이들에게 감사했다.

"그러나 우리는 아직 6·25 전쟁을 진정으로 기념할 수 없습니다. 아직 전쟁이 끝나지 않았기 때문입니다. 모든 사람에게 공통된 하나의 마음은 이 땅에 두 번 다시 전쟁은 없어야 한다는 것입니다."

70년 전과 같은 여전한 위협과 대치를 종식하고 평화로 나아가야 한다는 대통령 말씀은 6·25 전쟁의 진정한 종식이야말로 평화의 시작이라는 메시지를 담고 있었다.

대통령 연설이 끝난 다음 순서는 6·25 전쟁 참전 영웅들에게 바치는 헌정 음악이었다. 육·해·공·해병대 군가를 오케스트라 버전으로 편곡해 군가 메들리로 구성했다. 각 군 군가가 연주될 때 참전 용사들은 자리에서 일어나 군가를 함께 제창했고, 무대 위에는 생존해 계신 6·25 참전 용사와 각 군 참모총장이 나와 각 군기에 경례를 했다.

헌정 음악 연주가 끝난 후에는 미군 전사자 유해를 유엔사에 인도하는 의식을 거행했다. KBS 교향악단이 준비한 〈어메이징 그레이스〉가 연주되는 가운데 우리 의장대가 수습된 유해를 정중히 호위해 유엔사 의장병들에게 인도하고, 유엔사는 인도받은 유해를 미 공군기에 실었다.

행사 마지막은 147분의 영웅들을 봉송 차량으로 운구하는 순서였다. 주요 내빈들이 모두 나와 지켜보는 가운데 한 분, 한 분을 정중히 차량으로 모셨다. 6·25 당시 군가가 연주됐다.

"전우의 시체를 넘고 넘어 앞으로 앞으로, 낙동강아 잘 있거라 우리는 전진한다."

예정에 없던 비까지 흩날리면서 비감한 마음이 더했다. 마지막 운구가 끝날 때 참전 용사 후손인 대한민국 공군 강병준 대위가 F-15K로 행사장 상공을 비행했다. 대통령은 마지막 운구차가 떠날 때까지 거수경례를 유지한 채 비를 맞고 서 계셨다.

방송을 통해 지켜보던 많은 국민은 147명의 영웅을 추모했고 대한민국이 이렇게 국가유공자를 예우한다는 사실에 긍정적인 평가를 해주었다. 보수와 진보, 정치적 차이를 넘어선 추모 시간이었다. 우리는 그날 국가 기념식이 국가가 지내는 제사와 같다고 생각했다.

그러나 애석하게도 당시 야당이었던 국민의힘과 몇몇 보수 매체들은, 행사에 쓰인 공군기가 실제 유해를 실어 온 기체와 다르다며, 행사를 위해 유해를 욕보였다고 헐뜯기 바빴다. 그러나 사실은 해외 수송 후 방역을 위해 기체를 바꾸었을 뿐이었다. 비난 중 압권은 애국가 도입부에 쓰인 변주가 북한의 애국가와 비슷하다는 허무맹랑한 주장이었는데, 그 대목에서 더 이상 아무 말도 하고 싶지 않았다. 그저 한 집단의 정치 수준과 음악 수준은 같구나 싶은 생각이 들었다.

지금도 누군가 문재인 정부 5년간 가장 연출적으로 만족스러웠던 행사가 무엇이냐 묻는다면, 70주년 6·25 기념식 〈영웅에게〉였다고 말하고 싶다. 아직 가족을 찾지 못한 140명의 영웅이어서 빨리 그리운 가족을 만나 영면에 드시길 진심으로 바란다.

©연합뉴스

대한민국
국가 기념식

문재인 정부에서 광복절 기념식은 매해 장소를 달리했다. 첫해는 세종문화회관, 이듬해는 용산 국립중앙박물관, 그다음 해는 천안 독립기념관 그리고 네 번째 해는 동대문디자인플라자(DDP)에서 열렸다.

임기 마지막 광복절은 코로나19 상황이 엄중한 가운데 구舊서울역사에서 진행했다. 광복절뿐만 아니라 대부분 국가 기념식은 해당 행사와 연관된 장소이거나 메시지에 부합하는 장소에서 이루어졌는데, 그 시작은 세종문화회관에서 72주년 광복절 행사가 있었던 다음부터였다. 관례적으로 주요 국가 행사가 열렸던 세종문화회관에서 광복절 경축식이 끝나자 대통령은 말씀하셨다.

"앞으로 국가 기념식은 그 취지를 드러낼 수 있는 장소에서 의미 있게 만드는 것이 좋겠습니다."

용산 국립중앙박물관은 그해 광복절을 맞아 임시정부 독립운동과 관련한 특별 전시 중이었다는 점을 고려했고, 천안 독립기념관은 말 그대로 독립운동사를 담고 있는 곳이었다. 구서울역사 광복절 경축식 역시 많은 독립운동가가 서울역을 통해 만주로 떠났고, 다시 서울역으로 귀환해 독립운동을 했던 사실에 의미를 부여했다.

75주년 경축식이 열린 동대문디자인플라자는 지금은 사라진 동대문 운동장이 있던 자리에 조성된 공간이다. 동대문 운동장은 백범 김구 선생의 장례를 치른 곳이기도 했고, 광복 후 국가 수립 초기 광복절 경축식이 열렸던 곳이기도 했다.

75주년 광복절 경축식 주제는 '우리나라'였다. 명실상부한 선진국 반열에 들어선 '우리나라'에 대한 자긍심과 그 시작을 열어준 독립유공자들에 대한 감사의 마음을 보여주고 싶었다. 또 코로나19 상황에서도 전 세계인이 주목하는 우수한 방역 시스템으로 K-드림을 이어가는 '우리나라'의 모습과 수준 높은 우리의 문화 콘텐츠 기량도 선보이고 싶었다.

백범 김구 선생의 '문화국가론'이 실현되는 모습을 보여주고 싶었다. 그가 꿈꾸었던 한없이 높은 문화의 힘. 그것을 구현하기 위한 장소로 동대문디자인플라자는 아주 적절한 장소였다. 기하학적 공간 구성과 높은 층고, 넓은 실내 공간은 미디어 아트를 하기에 적합했고, 좌석 간 거리도 충분히 확보할 수 있어 방역 수칙을 지키며 행사를 하기에도 용이했다.

먼저 행사 전체를 상징하는 음악과 영상부터 작업했다. 경축 음악은 기념식 직전 타계한 세계적인 음악가 엔니오 모리코네Ennio Morricone의 《미션》OST를 선택했다. 비록 우리 곡은 아니지

만, 거기에 담긴 사랑과 평화의 메시지는 김구 선생의 유지와 경축식 콘셉트와도 잘 맞아떨어졌다.

특히 '사명'을 위해 목숨 바친 수많은 독립운동가의 삶에 헌정하기 적합했다. 그러나 원곡을 그대로 쓰기보다는 우리 국악관현악단과 교향악단의 협연을 통해 '우리나라' 느낌으로 재해석됐으면 싶었다. 그 작업을 위해 오랫동안 국악을 바탕으로 음악 작업을 해온 원일 감독을 음악감독으로 위촉했다. 원일 감독은《미션》OST 연주에 우리의 사물놀이와 대금, 가야금, 거문고 등 전통악기를 섞어 멋진 음악을 만들어 주었다.

우리는 음악과 함께 그동안 해보지 않은 퍼포먼스를 하나 더 추가하기로 했다. 그것은 '발레'였다. 그동안 세계적인 수준의 우리 발레를 국가 기념식에 세워 본 적이 없다는 것이 새삼 놀라웠다.

춤은 그 자체로 직관적인 메시지이자 또 하나의 '언어'라 할 수 있다. 국악이 섞인《미션》OST 연주와 발레에 광복과 독립운동의 메시지를 담았다. 이 퍼포먼스에 미디어 아트도 함께 삽입했다. 대한민국의 바다와 산안개와 파도, 숲과 강이 행사장 벽면 전체를 메웠다. 퍼포먼스 후반부에는 대한민국의 독립과 관련한 여러 텍스트를 이미지로 만들어 춤과 음악에 투사했다.

광복절 행사를 해마다 준비하다 보니 지난해에 참석했던 애국지사들의 빈자리가 해마다 늘어난다는 것도 새삼 알게 됐다. 당연한 일이겠지만 작년까지만 해도 지팡이 없이 참석하셨던 애국지사분이 갑자기 돌아가셨다는 이야기를 들을 때마다 마음이 좋지 않았다. 그래서 이전과는 다른 의전 형식을 만들어 보기로 했다.

통상 국가 기념행사는 대통령 입장으로 행사가 시작된다. 당연한 의전이다. 대통령은 국가의 대표이자 수반이기 때문이다. 대통령에게 보고드렸다.

"이번 광복절 행사에는 대통령께서 먼저 입장하시고 독립유공자분들을 마지막으로 모실까 합니다."

"이유가 뭡니까?"

"매해 행사에 참석하실 수 있는 독립유공자분들의 숫자가 줄고 있습니다. 이제 행사에 참석하실 수 있는 분들이 열 분이 안 됩니다. 남은 그분들에게 최고의 예우를 하는 모습을 보여드리고 싶습니다."

대통령도 흔쾌히 허락하셨다. 우리는 별도의 의전 차량과 의장 병을 애국지사 자택으로 보내 직접 모시고 행사장 안까지 안내했다. 대통령 내외분은 먼저 도착해 자리에 서서 그분들을 맞이했다. 훈, 포장 수여 순서 때 몸이 불편해 무대 위로 올라오지 못하는 애국지사 가족을 위해 대통령이 단상에서 내려와 무릎을 굽히고 훈장을 전달하기도 했다.

그날 국기에 대한 경례는 세계적인 배구선수 김연경에게 부탁했다. 이미 전 세계 여러 나라에서 대단한 활약을 보여주고 있었기에 가장 적합한 인물이라고 생각했다. 행사 사회자로는 배우

송일국과 배우 이소별을 선정했다.

송일국 배우는 독립유공자 후손이기도 하지만, 여러 예능 프로그램을 통해 일상에서 애국심을 보여주었던 배우였다. 그는 완벽한 발음과 안정감 있는 진행으로 광복절 경축식을 잘 진행해 주었다.

이소별 배우는 후천적 청각장애인이었다. 그녀를 정부 공식 행사 사회자로 세운 의미는 김구 선생 말씀처럼 '차이를 넘어 모두가 의좋고 즐겁게 사는' 우리나라의 미래를 보여주는 것이 아닐까 싶었다. 이소별 배우는 완벽한 발음은 아니었지만, 수화를 함께 쓰며 광복절 경축식을 훌륭히 진행해 주었다.

앞으로도 광복절 경축식만큼은 대통령보다 생존 애국지사분들이 더 예우받는 행사가 되기를 바란다. 김구 선생의 유지처럼 높은 문화적 성과를 보여주는 프로그램으로 구성되기를 바란다. 우리 사회의 차별과 편견이 사라지고, 모든 억압과 압제에서 해방되는 '광복절'이 되길 소망한다.

깨치고 나아가 끝내 이기리라

상록수 2020 프로젝트

코로나19가 삶을 이렇게까지 바꾸어 놓을지, 그때는 미처 알 수가 없었다. 당연한 것들이 더 이상 당연하지 않게 되리라는 것도 생각하지 못했다.

2020년 1월 3·1절 기념식을 준비하고 있었다. 코로나19 대유행이 시작됐고, 국내 상황도 급변해 결국 첫 사망자까지 발생했다. 이러한 상황에서는 3·1절 기념식을 취소해야 한다는 의견도 있었지만 국가 기념식은 국가가 존재하는 한 어떤 형식으로든 치러져야 한다는 결정이 내려졌다.

국무위원과 광복회원, 여야 대표들만 초청해 3·1절 기념식을 진행했다. 프로그램 상당 부분을 영상으로 대신하는 등 규모와 내용이 축소됐다. 3·1절도 그랬지만 당장 코앞으로 다가온 4·19 행사도 걱정이었다. 게다가 4·19 행사는 60주년이었고 처음으로 대통령 참석이 예정되어 있었다.

2020년 3월 1일 이후 코로나19 상황은 점점 더 심각해졌다. 급기야 질병관리청에서는 "집에 머물러 달라"는 메시지를 냈다.

이른바 'STAY HOME' 캠페인이었다. 지금 생각해 보면 그때가 아직까지도 끝나지 않은 이 지루한 위기의 진짜 시작이었다.

미디어에서는 이러한 위기 상황을 우리가 이전에 겪었던 IMF 상황과 비교해 말하기도 했다. 소셜 미디어에서는 "위기에 강한 국민", "국난 극복이 제일 쉬웠어요", "취미가 위기 대응" 같은 말들로 서로를 응원하기도 했다. 국가 기념식에서도 국민 모두를 위한 위로와 응원이 필요하지 않나 싶었다.

4·19 행사 내용을 축소하고 영상으로 서로를 응원하는 콘텐츠를 만들어 보기로 했다. 각 군 사관학교에서 보내온 릴레이 응원 영상이 시작이었다. 이 영상을 본 BTS, 가수 배철수, 영화감독 봉준호 그리고 축구선수 손흥민까지 응원 영상을 보냈다.

우리는 여기에 더해 '위기에 강한 나라 대한민국'을 콘셉트로 삼아 한 편의 뮤직비디오를 제작하기로 했다. 음악은 IMF 위기 때 모든 국민을 위로해 준 노래였던 〈상록수〉를 선택했다.

〈상록수〉(김민기 작사·작곡, 1977년)는 1998년 IMF 극복을 위한 공익광고에서 박세리 선수가 맨발 투혼으로 LPGA US 여자오픈에서 우승한 장면의 배경음악으로 사용됐다. 〈상록수〉는 많은 국민에게 '이겨낼 수 있다'라는 희망과 용기의 메시지를 주었었다.

우리는 음악적인 완성도와 함께 많은 가수의 참여에도 의미를 두었다. 짧은 시간 연락을 돌렸음에도 많은 음악인이 참여 의사를 밝혔다. 이은미, 비지, 산들, 제아, 유아(오마이걸), 오연준,

알리, 솔지(EXID), 바다, 규현, 하동균, 예성, 나윤권, 려욱, 에일리, 조이, 윤도현, 백지영, 강산에, 홍진영, 라붐, 뮤지, 김조한, 투모로우바이투게더, 김필, 타이거JK 등 34명의 아티스트가 참여를 결정해 주었다.

〈상록수 2020〉 편곡과 프로듀서는 김형석 작곡가가 맡아주었다. 코로나19 상황 때문에 모두가 한자리에 모여 '떼창'을 할 수도 없는 상황이라 녹음은 팀마다 별도로 진행해 트랙을 하나로 만들었다. 김형석 작곡가는 작업을 진행하면서 함께 노래 하지 못한다는 것이 얼마나 서글픈 일인지 알게 됐다며 아쉬워하기도 했다.

음원과 영상을 작업하면서 뮤직비디오 마지막을 어떻게 마무리할지를 여러 날 논의했다. 촬영감독, 편곡자, 편집감독, 그리고 프로젝트를 기획했고 실무를 맡았던 기획사 관계자들까지 다양한 의견을 제시했고, 여러 가지 형태로 편집해 보았지만 성에 차지 않았다. 어느 날 여전히 미완인 가편 화면을 보고 있었는데, 마침 TV에서 귀에 익은 목소리가 흘러나왔다.

"보건 의료인들의 헌신과 적극적인 방역 대책에 협조해 주신 국민께 경의를 표합니다."

언제나 지쳐 보이는 정은경 질병관리청장의 브리핑 장면이었다. 우리는 이 마지막 인사말을 〈상록수 2020〉 뮤직비디오에 넣기로 했다. 그리고 4·19 기념식장에서 처음 공개했다. 공개된 뮤직비디오를 본 국민은 이 장면을 뮤직비디오의 가장 감동적인 장면으로 꼽았다.

〈상록수 2020〉은 코로나19로 지친 전 세계 사람들이 고통과 위기를 이겨내기를 응원하며 영어, 중국어, 일본어, 러시아어, 프랑스어, 이탈리아어, 독일어, 스페인어 등으로 번역해 전 세계에 무료로 배포하기도 했다. 국가적 위기 상황에서 가장 강력한 힘은 서로에 대한 신뢰와 응원 그리고 극복할 수 있다는 의지에서 비롯된다는 것을 말하고 싶었다.

〈상록수 2020〉 프로젝트는 코로나19 초반 당황하고 어찌할지 몰랐던 우리 국민의 마음을 조금은 단단하게 만들어 준 작은 계기가 아니었을까 싶다. 함께했던 가수들, 작곡가 김민기 선생님과 김형석 작곡가, 그리고 전 질병관리청장 정은경 님에게 감사드린다. 덕분에 우리가 함께 여기까지 버틸 수 있었다는 말씀도 함께 드린다.

102년 만에 다시 외친 대한독립 만세

102주년 3·1절 기념식

문재인 정부 국가 기념식이나 대통령 현장 방문은 야외에서 진행된 경우가 많았다. 취지에 맞는 장소를 찾고 현장의 의미를 고려하다 보니 야외가 많았고, 임기 후반부에는 코로나19 대유행까지 더해져 실내보다는 야외 행사를 우선했기 때문이다.

야외 행사에서 가장 걱정되는 것은 '날씨'였는데 대통령 복인지 실무자들 복인지 좋은 날이 많았다. 지난 5년간 대통령 일정 중에 비 예보가 비껴간 경우가 꽤 많았고, 심지어 내리던 비가 그쳤던 경우도 몇 번 있었다. 심지어 비가 좀 내렸으면 할 때 거짓말처럼 비가 내린 경우도 있어 날씨도 연출하는 경지에 이르렀다는 농담도 주고받았다.

그런데 이런 '날씨 축복'이 완벽히 무너져 내린 행사가 딱 한 번 있었는데 2021년 102주년 3·1절 기념식이었다. 전날 리허설 때부터 조금씩 내리던 비가, 행사가 시작되자 바닥에 고일 정도로 엄청나게 내리기 시작했다.

3·1절 행사에는 연세가 많으신 애국지사들도 계셔서 비를

막기 위한 '루프'를 설치했지만 들이치는 빗줄기가 워낙 강해 어쩔 도리가 없었다. 우천 가능성을 대비해 우비와 담요, 핫팩도 준비해 놓았지만 비가 너무 많이 오니 다들 당황했다. 의장대에게 우의를 입히고, 참석자를 위해 준비한 무릎 담요와 핫팩 등을 배치했다. 하지만 폭우는 점점 더 심해졌다.

대통령 옆자리에 앉아 계시던 임우철 애국지사 담요가 비에 젖은 바닥에 떨어지는 일도 있었다. 그것을 본 대통령이 자리에서 일어나 임우철 지사에게 새 담요를 가져다드리라고 하셨고, 얼른 뛰어가 임우철 지사에게 새 담요를 덮어드렸다. 임우철 지사는 그해 세상을 떠나셔서 그날 기념식이 지사님의 마지막 3·1절 기념식이 됐다.

102주년 3·1절은 기념식 장소 선정도 만만치 않았다. 그동안은 서대문형무소, 광화문, 배화여고에서 3·1절 행사를 진행했었다. 3·1절 기념식은 3·1 만세운동을 기념하는 것으로 그 내용이 분명히 규정되어 있기 때문에 관련된 장소들이 무척 제한적이었다. 천안 아우내 장터, 제암리 학살 현장은 3.1절 역사 현장이지만, 이미 복잡한 도심이 되어버렸거나 너무 외져서 기념식장으로는 적당하지 못했다.

역사적으로 가장 의미가 있는 곳은 독립선언서가 처음으로 낭독된 탑골공원이다. 하지만 차도와 인접해 있고 상가와 유동인구가 많아 여러 가지로 어려운 점이 많았다. 기념식을 진행하기 어려울 정도로 주변 소음도 컸다.

대한민국
국가 기념식

하지만 2021년은 코로나19가 한참이었다. 당연히 행사에 많은 인원이 참석하는 것은 제한되어 있었다. 게다가 탑골공원은 이미 한시적으로 폐쇄됐고 유동 인구도 전에 없이 줄어 있었다. 3·1절 기념식을 탑골공원에서 할 수 있는 상황이 만들어진 것이다. 모두 코로나19 덕분(?)이었다. 102년 만에 탑골공원에서 독립선언서를 낭독할 수 있다니! 약간은 흥분한 마음으로 기념식을 준비했다.

그즈음 독립유공자 후손에 대한 폄훼 사건이 일어나기도 했다. '독립유공자 후손들은 사회 부적응자'라는 허무맹랑한 비난이었다. 많은 사람이 분노했고, 국가를 위해 헌신한 분들의 후손을 제대로 예우해야 한다는 여론도 높았다. 우리는 행사 사회자로 전문 진행자와 함께 독립유공자 가족인 이재화 씨를 선정했다. 이재화 씨는 〈빼앗긴 들에도 봄은 오는가〉로 알려진 시인 이상화 선생의 후손이었다.

이날 국민의례는 야구선수 류현진이 낭독한 국기에 대한 맹세와 스포츠 국가대표 170명이 함께 부른 애국가로 준비했다. 이어 세계 언어로 읽는 독립선언서 낭독, 훈장, 포장, 대통령 말씀으로 순서를 이었다.

독립선언서 낭독은 우리 말뿐만 아니라 세계 각국 언어로 읽는 독립선언서로 구현했다. 3·1절 기념식에서 〈기미독립선언서〉 낭독은 매해 있었다. 예전에는 광복회장이 전문을 읽는 경우가 대부분이었고 우리 정부 들어서는 독립선언서 전문을 여러 사람

대한민국
국가 기념식

이 나누어 읽는 것으로 변화시켰다가, 101주년 기념식에서 처음으로 원문, 영어, 일본어, 중국어, 러시아어, 수어, 그리고 요즘 우리말로 다시 쓴 독립선언서로 낭독했었다.

낭독자는 우리 독립운동사와 관련 있는 인물들의 후손과 독립선언서 취지에 공감할 수 있는 외국인과 내국인을 함께 무대에 세웠다. 이날 102주년 기념식에서 영어는 제니퍼 테일러 씨, 일어는 오이스 스스무 씨, 중국어는 두닝우 씨, 러시아어는 율리아 피스쿨로바 씨가 낭독해 주었고 우리말로 다시 쓴 독립선언서는 가수 전소미가 낭독했다.

제니퍼 테일러 씨는 3·1 운동과 제암리 학살사건 등을 해외에 알린 앨버트 테일러의 후손이고, 오이스 스스무 씨는 조선 청년독립단 박열의 변호를 맡아 일본인 최초로 우리나라 건국훈장을 받았던 변호사 후세 다쓰지의 외손자다. 두닝우 씨는 항일 운동에 헌신한 운암 김성숙 선생 부인인 두쥔화이의 손자이고 율리아 피스쿨로바 씨는 을사늑약 무효 선언을 위해 러시아 황제에게 고종 친서를 전달한 헤이그 특사 중 한 분인 이위종 선생의 외증손녀다.

독립선언서를 각국 언어로 읽는 것이 그저 원문을 낭독하는 것보다 훨씬 의미가 있다고 생각했다. 특히 일어로 낭독되는 부분은 오늘날 일본에 해주고 싶은 말을 이미 100년 전에 했었구나 싶은 대목이 있어 구성하면서도 무척 놀라웠다.

대한민국
국가 기념식

우리는 일본이 1876년 강화도조약 뒤에 갖가지 약속을 지키지 않았다고 해서 일본을 믿을 수 없다고 비난하는 게 아니다. 일본의 학자와 정치가 들이 우리 땅을 빼앗고 우리 문화 민족을 야만인 대하듯 하며 우리의 오랜 사회와 민족의 훌륭한 심성을 무시한다고 해서, 일본의 의리 없음을 탓하지 않겠다.

스스로를 채찍질하기에도 바쁜 우리에게는 남을 원망할 여유가 없다. 우리는 지금의 잘못을 바로잡기에도 급해서, 과거의 잘잘못을 따질 여유도 없다. 지금 우리가 할 일은 우리 자신을 바로 세우는 것이지 남을 파괴하는 것이 아니다. 양심이 시키는 대로 우리의 새로운 운명을 만들어 가는 것이지 결코 오랜 원한과 한순간의 감정으로 샘이 나서 남을 쫓아내는 것이 아니다. 우리는 단지, 낡은 생각과 낡은 세력에 사로잡힌 일본 정치인들이 공명심으로 희생시킨 불합리한 현실을 바로잡아, 자연스럽고 올바른 세상으로 되돌리려는 것이다.

처음부터 우리 민족이 바라지 않았던 조선과 일본의 강제 병합이 만든 결과를 보라. 일본이 우리를 억누르고 민족 차별의 불평등과 거짓으로 꾸민 통계 숫자에 따라 서로 이해가 다른 두 민족 사이에 화해할 수 없는 원한이 생겨나고 있다. 과감하게 오랜 잘못을 바로잡고, 진정한 이해와 공감을 바탕으로 사이좋은 새 세상을 여는 것이, 서로 재앙을 피하고 행복해지는 지름길임이 분명하지 않은가!

—〈기미독립선언서〉 중에서

비는 기념식이 진행되면서 더욱 거세졌지만 우리는 준비한 모든 순서를 빠짐없이 진행했다.

3·1 운동과 애국지사들을 위해 첼리스트 홍진호의 특별한 연주도 준비했다. 〈대니 보이의 아리랑〉이라는 곡이었다. 〈대니 보이의 아리랑〉은 아일랜드 민요 〈대니 보이Danny Boy〉와 우리 민요 〈아리랑〉을 엮은 곡이었다. 굳이 〈대니 보이〉를 엮은 이유는 이 곡이 일제강점기에 희생된 위인, 열사, 무명 영웅 들을 추도하는 노랫말이 붙여져 〈선현추도가〉로도 불린 바 있기 때문이었다.

기념식 마지막 순서는 가수 정인과 헤리티지 합창단의 〈대한이 살았다〉 합창과 각 대학 의과대학생들의 만세 삼창이었다. 내리는 빗줄기 속에서 탑골공원에 모인 사람들이 함께 만세를 불렀다. 대한독립 만세! 대한민국 만세! 그렇게 101년 만에 탑골공원에 만세 소리가 울려 퍼졌다.

데니 태극기와 수자기

2018년 제주 국제 관함식

관함식은 해상 사열 행사다. 1341년 영국 백년전쟁 당시 애드워드 3세가 도버해협에서 군 함대 전투태세와 군기를 검열한 것을 그 시작으로 본다. 관함식은 영어로 'fleet review'라고 하는데 여기서 'fleet'은 함대를 의미한다.

우리나라가 주관한 관함식으로는 1998년 진해 국제 관함식, 2008년 부산 국제 관함식이 있었다. 관함식은 당사국 해군이 주관하며 타국 해군들을 초청하는 데 가능하면 많은 나라를 초청해 위상을 높이려고 노력한다.

우리나라 육·해·공군은 독자적인 행사를 하나씩 가지고 있다. 육군 지상군 페스티벌, 공군 아덱스, 해군 관함식이 그러한 것들이다. 행사라고 하지만 단순히 행사만을 목적으로 하는 것은 아니다. 각각의 행사들은 각종 무기의 판매, 위력 시범, 방산 산업과 관련한 연구 개발 등을 목적으로 하기 때문이다. 그래서 각 군은 해마다 또는 격년, 4년, 10년 주기로 열리는 이 행사들에 많은 관심과 노력을 기울인다.

2018년에는 제주에서 관함식이 예정되어 있었다. 제주 강정 해군기지를 군·민 복합항으로 완성한 이유도 있고, 대양을 향해 가려는 우리 해군의 위용을 보이려는 의도도 있었다. 문재인 대통령 취임 전부터 준비됐던 행사라 상당히 이른 시기부터 참석 요청이 있었던 것으로 기억한다.

대통령 행사 참석은 생각보다 복잡한 과정을 거친다. 요청하는 쪽에서야 잠시 시간만 내주면 되는 일이겠지만, 요청받는 쪽에서는 고려해야 할 일이 많다. 대통령이 참석하는 행사는 위상이 달라진다. 대통령 참석 자체가 메시지가 되고 그 메시지는 해석된다. 모든 것이 뉴스가 된다. 때에 따라서는 관련 산업 주가가 움직이고, 관련 인물이 주목받는다. 그래서 일정을 결정하는 과정은 생각보다 복잡하다. 여러 면에서 종합적으로 검토해야 한다.

관련 부처나 기관에서 행사 참석 요청을 하면 먼저 해당 비서관실에서 검토한다. 관함식의 경우 해군의 요청을 국방개혁비서관실과 안보실이 검토하는 식이다. 1차 검토가 끝나면 안건은 일정 실무 회의라는 테이블로 옮겨진다. 이 회의에는 각 비서관실 선임행정관들이 참석하는데, 여기서 해당 안건을 재검토한다. 안건을 제출한 비서관실은 참석의 필요성을, 나머지 비서관실은 참석해야 할 이유나 참석하면 안 되는 이유를 찾아 토론한다.

이 단계가 지나면 안건은 일정 기조 회의로 넘어간다. 기조 회의는 비서관급 이상 수석, 실장이 모두 참여한다. 실무 회의에서 논의한 내용과 함께 참석의 필요성을 두고 다시 토론한다. 이

259

회의를 통해 대통령 참석 여부가 결정된다. 하지만 이것으로 끝이 아니다.

모든 논의 결과를 문서로 작성하고 예상 참석 날짜를 대통령의 주, 월간 일정표에 담아 대면 보고한다. 해당 일정이 어떤 배경에서 제안됐고, 어떤 의미가 있고, 또 어떤 위험이 있다는 것까지 함께 보고한다. 그 자리에서 대통령은 보고자에게 여러 질문을 하는데 그때가 가장 살 떨리는 시간이다.

아직 열리지도 않은 행사의 전반을 다 꿰고 있어야 하고, 구성안도 못 만든 행사의 세부 구상까지 머릿속에 들어 있어야만 한다. 임기응변식으로 답변했다가 대통령이 "그거 좋네요"라고 하시면 꼼짝없이 그 말에 책임을 지고 결과를 만들어 내야 하는 처지에 놓이기도 한다. 대통령이 참석을 결정하면 이제 그 행사는 대통령 행사가 되어 해당 부처, 해당 비서관실 그리고 청와대 의전비서관실의 공동 작업이 된다.

제주 관함식 이야기를 하면서 대통령 일정이 정해지는 과정을 설명한 이유는 제주 관함식이 전체 과정에서 아주 치열한 논의가 있었고, 문제의 해결 방안을 찾기 위해 많은 노력을 기울였던 행사였기 때문이다.

우리 해군이 주관하는 국제 행사이고, 완성된 군·민 복합항인 '강정항'을 선보일 좋은 기회이기도 하다는 해군과 해당 비서관실의 참석 요청은 꽤 합리적이었다. 문재인 대통령 임기 중에 한 번밖에 열리지 않는다는 점도 고려할 만했고, 제주 강정마을 사람들과의 갈등도 어느 정도 해소됐기에 일정을 긍정적으로 검토할 만했다.

그런데 첫 번째 일정 실무 회의에서 문제가 제기됐다. 강정 마을 사람 중 상당수가 군·민 복합항에 대해 여전히 부정적이어서 제주 관함식을 보이콧할 것이라는 의견이었다. 가볍게 볼 일이 아니었다. 국제적인 행사를 국민이 반대한다면 국내문제에 그치지 않을 것이기 때문이다.

관련 비서관실이 서둘러 해당 사안을 구체적으로 살펴 다시 논의하기로 했다. 만약 이러한 우려가 심각한 수준이 아니라면 참석하는 방향으로 검토하자는 조건부 참석으로 결정됐다. 얼마간 시간이 지난 후 해당 안건은 기조 회의로 넘어갔다. 강정 주민 중 일부는 여전히 반대 의견이지만, 대부분은 이미 기지 공사가 끝난 뒤 이전 정부에서 있었던 고소·고발도 취하하기로 했고, 그 사이 분위기가 많이 달라져 상황 관리가 가능할 것 같다는 보고도 있었다.

하지만 그사이 또 다른 문제가 생겼다. '욱일기' 문제였다. 관함식에 참석하는 각 나라 해군은 두 개의 깃발을 걸 수 있다. 하나는 자국 국기이고 하나는 자국 해군기다. 문제는 욱일기가 일본의 공식 해군기라는 점이었다. 우리에게는 침략과 식민 통치의 상징이지만, 저들에게는 해군을 상징하는 깃발이니 계양에 아무 문제가 없다는 것이다. 게다가 이명박 정부 당시 이미 욱일기를 달고 부산 국제 관함식에 참석한 전례가 있어 더더욱 문제 삼기가 곤란한 상황이었다.

기조 회의에서는 행사를 준비하는 우리 해군을 통해 일본 측과 다른 나라에 이러한 우리 사정을 잘 설명하고, 모쪼록 '평화'를 주제로 한 관함식이니 각국의 협조와 이해를 구하자는 것으로 의견을 모았다. 우리나라가 준비한 국제 관함식에 대통령이 참석하지 않는다는 것도 문제이니 참석을 전제로 해결하자는 결론이었다.

그러나 기조 회의가 끝나고 대통령 대면 보고 전까지 문제가 점점 더 심각해졌다. 욱일기를 반대하는 여론도 들끓기 시작했다. 참가국들의 이해를 구하려던 해군도 어려운 처지에 놓였다. 관함식에 참석하는 다른 나라들의 입장도 그리 우호적이지 않았다. 우리로서는 욱일기가 나치의 상징 깃발인 하켄크로이츠 Hakenkreuz와 같은 의미가 있다고 설명했지만, 식민 역사에 대한 이해가 없는 타국 해군들은 이에 선뜻 동의해 주지 않았다.

관련 일정에 대한 최종 보고가 있었다. 관함식 의미와 취지, 기대 효과, 현재 상황 등을 설명하고 강정 해군기지 문제와 욱일기 문제도 보고됐다. 대통령은 모든 설명을 들으신 후 "우리가 준비한 국제 행사에 각국을 초청하고서는 대통령이 참석하지 않는 것은 적절치 않다. 여러 어려움이 있겠지만 충분한 설득과 양해를 구하고 해결 방안을 찾는 것이 좋겠다. 행사에는 참석하겠다" 고 말씀하셨다. 대통령이 참석을 결정했으니 이제 어떻게든 해결 방안을 찾아야 하는 상황이었다.

먼저 해군기를 달지 않은 전례가 있는지 찾아보았는데 그런 경우는 없었다. 이미 확인했던 것처럼 자국기와 해군기를 달고 사열에 참여하는 것이 국제관례였다.

그렇다면 해군기 대신 다른 깃발을 다는 것에 대한 규정이 있는지 살펴보았다. 그러한 규정도 없었다. 각국은 깃발 두 개를 달 수 있지만 그것을 어느 깃발로 해야 한다는 규정은 없었다. 관례상 자국기와 해군기를 달았던 것이었다.

해군기에 대한 부분도 해군을 상징하는 깃발이어야 하는 것이지 꼭 '해군기'를 달아야 한다는 것은 아니었다. 해군사관학교에 있는 해군박물관에 우리 해군을 상징하는 역사 전시물이나 기록물이 있는지 확인해 보았다. 애석하게도 그러한 자료는 많지 않았다.

다만 조선 말기에 그려진 수군조련도(해진도)가 남아있기는 했다. 수군조련도는 삼도수군통제영이 설치된 경상도 통영에서 있었던 수군 훈련 장면을 그린 기록화였다. 보내온 수군조련도를 보다가 낯익은 깃발을 발견했다. '장수 수'(帥)자가 쓰인 수자기帥字旗였다. 신미양요 당시 미군을 막기 위해 강화도 광성진 수비를 맡았던 진무중군 어재연魚在淵 장군의 깃발이었다. 이 깃발은 광성진 전투 패배 후 미 해병대에게 약탈당했고, 미 해군사관학교에 전시됐다. 그러다 2007년 우리나라가 130여년 만에 돌려받은 서글픈 역사를 알고는 있었다.

"근데 수자기가 어재연 장군 깃발이 아니었나요? 왜 수군조련도에 그 깃발이 걸려 있죠?"

"아! 수자기는 특정 장군의 깃발이 아니라 부대 총사령관을 상징하는 깃발입니다."

"그렇군요. 그러면 이순신 장군도 수자기가 있었겠네요?"

"네. 이순신 장군은 삼도수군통제사였으니 당연히 수자기가 있었을 겁니다."

"그러면 이순신 장군 수자기도 어재연 장군 수자기와 같은 노란 바탕에 검은 글자였을까요?"

"그것은 추정하기 어렵습니다. 흰색 바탕에 검은색일 수도 있고 수군조련도에서처럼 홍색 바탕에 흰색 글자일 수도 있습니다. 다만 이것은 조선 후기라 이순신 장군 수자기와는 다를 수도 있습니다."

"영화에서 보면 흰색에 검은 글자던데요?"

"추정일 것입니다. 현재까지는 노란 바탕에 검은 글자가 유일하기 때문에 이것만이 확인된 사실이라고 볼 수밖에 없습니다."

해군과 논의해 관함식 깃발로 수자기를 게양하기로 했다. 일본이 관례상 욱일기를 걸고 온다면 우리가 그것을 막을 방법은 없어도, 대통령이 욱일기를 단 일본 군함과 경례를 주고받게 할 수는 없는 일이었다. 아마도 대통령이 욱일기에 경례하는 사진이 찍힐 것이고, 그 사진이 두고두고 어떻게 활용될지는 뻔했다.

그런데 수자기를 어떤 색깔로 만들 것인지가 고민이었다. 영화라면 고증을 바탕으로 상상력을 발휘해도 문제가 없지만, 국제 행사에 그것도 대통령 참석 행사에 사용할 깃발을 상상력으로 제작하는 것은 부담이 컸다. 결국 유일하게 확인된 깃발인 어재연 장군의 수자기처럼 노란 바탕에 검은색 글자로 결정하고, 대통령이 사열을 받게 될 일출봉함에 게양하기로 했다.

일출봉함 뒤쪽으로 당시로서는 가장 큰 상륙함이었던 독도함에 일반 국민을 초청해 관함식을 지켜볼 수 있도록 하고, 우리 독립운동의 역사가 담긴 데니 태극기도 게양하기로 했다. 수자기와 데니 태극기를 게양할 것이라는 계획과 보도가 행사 전에 알려졌다. 굳이 비밀로 할 일은 아니었다. 일본이 부담을 느끼고 한일 양측이 서로 양해해 욱일기를 내린다면 우리도 그에 상응하는 조처를 하면 될 일이었다.

하지만 일본은 결국 관함식 불참을 통보했다. 그렇게 일본이 불참한 제주 국제 관함식에는 14개국의 21척 외국 군함과 45개국 대표단이 참가했다. 우리나라 군함 및 기타 함정까지 포함하면 군함 50여 척, 항공기 20여 대 214급 잠수함인 홍범도함, 209급 잠수함인 이천함 등 24척이 참가하는 대한민국 역사상 최대 규모 관함식이었다.

그날 대통령이 탑승했던 일출봉함에서 펄럭이는 세계 각국 해군기와 수십 척 군함을 보며 우리는 생각했다. 만약 우리 해군기가 이순신 장군과 독립운동의 역사를 담고 있는 깃발로 디자인됐더라면 어땠을까? 아마도 국민에게 사랑받는 '깃발'이 됐을 것이고, 그 이미지는 여러 디자인으로 만들어져 우리의 자존심과

명예를 드높여 주었을 것이다.

국가 행사나 국제 행사에서 우리 역사의 조각들을 찾아내 상징을 부여하고 의미를 해석하는 일에 좀 더 노력하지 못했던 것이 자꾸 생각나 아쉽고 또 아쉽다.

하와이에서 서울로

2021년 한미유해상호인수식

2018년, 2020년, 2021년 모두 세 번의 국군 유해 봉환 행사가 있었다. 첫 행사는 서울공항에서, 두 번째는 6·25 전쟁 70주년 기념식에서, 세 번째는 미국 하와이 히캄 공군기지에서 한미 간 유해를 상호 인수하는 형식으로 엄수됐다.

특히 2021년 히캄 기지에서 있었던 한미유해상호인수식은 이제껏 있었던 유해 봉환 행사와는 달리 대통령이 직접 하와이 현지에 가서 미국과 함께 행사를 주관했다는 차이가 있었다.

애초 2021년 한미유해상호인수식에 대통령의 참석은 고려되지 않았었다. 그 기간에 대통령은 뉴욕에서 재임 중 마지막 유엔총회에 참석할 예정이었기 때문이다. 총회 참석뿐만 아니라 다른 정상들과의 정상회담, 경제 관련 회의, 대한민국 백신 허브 국가 관련 일정 등이 준비되고 있었다.

게다가 2021년 유엔총회에서는 원래 행사 대부분이 코로나19로 인해 비대면으로 진행될 계획이었다. 하지만 유일하게 유엔 '지속가능발전목표 고위급 회의'(SDG Moment)만 대면 진행이 결정됐고, 여기서 전 세계 정상들을 대표해 대한민국 대통령이 기조연설을 하게 됐기 때문에 하와이 일정은 아무래도 어려운 상황이었다.

게다가 유엔총회 참석 일정 중에는 미래 세대를 위한 대통령 특사로 임명된 BTS도 함께 방미해 유엔에서 전 세계 청년들을 대표해 연설할 계획이 있었다. 아울러 대통령과 함께 미국 언론과 인터뷰할 계획도 있었다.

하지만 대통령은 한미유해상호인수식 참석을 결정하셨다. 뉴욕 일정을 조정해 하루를 줄이고, 밤늦게 하와이에 도착한 후 다음 날 인수식을 끝내자마자 서울로 돌아오자는 것이었다. 이 경우 대통령이 쉴 수 있는 시간이 너무 부족해 여러 비서관이 반대했었다. 하지만 대통령은 한미 상호 간 유해 인수인계 준비가 끝났고, 마침 미국에 있는데 직접 가서 그분들을 모시지 않는 것은 도리가 아니라며 하와이 일정을 결정하셨다.

이 일정은 실무적인 부담도 컸다. 유엔과 뉴욕 일정을 준비하는 것도 만만치 않은데 별도로 한 팀을 더 꾸려 하와이 일정까지 준비해야 했다. 서울에 도착해 대통령을 현충원으로 모실 때까지 국내 행사와도 일정을 연계해야 했다.

청와대, 국방부, 히캄 기지에 있는 미 인도태평양사령부 미국 국방부 산하 전쟁 포로·실종자 확인국(DPAA)이 협의를 시작했다. 미국은 예정에 없던 우리 대통령의 참석을 무척 반가워 했다.

행사에 앞서 한국에서는 '미군 유해 봉송식'이 열렸다. 미군

269

유해를 먼저 하와이로 보내고 하와이에서 확인된 국군 유해를 상호 인수하는 행사이기 때문이다. 우리가 발굴한 미군 유해 6구는 미국으로, 하와이에서 확인된 국군 전사자 유해 68구는 서울로 향하는 것이 핵심이었다.

처음 기획 단계에서는 현지 행사가 끝나면 대통령은 공군 1호기로 복귀하고, 유해는 우리의 공군 공중급유기(KC-330)를 통해 모셔올 계획이었다. 하지만 계획을 수정해야 했다. 하와이로 출발 직전 인수받은 68구 유해 중 고 김석주 일병과 고 정환조 일병 두 분의 신원이 확인됐기 때문이다. 기적 같은 일이었다. 두 분 모두 6·25 전쟁 당시 미 7사단 카투사로 복무하다 함경남도 개마고원 장진호 전투에서 전사한 것으로 확인됐다. 우리는 이 두 분을 서울에서 온 유족과 함께 대통령 전용기인 공군 1호기에 모시기로 했다.

대통령 내외분과 함께 존 애퀼리노John Aquilino 인도태평양사령관, 폴 러캐머라Paul J. LaCamera 유엔군 사령관, 6·25 전쟁 유가족과 참전 용사 등이 행사에 참석했다. 하와이 현지 교민들도 대거 행사에 참석했다. 미군의장대가 김석주, 정환조 일병의 유해를 대한민국 의장대에게 인계했다. 대한민국 의장대는 인수한 유해를 모시고 하와이 히캄 기지의 넓은 활주로를 천천히 걸어갔다. 대통령과 수행원들이 유해 뒤를 말없이 따라갔다. 그리고 서울에서부터 미리 준비한 음악 〈전선야곡〉이 연주됐다.

유해는 대통령과 행사 참석자들에게 경례를 받으며 1호기

안으로 모셔졌다. 기내에 있던 모든 승무원, 수행원, 기자도 자리에서 일어나 유해를 좌석에 모실 때까지 묵념으로 예를 표했다. 유해가 기내에 오르자 공군 1호기 기장은 기내 방송을 통해 이렇게 말했다.

"특별히 김석주, 정환조 일병 두 분 영웅과 유가족을 고국으로 모시게 되어 영광입니다. 오늘을 기다리셨을 두 분의 안전한 귀환을 위해 최선을 다하겠습니다. 두 분의 영웅을 모신 공군 1호기는 잠시 후 하와이 히캄 공군기지를 출발, 대한민국 서울공항에 도착할 예정입니다."

대통령은 1호기가 이륙하자 잠시 후 유해를 모신 좌석을 찾아가 아무 말씀 없이 태극기가 관포된 관을 바라보셨다. 유해를 운구하러 고 김석주 일병의 외증손녀인 김혜수 소위와 잠시 이야기를 나누기도 하셨다. 그렇게 두 분 유해를 모신 공군 1호기와 나머지 유해를 모신 공중 급유기는 약 10시간 비행 뒤 한국방공식별구역(KADIZ)에 진입했다. 그리고 다시 한번 기내 방송이 나왔다.

"공군 1호기는 잠시 후 대한민국 영공에 진입할 예정입니다. 영웅들의 귀환을 맞이하기 위해 대한민국 공군 전투기 편대가 호위 비행을 시작하겠습니다."

공군 1호기 옆으로 F-15K 4대가 공중 호위 비행을 실시했다. 경례와 함께 4대의 엄호기에서는 영웅들의 귀환을 환영하는 21발의 플레어가 발사됐다.

"영웅의 귀환을 마중하게 되어 영광입니다. 선배님들의 헌신과 희생이 있었기에 지금의 대한민국이 있습니다. 국가 수호 임무는 후배들에게 맡기시고 고국의 품에서 편히 잠드시길 바라겠습니다. 지금부터 대한민국 공군이 선배님들을 안전하게 호위하겠습니다. 필승."

단 한 명의 국군 전사자라도 반드시 찾아 고국으로 모시겠다고 했던 대한민국의 약속이 앞으로도 지켜지길 바란다. (문재인 정부에서는 한국에서 미국으로 돌아간 미군 유해 25구 중 절반이 넘는 13구를 인도했고, 미국에서 돌아온 유해 307구 중 280구를 인수받았다.)

대한민국
국가 기념식

장군의 귀환
여천 홍범도 장군 유해 봉환식과 안장식

대한독립군 총사령관 여천 홍범도 장군 유해 봉환은 서거 101년 만에 이루어졌다.

실은 이전 정부에서도 유해를 봉환받으려는 노력이 없지는 않았다. 김영삼 정부 시절, 홍범도 장군 유해 봉환을 카자흐스탄에 요청한 적이 있었으나 당시 북한과의 관계를 고려한 카자흐스탄이 거절했고, 이후 북한 정부가 홍범도 장군 유해를 봉환해 달라고 요청했으나 대한민국 정부 입장을 고려해 거절했다는 말을 카자흐스탄 관계자에게서 들었다.

그러던 중 2019년 4월 문재인 대통령 카자흐스탄 국빈 방문이 있었다. 문재인 대통령은 카심-조마르트 토카예프Kassym-Jomart Tokayev 카자흐스탄 대통령에게 홍범도 장군 유해 봉환을 다시 한번 공식적으로 요청했고, 토카예프 대통령이 흔쾌히 그 요청을 수락하면서 홍범도 장군 유해 봉환 사업은 결실을 보는 듯했다.

실제 그 합의가 있었던 즈음은 대통령 행사기획 자문위원 자격으로 청와대 의전비서관실 직원, 보훈처와 함께 현지에서 카자흐스탄에 봉환 행사 구성과 파묘, 안장식 등을 협의하기도 했다.

원래 홍범도 장군 유해는 2020년 3월 1일에 맞추어 모셔 오려 했다. 101주년 3·1절 기념식의 의미를 더하고, 우리에게도 독립을 위한 무장투쟁, 나아가 독립 전쟁이 있었음을 알리고자 했다. 그간 우리 독립운동은 3·1운동과 같은 민중 저항 운동만이 전부인 것처럼 인식된 경향이 있었다. 하지만 봉오동전투, 청산리 전투, 그리고 실행은 되지 못했지만 광복 직전 미국과 함께 계획했던 국내진공작전 등 우리에게도 빛나는 '독립 전쟁'의 역사가 있었고, 이 중심에 홍범도 장군이 있었다. 그러한 사실을 바로 알리고 기념하려고 했다.

그러나 코로나19 대유행으로 인해 카자흐스탄 국경이 봉쇄되고 국내 사정도 어려워지면서 홍범도 장군 유해 봉환은 미룰 수밖에 없었다. 하지만 코로나19 상황이 어느 정도 관리되기 시작하면서 2021년 8월 토카예프 대통령 국빈 방문이 재추진됐다. 봉환 사업도 다시 빠르게 진행될 수 있었다. 봉환 사업 재개는 카자흐스탄도 적극적이었다. 카자흐스탄은 자국 대통령 방문을 계기로 대한민국에 의미 있는 '선물'을 하겠다는 뜻이 분명했고 우리는 카자흐스탄의 이러한 배려에 깊이 감사했다. 마침내 협상이 마무리되고 카자흐스탄 크즐오르다에 있는 홍범도 장군 묘역 파묘, 현지 봉송식, 국내 봉환식, 그리고 안장식 일정도 확정됐다.

장군의 귀환. 홍범도 장군 봉환 사업의 시작은 파묘와 현지 봉송을 위한 특사단 파견이었다. 대통령은 2021년 8월 14일 황기철 보훈처장을 특사단장으로, 여천 홍범도 장군 기념사업회 이사장 우원식 의원과 배우 조진웅을 카자흐스탄에 파견했다. 조진웅 배우는 독립운동을 다루었던 여러 영화에 출연하기도 했고, 홍범도 장군 기념사업에 적극적인 활동을 해왔다. 우리 국민에게 이번 봉환의 의미를 전달해 줄 적임자였다.

카자흐스탄 현지에서 홍범도 장군 유해를 파묘할 때 말 못할 고민도 있었다. 크즐오르다에 조성된 홍범도 장군 묘역은 원래 매장했던 무덤이 아니라 1970년대에 이장한 곳으로 알려져 있었다. 그래서 파묘 전 정확한 관의 위치를 알아보기 위해 당시 이장 작업에 참여했던 사람을 찾아보았지만 찾기 어려웠다.

유해 위치가 추모비 아래로 '추정'되는 상황에서 파묘를 할 수밖에 없었다. 유해가 없거나 온전한 형태가 아닐 수도 있는 등 여러 변수가 있었다. 만에 하나라도 그렇다면 여러 가지로 낭패일 수 있었다. 그렇게 다들 긴장한 채 파묘를 시작했고, 다행히도 예상했던 위치에서 관을 찾을 수 있었다. 홍범도 장군 유해는 관 속에 온전히 있었다. 정말 다행스러운 일이었다.

특사단은 크즐오르다에 있는 홍범도 장군 묘역에서 카자흐스탄 정부 관계자, 고려인협회와 함께 유해를 정중히 모시고 공군 특별수송기(KC-330)로 유해를 봉송했다. 특별수송기가 카자흐스탄을 떠날 때는 크즐오르다 상공을 3회 선회한 후 대한민국으로 향했다. 홍범도 장군을 아끼고 사랑했던 고려인에 대한 최소한의 배려였으며 장군의 회한을 담은 비행이었다.

공군 특별수송기가 대한민국 방공식별구역(KADIZ)으로 진입한 후에는 공군 전투기 6대의 엄호 비행을 받으며 서울공항에 도착했다. 이때 대한민국 공군이 운용하는 전투 기종(F-15K, F-4E, F-35A, F-5F, KF-16D, FA-50)을 모두 투입했는데, 우리 군의 위용을 홍범도 장군에게 보여드리겠다는 의도를 가진 엄호 비행이었다.

지상에서는 대통령 내외, 국방부 장관, 안보실장이 홍범도 장군을 맞이하기 위해 대기하고 있었다. 그리고 광복군으로 항일운동에 참여한 김영관 애국지사도 특별히 초청했다. 함께 싸웠던 애국지사가 유족이 없는 홍범도 장군의 귀환을 직접 맞이하는 것이 의미가 있다고 생각했다. 봉환식은 참석자 전체가 일어선 채로 진행했지만, 연로하신 김 지사가 걱정되어 의자를 하나 놓았다. 하지만 김영관 지사는 한사코 자리에 앉지 않고 떨리는 손으로 홍범도 장군에게 거수경례를 하셨고 그 장면은 많은 국민을 뭉클하게 했다.

봉환식을 준비하면서 장군의 유해가 대한민국 땅에 처음 닿을 때 어떤 음악을 연주하는 것이 좋을지 생각해 보았다. 101년 만에 해방된 조국 땅에 도착한 홍범도 장군을 환영하는 음악을 무엇으로 할지, 그 순간의 의미를 어떻게 부여하는 것이 좋을지 고민이었다. 〈고향의 봄〉, 〈독립군가〉, 〈고잉 홈Going Home〉 여러 음악이 떠올랐지만, 〈올드 랭 사인〉 곡조 애국가를 선택했다.

©연합뉴스

대한민국
국가 기념식

지난 광복절 경축식에서 오희옥 애국지사가 불렀던 그 애국가를 장군이 대한민국 영토에 첫발을 디딜 때 연주했다. 그렇게 홍범도 장군은 대한민국에 도착했고, 우리는 모두 장군의 귀환을 뜨겁게 환영했다.

2021년 8월 18일 드디어 홍범도 장군 안장식이 열렸다. 토카예프 대통령과 정상회담 다음 날이었다. 토카예프 대통령은 문재인 대통령에게 세 가지 선물을 주고 카자흐스탄으로 떠났다.

첫 번째 선물은 크즐오르다 홍범도 묘역 흙이었다. 오랜 시간 카자흐스탄에 잠들어 있었던 홍범도 장군에 대한 배려였다. 나머지 선물 두 개는 홍범도 장군과 관련된 사료 2건이었다. 홍범도 장군이 말년에 고려극장 수위장으로 근무하다가 사임하면서 제출한 사임서와 1943년 서거 당시 사망진단서였다. 홍범도 장군과 관련한 사료를 찾기가 어려운 상황에서 의미 있는 선물이었다.

안장식은 전날 서훈한 건국훈장 대한민국장과 함께 홍범도 장군 유해가 입장하는 것으로 시작했다. 장소는 영면에 드실 대전 현충원이었다. 특사단으로 함께했던 배우 조진웅이 진행을 했고, 안장식 의미를 고려해 하관까지 모든 장면을 생중계했다.

이날 추모곡은 가수 하현상이 불렀던 〈바람이 되어〉였다. 이 곡은 독립운동과 의병 역사를 다룬 드라마 〈미스터 션샤인〉 OST 중 한 곡이었다. "바람이 되어 그대 곁에 머물겠다"는 가사가 불릴 때, 마침 불어오는 바람에 관을 덮은 태극기가 펄럭이던 장면은 우연이라 하기에는 너무나 드라마 속 장면 같았다.

"조국을 떠나, 만주로, 연해주로, 중앙아시아까지 흘러가야 했던, 장군을 비롯한 고려인 동포들의 고단한 삶 속에는, 근현대사에서 우리 민족이 겪어야 했던 온갖 역경이 고스란히 배어있습니다. 우리는 다시는 그런 역사를 되풀이하지 않도록 절치부심해야합니다. 선조들의 고난을 되돌아보며 보란 듯이 잘 사는 나라, 누구도 넘보지 못하는 강한 나라, 국제사회에서 존중받는 나라를 반드시 만들어야 합니다."

홍범도 장군 앞에서 대통령의 연설은 떨렸다. 떨렸지만 단호했고, 단호했지만 왠지 슬픔이 배어있었다. 우리는 그런 나라를 만들 수 있을까? 지난 역사와 결별하고 누구도 넘보지 못할 새로운 역사를 만들어 낼 수 있을까? 안장식을 끝내고 돌아서는 대통령의 어깨가 다른 날보다 더 무거워 보였다.

홍범도 장군 영정이 대통령을 조용히 바라보고 있었다.

바람이 불고 있었다.

합참의장 이취임식
이순진 합참의장 마지막 인사

대한민국 현역 군인으로 가장 높은 직위는 합참의장이다. 합참의장 위로 국방부 장관이 있지만 장관은 현역 장성이 아닌 민간인 신분 정무직이다. 합참의장은 각 군 참모총장과 함께 사성장군으로서 군의 가장 높고 영예로운 자리라고 할 수 있다.

통상 합참의장 이취임식은 국방부 장관이 주관해 왔다. 박정희 정권 때까지는 대통령 주관 행사로 진행했을 법한데, 문민정부가 들어서고 나서는 군 내부 행사로 정리된 듯하다.

문재인 대통령 취임 즈음 북핵 문제와 이로 인한 안보 불안이 심각했다. 트럼프 대통령은 연일 대북 강경 발언을 쏟아내기도 했다. 그런 엄중한 상황은 취임 직후 새 내각이 구성되기 전까지 이어졌는데, 전임 정부 장관들과 새로 선출된 대통령이 어색한(?) 국무회의를 하기도 했다.

그 혼란의 시기에 유독 자기 자리를 지키며 끝까지 책임 있는 자세로 대통령과 새 정부 출범을 도왔던 분이 바로 이순진 합참의장이었다. 새 내각이 갖추어지고 후임 합참의장이 정해지자

이순진 의장은 대통령에게 군 사기를 위해 새 합참의장 이취임식을 대통령이 주관해 주기를 청했고, 대통령은 참석을 약속했다.

"최대한 예우하고 각별하게 준비했으면 한다"는 대통령 말씀을 듣고 이취임식이 열리는 국방부 연병장에 무대를 세우고 준비를 시작했다. 그런데 갑자기 전날부터 엄청난 폭우가 쏟아졌고 종일 비가 내렸다. 행사 당일도 종일 비가 내린다는 일기예보가 있었다.

어쩔 수 없이 밖에서 준비했던 모든 프로그램을 중단하고 실내에서 약식으로 행사를 치러야 하는 상황이었다. 군 행사를 실내에서 진행한다는 것은 공식적인 의례 외에는 할 수 있는 게 아무것도 없다는 것을 의미한다. 우리 잘못은 아니었지만 대통령에게도, 이순진 합참의장에게도 못내 죄송한 마음이 들었다.

비가 내리는 연병장을 바라보며 대통령 주문대로 뭔가 각별하게 준비할 것이 없을까 고민하다가 이순진 합참의장 아들에게 전화를 걸었다. 알아보니 아들 역시 현역 장교였다. 그에게 아버지가 뭘 좋아하시는지 등을 에둘러 물었더니, "아버지는 평생 단 한 번도 어머니와 여행을 못 가보셨습니다. 저는 여행을 보내드릴까 싶습니다"라고 답했다.

사성장군이 군 생활 내내 단 한 번도 부부 동반 여행을 못 했다는 이야기에 괜히 마음이 그랬다. 서둘러 대통령 선물로 이순진 합참의장 딸이 산다는 캐나다행 비행기 티켓을 준비했다.

합참의장 이취임식이 시작되고 이순진 합참의장에게 훈장

이 수여될 때 수여 보좌는 현역 장교인 아들에게 부탁했다. 아버지의 군 생활 그 마지막 영예로운 순간에 아들이 함께 연단에 설수 있도록 하고 싶었다. 대통령이 직접 합참의장 아들에게 훈장을 전달받아 아버지에게 수여했다. 아버지를 바라보는 아들과 놀란 눈빛으로 아들을 보는 아버지 모습. 그 둘을 아는 사람들은 모두 감동했다.

훈장 수여가 끝나고 대통령은 준비된 비행기 티켓과 꽃다발을 합참의장의 부인에게 선물했다. 따님이 사는 캐나다에 편하게 다녀오시라는 대통령의 인삿말에 행사 참석자 모두가 박수로 환호했다. 하지만 진짜 감동은 준비된 선물도, 아들의 깜짝 등장도 아니었다.

그것은 마지막 이임사를 위해 무대에 올라간 사성장군의 고별인사였다.

"어쩌면 제 자신이 늘 부족하다고 느꼈기에 더 많은 노력을 하며 살아왔습니다. 무엇보다 힘든 군 생활 동안, 제 아내는 제가 군 생활에 집중할 수 있도록 가정사와 자녀 교육에 전념해 주었고, 독선에 빠지지 않고 부대원을 존중하고 배려토록 조언해 주었습니다."

그리고 한참 머뭇거리던 이순진 합참의장은 이렇게 말을 이었다.

"만일…… 아내와 결혼하지 않았다면 저는 지금 이 자리에 없었을 것입니다. 군인의 자녀라는 어려운 여건 속에서 커 준 진경이와 혁이에게도 이 세상 최고의 표현으로 사랑한다고 말하고 싶습니다."

사성장군의 마지막 연설은 어떤 화려한 수사가 아니었다. 그 것은 평생을 함께한 가족에 대한 감사였고 눈물이었다. 진심보다 더 감동적인 것은 없다는 너무도 당연한 사실을 다시 한번 확인 하는 순간이었다.

비록 소박하게 약식으로 진행된 이취임식이었지만, 참석자 모두는 진심을 담아 이순진 합참의장에게 감사의 박수를 보냈다. 그렇게 처음이자 아마도 마지막이 아닐까 싶은 대통령 주관 합참 의장 이취임식은 끝났다. "노병은 죽지 않는다 다만 사라질 뿐이 다"라는 맥아더 장군 연설과 함께……

"이제 저는 대한민국 민간인으로 돌아갑니다. 비록 몸은 군 을 떠나지만 대한민국과 군의 발전을 위해 여러분과 함께하겠습 니다. 여러분 안녕히 계십시오."

이야기 둘

국가 기념식 OST

국가 행사나 대통령 일정에 많은 음악을 사용했다. 특별한 의미 없이 단지 느낌만으로 선곡한 경우도 있었지만, 어느 때부터 하나하나에 의미를 부여하지 않을 수 없었다.

어차피 우리가 의미를 말하지 않아도 어떻게든 해석하기 때문이었다. 그렇게 될 바에는 차라리 이유를 가지고 선곡하는 것이 낫겠다 싶었다. 그러나 공들여 행사 음악을 준비하면 언론은 무관심이었고, 의미 없이 가져다 쓰면 반드시 곡을 분석했다.

#〈미스터 프레지던트〉(김형석)

대통령 행사 음악에서 가장 먼저 떠오르는 곡은 〈미스터 프레지던트Mr. President〉다. 문재인 정부의 대통령 행사는 이 곡으로 시작해 이 곡으로 마무리됐다.

그간 국가 행사를 살펴보니, 대한민국 대통령 공식 행사에 사용된 입장 음악이나 퇴장 음악이 너무 제멋대로였다. 엘가의 〈위풍당당 행진곡〉부터 〈경복궁 타령〉까지 참 다양하기도 했다. 이명박 전 대통령이 참석했던 어떤 행사에서는 〈군밤타령〉이 연주되기도 했다.

〈미스터 프레지던트〉는 대통령 입장, 퇴장 곡이다. 미국 대통령의 공식 입장곡인 〈헤일 투 더 치프Hail to the Chief〉처럼, 대통령을 상징하는 노래로 만들어졌다. 특정 대통령이 아니라 대한민국 대통령을 상징하는 곡으로 문재인 대통령 임기가 끝난 다음에도 정당이나 정파와 상관없이 곡을 사용할 수 있도록 배려했는데, 윤석열 대통령 취임식에서는 다시 〈위풍당당 행진곡〉을 사용했다.

역사와 이야기를 만드는 데 익숙지 않은 우리 문화를 탓해야 하는 것인지, 연출 수준을 탓해야 하는 것인지 모르겠으나 쓰지 않겠다니 어쩔 도리가 없었다. 〈미스터 프레지던트〉는 생각보다 연주가 어려운 곡이다. 이 곡을 연주하느라 국방부 관현악단, 경찰 관현악단, 그 외 여러 오케스트라가 고생이 많았다.

개인적으로 이 곡이 가장 멋졌을 때는 대통령이 취임 후 첫 번째 국군의날 행사에 입장할 때와, 판문점에서 모든 일정을 마치고 의장대 경례를 받으며 빠져나갈 때였다. 행사가 끝난 후에도 곡 후렴을 하염없이 재생해 들으며 혼자 감격했다.

#〈걱정 말아요 그대〉(이적), 〈오르막길〉(윤종신)
문재인 대통령 첫 번째 기자회견 시작 전 BGM으로 사용했다.
청와대 영빈관에서 열린 이날 기자회견에는 정부 수립 후 가장 많은 기자가 회견에 참석했고, 최초로 각본 없는 기자회견이 열렸다. 준비하면서 보니 기자들이 긴장한 티가 역력했다.

긴장도 풀 겸 이 노래들을 기자회견 장내에 틀었다. 청와대 대통령 행사에서 대중음악이 연주된 게 처음이라는 말도 있는데 그건 정확히 모르겠다.

다만 그날 이 노래가 기자들 사이에서는 화제가 됐다는 이야기를 들었다. 기자회견이 끝나고 대변인이 이 곡들을 틀어 놓은 이유를 물었는데 그냥 휴대전화에 있던 노래를 틀었다고 말할 수가 없었다.

그래서 〈걱정 말아요 그대〉는 문재인 정부가 앞으로 잘하겠다는 다짐의 의미로, 〈오르막길〉은 어렵고 힘들지만 국민과 함께 지치지 않고 한 걸음 한 걸음 나아가겠다는 의지로 '선곡'했다고 했다. 다음 날부터 많은 매체가 이 노래와 해석을 보도했다.

#〈늙은 군인의 노래〉(최백호, 윤도현)

현충일 추념식과 6·25 전쟁 70주년 행사에 사용했다. 현충일에는 가수 최백호가, 6·25 70주년 때는 가수 윤도현이 불렀다.

원래 이 노래는 박정희 정권 시절 금지곡이었다. 작곡가 김민기가 군대에 있을 때 함께 근무했던 어느 부사관의 애환을 듣고 만든 노래라고 하던데 그 곡조(?) 때문인지, 가사(?) 때문인지 납득하기 어려운 이유로 오랜 세월 금지곡으로 묶여 있었다.

현충일 추념식에서 가수 최백호의 절창으로 이 노래가 연주됐을 때 다들 깊은 감동을 받았다. 6·25 전쟁 70주년 행사 때는 가수 윤도현이 유해 입장에 맞추어 노래를 부르자 다들 슬픔에 잠겼다.

좋은 노래의 힘, 힘이 있는 노래는 이렇게 분위기에 따라 다르게 들린다. 그래서 그 생명도 길고 여운도 깊다.

#〈가족사진〉(김진호)

제주 4·3 추념식에서 가수 김진호가 불러 주었다.

가족사진 속 아버지의 모습을 보며 그때 아버지 나이가 된 지금에서야 사진 속 아버지를 이해하고 그리워하게 됐다는 노래다.

이 노래를 사용해야 겠다고 마음먹은 이유는 추념식을 준비하면서 보게 된 4·3 피해자들의 가족사진과, 부모님들이 사망한 곳으로 추정되는 현장에서 부모님보다 늙어버린 자식들이 찍은 추념 사진을 보고 나서였다.

가수 김진호 특유의 울림 있는 목소리로 식장에서 곡이 연주되자 많은 유족이 눈물을 흘렸다.

#〈바람이 불어오는 곳〉(오연준)

제주도 소년 오연준 군을 알게 된 것은 어느 방송 프로그램에서 〈고향의 봄〉을 부르는 영상을 통해서였다.

그때는 남북 정상 판문점 만찬을 준비하고 있었을 때였는데, 만찬 공연에서 성인 가수보다는 어린이가 노래하는 것이 좋겠다고 생각했다. 오연준 군에게 김광석의 〈바람이 불어오는 곳〉을 불러 달라고 부탁했다.

남북이 가고자 하는 미래, 햇살이 눈부신 곳, 꿈에서 보았던 곳, 그곳으로 가자는 메시지를 담고 싶었다.

메시지는 어른이 아니라 어린이의 시선과 목소리로 전달하는 것이 더 설득력 있고 진정성이 있을 것이라고 보았다.

함께 가려던 그곳이 이제는 점점 더 멀어져 가는 것 같아 안타깝지만, 그래도 바람이 불어오는 곳, 그곳으로 가야 한다는 생각에는 변함이 없다.

#〈대한이 살았다〉(정인)

국경일이나 국가 기념일은 그것을 기리는 노래가 있다. 광복절 노래, 삼일절 노래, 현충일 노래 등이 그것이다.

〈대한이 살았다〉는 작곡가 정재일이 만든 노래다. 서대문형무소에 수감됐던 우리 독립운동가들이 불렀을 것으로 추정되는 가사가 발굴됐고, 곡조를 잃은 그 가사에 정재일이 새 곡조를 얹혀 만든 노래다. 원곡은 가수 박정현이 불렀다.

애절한 가사로 시작해 웅장한 곡조로 마무리되는 그 노래를 2년 동안 3·1절 마지막 순서에 연주했다.

기념식 대부분이 세월이 지나면서 내용은 사라지고 형식만 남게 됐는데, 이러한 노래들이 그 앙상한 형식에 새로운 내용이 되어주어 기념식을 생동감 있게 만든다. 앞으로도 3·1절에 계속 사용했으면 하는데 어떻게 될지 모르겠다.

#〈편지〉(김필),〈아버지〉(이수현)

〈편지〉는 5·18 40주년 기념식에서 남편을 잃은 유족의 편지가 낭독되고 가수 김필이 부른 노래다.

원래 작곡가 김광진의 〈편지〉는 사랑하는 사람과의 이별을 노래한 곡이다. 이 곡에 이별의 말도 없어 어느 날 갑자기 사라져 버린 젊은 남편을 평생 그리워하는 부인의 편지가 얹어졌을 때 너무나 잘 맞아떨어졌다. 그리고 김필의 목소리는 그 절절함을 더욱 배가시켰다.

65주년 현충일에 불렸던 〈아버지〉라는 노래도 그랬다. 원래 가곡인 이 노래를 악동뮤지션 이수현이 편곡해 다시 불렀다.

6·25 전쟁 전사자인 아버지를 그리워하는 편지와 〈아버지〉는 어떤 부연 설명도 필요 없이 자연스럽게 감정을 이어 주었다.

편지를 읽고 내려오던 이제 할머니가 된 '딸'의 손을 잡아주던 대통령과 노래 첫 소절을 무반주로 시작해 끝까지 감정을 잡아내며 불렀던 가수 이수현의 노래는 우리에게 현충일 의미를 절절한 사연으로 보여주었다.

대부분의 국가 행사는 그게 무엇이든 기억해야 하고 계승해야 할 '내용'이 있기 때문에 기념일로 제정됐다. 하지만 세월이 흐르면서 그 내용은 희미해지고 형식만 남게 됐다. 국가 행사가 천편일률적인 이유가 거기에 있다.

형식적 아름다움도 중요한 가치이지만, 내용이 없으면 형식

대한민국
국가 기념식

은 결국 공허해진다. 형식은 반복되고 유지되는 것으로 충분하지만, 내용은 매번 새롭게 해석되고 변화할 때 의미가 있다는 점도 중요하다.

그래서 가장 이상적인 국가 행사 구성은 형식을 유지하되, 그 안에 새로운 내용을 채우는 것이어야 한다. 음악은 그러한 형식만 남은 행사에 내용을 채워주는 가장 효과적인 방법이었다.

문재인 정부 행사에서는 앞에서 이야기했던 음악뿐만 아니라, 다양한 음악을 국민의례, 기념사, 축하 영상, 축하 공연에 사용했다. 심지어 국민의례마저도 원곡을 유지하되 다양한 형태로 연주했다. 문재인 정부 국가 행사가 이전과 달랐다면 그 까닭은 언제나 새로운 내용을 고민했기 때문이 아닐까 한다.

함께해 주었던 음악인들에게 이렇게나마 감사를 전한다.

III

평화,
먼 길 간다

평화가 곧 길입니다

평창 동계올림픽 개막에 앞서 남북 관계에 커다란 변화가 시작됐다. 남북 단일팀 구성이 발표됐고, 동계올림픽을 위한 북측 응원단 파견과 삼지연관현악단 방남 연주회도 확정됐다. 개막식 참석을 위해 북한 김영남 최고인민회의 상임위원장과 김여정 노동당 부부장이 직접 내려온다는 소식도 전해졌다.

엄청난 추위 속에서 개막식을 마친 다음 날, 김영남 위원장과 김여정 부부장의 청와대 방문이 예정되어 있었다. 방문 일정은 간단했다. 청와대 본관에서 인사를 나누고 대통령을 접견하는 것이었다. 만남의 형식은 간단했으나, 그 자리가 갖는 의미는 엄청난 것이었다.

집권 초기 베를린에서 대통령이 한반도 평화 프로세스를 발표했을 때, 국내외 언론 대부분은 그 구상 자체를 신뢰하지 않았다. 그냥 대한민국의 새로운 대통령이 꾸는 꿈 정도로 해석했다. 북측 역시 별 반응을 보이지 않았다. 평창 동계올림픽이 남북 평화 프로세스에 얼마나 큰 역할을 할 수 있을지 의심하는 눈길이 대부분이었다.

그런 상황에서 북측 최고위급 인사인 김영남 위원장과 김여정 부부장이 평창 올림픽 개막식에 직접 참석하고, 북측 고위급 인사로서는 처음으로 대한민국 청와대를 방문한다는 것은 올림픽만큼이나 세계적인 뉴스였다.

남북 관계의 새로운 시작인 이 역사적인 만남을 어떤 모습으로 만들어야 할지 결정해야 했다. 청와대 본관에서 만난 후 환담까지는 이미 양측이 합의한 형식이었다. 추가로 무엇을 더하기는 어려운 상황이었다.

새로운 형식을 추가하기보다는 서로 합의한 일정 안에서 남북 만남을 최대한 부각해야 했다. 결국 대통령과 북측 인사들 간 청와대 본관에서의 첫 만남을 어떤 방식으로 그려낼지가 관건이었다. 지나친 환대는 남측 언론과 국민의 반감을 살 수 있지만, 그렇다고 북측을 냉대할 일은 더욱 아니었다.

이 역사적인 만남에 특별한 상징물을 제작하고 거기에 메시지를 담아내는 방식을 선택하기로 했다. 이러한 순간을 위해 오랫동안 기억하며 간직해 온 작품이 하나 있었다.

고 신영복 선생 글씨에 판화가 이철수 선생의 그림과 방서榜書를 넣은, 〈통通〉이라는 작품이었다. 이 작품은 신영복 선생 사후에 판화로 만들어졌다. 하지만 몇 점 찍지 않아 널리 알려진 작품은 아니었다. 작품은 '通'이라는 글자를 한반도 이미지로 형상화한 것으로 통일에 대한 직관적이며 분명한 메시지를 담고 있었다.

統이 완성이라면 通은 과정입니다. 막다른 데서 길을 찾고 길 없는 데서 길을 낼 결심이 분단 극복과 통일로 가는 길에서는 더욱 절실합니다. 소통과 대화, 꾸준한 교류와 이해가 通의 내용이자 방법입니다. 通은 統입니다. 通으로 統을 이루게 되기를.

작품에 있는 이철수 선생의 방서는 신영복 선생 생전에 통일에 대해 남겨놓은 말씀과 생각을 같이 했다.

민족 통일은 지상 과제이지만 공존 또는 공존을 존중하는 평화 체제만 수립되면 통일에 이르는 과정 중 90퍼센트 이상이 달성됐다고 생각합니다. 남북의 이질성이라는 것도 그렇습니다. 세계 여러 곳을 다녀 보니까 남북 간의 차이라는 것은 차이라고 할 것도 없을 정도였습니다. 그런 인식만 공유하면 통일은 뜨거운 쟁점이라기보다는 단계적인 시간의 문제가 됩니다.

—신영복《손잡고 더불어》중에서

공존과 존중을 바탕으로 하는 평화 체제가 통일의 90퍼센트라는 말씀이 〈통通〉이라는 작품 안에 고스란히 담겨 있었다.

김영남 위원장과 김여정 부부장이 처음 청와대에 들어섰을 때 대통령은 이들을 이 작품 앞으로 안내했고 작품 배경과 의미를 직접 설명했다. 우리는 그 장면을 한 발 떨어져 지켜보면서 그들이 대통령의 진심과 의도를 알아주기를 바랐다.

평화로 가는 먼 여정이 이제 여기에서 시작된다는 생각에 벅찬 기분이었다. 그러나 이 길은 또 얼마나 멀고 험할까 싶은 걱정도 함께 들었다. 작품 설명을 마친 대통령과 북측 특사단이 작품 앞에 나란히 서서 함께 기념사진을 촬영했다. 그때 언젠가 들었던 신영복 선생의 말씀이 생각났다.

"평화에는 길이 없습니다. 평화가 곧 길입니다."

평화,
먼 길 간다

봄이 온다

북측 예술단 서울 공연 이후 자연스럽게 남측 예술단 평양 공연
이 논의되기 시작했다. 이미 남북이 합의한 내용이었기 때문에
실행 여부보다는 예술단 구성과 내용에 대한 관심이 뜨거웠다.
남북 문화 교류는 10년 만이었고, 예술단 조직 업무가 부여된 것
은 공연을 두 달 정도 남겨놓았을 때였다. 언제나 그렇듯 시간은
충분하지 않았다. 하지만 결과는 무조건 성공적이어야 했다.

　가장 먼저 고민했던 것은 누가 공연을 주관할 것인지였다.
이전까지 남북 문화 교류는 민간 차원에서 진행했거나 방송사 주
관으로 진행했었다. 그러나 북측에서는 남측 정부가 직접 나서서
무게를 실어 주길 바랐다. 민간 교류는 그다음에 얼마든지 가능
한 일이니 시작은 그렇게 하자는 요청이었다.

　통일부, 문체부, 국정원, 청와대가 한 팀을 만들어 준비를 시
작했다. 우선은 공연 출연진을 결정해야 했다. 저쪽에서 교향악
단이 왔으니 우리도 교향악단으로 하자는 의견부터 논의했다. 하
지만 우리 교향악단은 클래식을 연주하는 정통 오케스트라이지

만, 북측 교향악단은 가요와 민요, 연주곡까지를 레퍼토리로 하기 때문에 성격이 많이 달랐다.

10년 만에 이루어진 남측 예술단의 평양 공연은 무엇보다 우리 대중문화를 전달해 줄 수 있어야 한다고 생각했다. 그것에 충실한 장르는 대중음악이었다. 큰 얼개를 대중음악으로 정하고 나니 오케스트라는 적합하지 않다는 결론을 내렸다. 오케스트라는 언젠가 남북 연주자들이 모여 연합 오케스트라로 공연하는 것이 낫겠다 싶었다.

공연까지 시간이 얼마 남지 않아 바로 섭외를 시작했다. 가장 먼저 라인업에 올렸던 가수는 최진희, 조용필, 이선희 그리고 나훈아였다. 우리 대중음악계의 선배들과 북측에서 공연 경험이 있는 가수들이 무게를 실어 주었으면 하는 의도였다. 이중 나훈아는 고사했고 최진희, 조용필, 이선희는 승낙했다.

다음은 중견 가수들이었다. 백지영, YB(윤도현), 박효신에게 연락했고 이들 중 백지영과 YB가 함께 가기로 했다. 백지영은 풍문이지만 북측에도 알려진 가수였고, YB는 2002년 평양 공연에서 눈물을 흘렸던 모습으로 인해 북측 사람들이 여전히 기억하고 있다고 했다. 박효신은 꼭 함께하고 싶었지만 해외 일정 탓에 아쉽게도 함께하지 못하게 됐다.

여기까지는 상대적으로 쉬운 결정이었다. 우리 대중음악에 있어 그 위치와 색깔이 분명한 가수들이었고 일부는 북측에서 공연했던 경험도 있었다.

섭외도 급했지만 북측과의 협연을 고려해 전체 공연의 음악
적 완성도를 높여줄 음악감독 선임을 서둘러야 했다. 음악감독은
유희열, 윤상, 김형석을 먼저 떠올렸다. 이중 유희열은 방송 일정
과 소속 가수들의 음반 발매 등으로 참여하기 어려웠다. 김형석
은 같은 시기 제주도 4·3 항쟁 기념식에서 이미 중요한 연주를 부
탁해 놓았던 터라 참여할 수가 없었다.

여러 사람의 추천으로 윤상을 만나 의사를 타진했고, 결국
윤상이 음악감독 역할을 맡아주기로 했다. 윤상 감독과 가장 먼
저 협의한 것은 〈우리의 소원은 통일〉과 〈다시 만나요〉를 편곡하
는 것이었다. 두 곡은 우리의 단독 공연 마지막 곡이기도 했지만,
북측과 함께 부를 수도 있기 때문에 미리 준비할 필요가 있었다.

기존 출연진 외에 추가할 새로운 출연진 섭외도 윤상 감독
과 협의했다. 몇 가지 조건을 먼저 떠올렸다. 일단 가창력은 기본
이고 부를 노래가 남북 관계에 대한 상징적인 해석이 가능했으면
했다. 물론 캐스팅 자체가 사람들의 예상 밖이어야 한다는 기준
도 있었다. 새롭게 시작된 남북 관계의 함의를 담는 노래도 필요
했다. 선언적이거나 구체적이지 않고 은유적이지만 정서적으로
공감할 수 있는 가사와 멜로디가 있으면 했다. 윤종신의 〈오르막
길〉이 가장 먼저 떠올랐다.

윤상 감독과 우리는 〈오르막길〉보다 더 상징적인 노래는 없
을 것이라는데 의견을 같이하고, 이 노래를 불렀던 가수 정인을
섭외했다. 가창력 면에서 압도적인 가수 알리도 섭외했다. 알리에

게는 본인 노래 외에도 가곡 〈얼굴〉과 정인과의 듀엣, 그리고 북측 가수와의 협연까지 부탁했는데 결과적으로 잘 소화해 주었다.

구성안을 준비하면서 북측 노래를 우리 가수들이 불러야 할지 말아야 할지도 고민이었다. 삼지연관현악단 남측 공연에서 북측은 이선희의 〈J에게〉를 비롯한 우리 노래들을 메들리로 불렀다. 나름 우리 정서를 고려하며 공연을 했던 것이다. 이에 대한 최소한의 화답은 있어야 하지 않나 싶었다.

하지만 문제가 있었다. 북측 음악 대부분은 체제 선전용이어서 우리로서는 부를 수 없는 가사들이었다. '선군 태양', '단군 조선', '장군님 은혜' 등 이러한 가사들이 담긴 노래를 부를 수는 없었다. 난감했다. 장고 끝에 북이 선호하는 우리 노래가 무엇인지 알아보고 그 곡을 연주하는 것을 대안으로 정했다.

여러 경로를 통해 〈얼굴〉, 〈뒤늦은 후회〉, 〈그 겨울의 찻집〉과 같은 노래가 확인됐다.

〈그 겨울의 찻집〉은 원곡을 불렀던 조용필이 예술단에 합류한 상태라 부탁했고, 〈뒤늦은 후회〉는 예술단 최고참인 최진희가 부르는 것이 적당할 것 같아 따로 부탁했다.

최진희, 조용필, 이선희, 윤도현, 백지영, 정인, 알리…… 그리고 윤상 감독까지 예술단이 구성되고 선곡 작업도 어느 정도 마무리되어 갔다.

남북 문화 교류는 정서적 배려가 필요했다. 동질성을 바탕으로 무대가 구현되어야 했다. 그러나 우리 국민 입장에서는 K-팝

평화,
먼 길 간다

이 북에서도 연주될 수 있을지에 대한 호기심과 기대가 있었다. 그러한 기대가 아니어도 우리 대중음악을 북측에 소개한다는 연출 의도로 인해 구성상 K-팝이 빠질 수 없었다. 하지만 북측에서 그러한 장르 음악을 어떻게 받아들일지는 의문이었다. 레드벨벳을 만나 제안을 했다. 레드벨벳은 멤버 중 한 명이 드라마 촬영 중이었지만 함께 가고 싶다고 말했다.

이제 섭외를 마무리하고 연습과 연출 디테일을 만들어야 했지만 뭔가가 부족했다. 2002년 남측 예술단 북측 공연에서 공연 도중 눈물을 흘리며 〈아리랑〉을 불렀던 YB처럼 이 역사적인 공연에서 노래뿐만 아니라 울컥하는 무엇을 이야기 할 수 있는 출연진이 아쉬웠다.

그러던 중 "두만강 푸른 물에 노 젓는 뱃사공은 볼 수는 없었지만 그 노래만은 너무 잘 아는 건 내 아버지 레퍼토리 그중에 18번이기 때문에……"라는 가수 강산에의 〈라구요〉 가사가 떠올랐다. 〈라구요〉가 가수 강산에의 부모님 이야기라는 사실을 알고 있었기에 어렵지 않게 그를 떠올릴 수 있었다.

온몸으로 전쟁과 이산을 겪은 세대가 사라져 가는 지금, 그 이야기를 기억하는 다음 세대의 회고는 공연에 꼭 필요한 부분이었다. 강산에는 두말없이 예술단에 합류해 주었다. 그렇게 모든 섭외는 이제 마무리됐다. 조용필, 최진희, 이선희, 강산에, YB, 백지영, 정인, 알리 그리고 레드벨벳. 이렇게 10년 만에 열리는 남북 문화 교류 남측 예술단 라인업이 완성됐다.

전체 공연 순서를 우선해 구성을 시작했다. 윤상 감독은 공연 시작을 연주 음악으로 했으면 했다.

"가사가 있어 해석이 명료한 노래보다 음악 그 자체, 연주곡이 더 많은 의미와 정서를 담을 수 있을 것 같습니다."

공연 시작은 어떤 문장이나 가사를 얹힌 노래보다는 멜로디를 통해, 소리를 통해 우리가 같은 정서를 가지고 있다는 사실을 확인하는 것으로 하자는 의미였다.

윤상 감독의 제안에 더해 공연 오프닝을 〈아리랑〉 변주에 남녀 무용수의 몸짓을 홀로그램으로 구현해 보기로 했다. 북측 공연장이 최소한의 사양만 갖추고 있다면, 공연 시작을 윤상 감독이 의도한 연주와 무용, 영상으로 열고 싶었다. 연주를 위해 피아니스트 김광민을 추가로 섭외했고 곡은 〈집으로 돌아가는 길에〉를 선곡했다. 〈집으로 돌아가는 길에〉는 피아노 연주곡이지만 가사가 있는 노래보다 더 분명한 '그림'이 그려지는 곡이었다.

나머지 가수들의 선곡 작업도 순조롭게 진행됐다. 기본적으로 곡과 가수를 같이 놓고 고민했기 때문에 가수들 선곡과 연출팀 선곡에는 이견이 별로 없었다. 하지만 다소 걱정되는 가사도 있었다. 우리가 선곡했다고 해서 그 곡이 평양에서 연주될 수 있을지는 모르는 일이었다.

우리 역시 북측 예술단 가사를 사전에 검토했었기 때문에 북에서도 우리가 준비한 노래 가사들을 살펴보는 것은 당연했다. 특별히 걱정스러웠던 것은 백지영 〈총 맞은 것처럼〉, 레드벨

벳 〈빨간 맛〉, 그리고 강산에 〈라구요〉였다. 〈총 맞은 것처럼〉과 〈빨간 맛〉은 가사보다는 제목에 대한 우려 때문이었다. (어떻게 설명하는 게 좋을지 곤혹스러웠다.) 〈라구요〉는 가사의 의미를 잘못 해석해 버리면 '흥남 철수와 6·25 전쟁'을 이야기하는 것이라 볼 수도 있어 충분한 설명과 설득이 필요할 것 같았다.

　판문점에서 실무회담이 열렸다. 북측에서는 현송월 삼지연관 현악단장과 관계자들이 나왔다. 현 단장과는 두 번째 만남이었다.

　북측은 우리 측 예술단 규모, 출연 가수, 선곡, 무대와 장비 스펙 등을 사전에 요청했으나 아직 받지 못했다며 해당 내용을 빨리 넘겨주길 바랐다. 하지만 우리는 내용 대부분이 현장 상황과 연동되어 있으니, 사전 답사 때 결정할 수 있도록 하자는 입장이었다. 북측에서 난색을 표명했다. 사전 점검이 필요하다는 것이었다. 선곡표까지 넘겨달라는 북측과 평양 현지답사 때 주겠다는 우리 측이 팽팽히 맞섰고 회담장은 잠시 냉랭해졌다.

우리는 공식 접촉을 잠시 중단하고 비공식 접촉을 제안했다. 기록 요원들과 배석 요원들을 빼고 현송월 단장과 마주 앉았다.

"선곡은 아직 안 끝났으니 오늘은 주요 일정만 협의합시다. 선곡은 평양에서 알려주겠습니다."

북측도 어쩔 수 없다는 것을 알았는지 결국 양해해 주었다.

"전반적으로 우리 측 정서를 고려한 좋은 가수들로 준비해 준 점에 감사합니다. 공연장과 장비 그리고 선곡은 이번 답사에서 완전히 결정하는 것으로 해주면 좋겠습니다."

"알겠습니다. 공연장과 장비 그리고 선곡은 곧 평양 답사에서 최종 정리하는 걸로 하시죠."

합의는 이루었지만 판문점 회담을 마치고 걱정은 배가 됐다. 공연장이 우리의 공연 환경에 적절하지 못하면 어떻게 하지? 각종 장비의 사양이 다를 텐데 그것을 현장에서 조치할 수 있을까? 한 무대를 양측이 같이 써야 하는데 무대 전환이 가능할까? 평양에서 3박 4일간 각기 다른 공연 두 개를 우리 계획대로 해낼 수 있을까?

2박 3일 동안 공연에 대한 모든 것을 결정하고 돌아와야 하는 평양 사전 답사는 출발 전부터 부담이 컸다. 공식적으로 남측 예술단 공연을 위해 평양을 방문하는 정부·민간 답사단도 10년 만이었다. 답사단은 정부 기관에서 나를 포함 3명, 민간 공연 스태프 3명을 추가해 총 6명으로 구성됐다.

민항기로 인천공항을 출발해 베이징에서 1박을 한 후 북한 대사관에서 비자를 받고 평양으로 들어가는 여정이었다. 베이징에 도착해 북한 대사관에 들어갈 때까지도 실감이 나지 않았다. 서울에서도 판문점에서도 내내 평양 공연을 준비하고 있었는데 막상 평양에 들어가기 위한 비자를 받으러 북한 대사관에 서 있는 우리가 믿기지 않았다. 회색 베이징 주재 북한 대사관은 건물 외부만큼 실내도 어두웠다.

김일성, 김정일 위원장 초상 아래 오래된 소파와 평양 TV 방송이 흘러나오는 대기실에 앉아 비자를 기다렸다. 금방 처리될 것이라는 설명과 달리 우리는 대사관에서 생각보다 오래 기다려야 했다. 기다림이 불안으로 바뀌어 갈 무렵 우리는 그들이 무엇인가를 기다리는 것인지 아니면 그냥 시간을 끌며 진을 빼는 것인지 판단해야 했다. 북측이 공식적으로 우리를 초청했는데 이렇게 오랫동안 기다리게 하는 것은 무언가 적절치 않다는 생각이 들었다.

"언제까지 기다려야 하나요?"

"조금만 더 기다리면 됩니다."

"벌써 몇 시간을 기다렸습니다. 우리는 남측 정부를 대표해서 온 것입니다. 그것도 북측의 공식적인 초청을 받아 온 것입니다. 여기서 더 기다려야 한다면 우리는 돌아가겠습니다."

북측 대사관 직원은 갑자기 얼굴이 굳어지더니 잠깐만 하며 대기실 밖으로 나갔다. 우리 답사단 인원들에게 그만 가자고 말했다. 그때 다시 문이 열리고 북한 대사관 직원이 다가와 말했다.

"다 됐습니다. 아, 참 성격도 급하시네. 여기 비자 나왔습니다. 내일 공항에서 저희가 직접 모시겠습니다."

일부러 시간을 끌었던 것인지 아니면 정말 그때 허가가 난 것인지는 아직도 잘 모르겠지만, 그렇게 여권과 비자를 받고 대사관에서 나왔다.

다음 날 아침, 평양행 고려항공을 탑승하기 위해 베이징 공항으로 향했다. 북한 방문 비자는 일반적인 비자랑은 달랐다. 일반적인 비자는 도장이나 스티커 형태로 여권에 기록을 남기지만, 북한 비자는 별지로 제작되어 출국할 때 반납하는 형태였다. 아마도 가지고 있는 여권에 기록을 남기지 않음으로써 다른 나라 입국에 생길 수도 있는 문제들을 방지하려는 것 같았다.

베이징에서 평양까지는 두 시간 남짓 걸렸던 것으로 기억한다. 타국 공항에서 분명히 타국적기를 탔는데 우리말을 하는 고려항공 스튜어디스들을 보며 뭔지 모를 이상한 기분을 느꼈다. 친밀하면서도 낯선 기분이었다. 다른 나라에서는 한 번도 느껴보지 못했던 그런 기분이었다. 비행기는 어느새 평양 순안공항에 도착하고 있었다. 우리는 고려호텔로 안내됐다.

북측 답사단의 남측 방문과 마찬가지로 우리의 전체 답사 일정은 2박 3일이었다. 우리 답사단을 전반적으로 응대하는 책임자는 예상대로 현송월 단장이었다. 현 단장과 삼지연관현악단 무대, 음향, 조명 감독이 전체 일정을 같이 했다.

첫날 저녁, 서울에 보고를 했다. "평양 도착, 고려호텔, 인원, 상황 이상 없습니다."

느리지만 인터넷이 연결됐고 유선전화와 팩스도 설치됐다. 점검을 마치고 고려호텔 로비에서 맥주를 한 잔씩 했다. 다들 약간은 긴장했고 약간 흥분하기도 했다. 내일 있을 답사와 관련한 몇 가지 세부 사항을 점검하고 일찍 쉬기로 했다.

객실에 올라가서도 한참 동안 잠을 이루지 못했다. 정신없이 일할 때는 몰랐는데 23층 객실 바깥으로 펼쳐진 평양 거리와 사람들을 보면서 지금 우리가 하는 이 '일'의 엄청난 무게감을 느꼈다. 우리는 지금 공연을 만드는 것이 아니라 어쩌면 역사를 만드는 중이라는 생각도 들었다.

다음 날 고려호텔 조식은 훌륭했다. 넓은 식당 전체에 우리만을 위한 음식이 이미 차려져 있었다. 테이블에는 기본적인 몇 가지 음식이 있었고, 뒤쪽에는 뷔페가 별도로 준비되어 있었다. 서빙을 하는 안내원이 주문하지도 않은 음식들을 코스로 가져다주었다. 밥과 국, 떡과 빵, 김치와 나물, 불고기와 전병, 송어와 연어, 장어…… 예전에 한 번, 그리고 공연 이후 한 차례 더 평양에 갔었는데, 이때 대접이 가장 대단했다고 기억한다.

평양 현지답사는 공연장을 둘러보는 것으로 시작했다. 단독 공연 장소인 동평양대극장을 거쳐 류경-정주영체육관에 도착했다. 동평양대극장은 약 2,000석 규모의 실내 공연장이었고, 류경-정주영체육관은 약 2만 명 정도가 들어갈 수 있는 실내 체육관이었다. 동평양대극장은 2002년 남북 교류 행사가 열리기도 했던 장소였고, 상태도 나쁘지 않아 큰 이견 없이 공연장 시설과 규모를 점검했다.

류경-정주영체육관은 객석을 체육관 바닥까지 설치할 수 있는 구조였다. 우리가 방문했을 때는 기본 무대와 LED가 설치되어 있었다. 현 단장 설명으로는 새해맞이 공연이 있었는데 우리가 참고할 수 있을 것 같아 철거하지 않고 그대로 두었다고 했다.

류경-정주영체육관은 우리의 올림픽공원 체조경기장 정도 규모였다. 정주영 회장 생전에 현대그룹에서 시공했으니 남측 시설과 크게 다르지 않았다. 출연진 대기 공간도 충분했고 무엇보다 이미 설치되어 있는 무대 공간을 확장하고 설비만 약간 더하면 세트 제작 및 준비 시간을 크게 줄일 수 있을 것이라 판단했다.

기본적인 시설 점검을 마치고 우리는 현 단장과 미리 약속했던 선곡과 공연 내용에 대해서 협의를 시작했다. 둘이 마주 앉아 한 명 한 명 가수 소개와 우리 선곡표를 건네주고 그 가사를 함께 살펴보았다. 우려와는 다르게 〈총 맞은 것처럼〉, 〈빨간 맛〉 등 노래에 대해 현 단장은 별말이 없었다.

다만 강산에 〈라구요〉에서 잠시 멈칫하더니 "'라구요'가 무슨 말입니까?" 물었고, "~했다 라구요"라는 뜻으로 쓰이는 서술

311

어이며 '~했습니다'라는 의미라고 설명했다. 다행히 크게 문제 삼지 않았다.

출연진과 선곡, 가사 내용, 다음은 장비 조달과 설치 문제였다. 큰 걱정은 전기였다. 공연에 쓰이는 음향, 영상, 무대장치, 조명 등에 필요한 전기가 안정적으로 공급될 수 있을지 물었다.

이전 평양 공연을 살펴보니 불안정한 전기 문제 때문에 남측 장비들이 파손되거나 문제가 생긴 적이 있었기 때문이다. 현 단장은 전기는 본인들도 그러한 사정 때문에 발전차를 쓰고 있다고 했다. 북측에서 이미 발전차를 쓰고 있다면 우리가 굳이 발전차를 가져오지 않아도 되니 다행이었다.

이어서 조명, 음향, 기타 공연에 필요한 각종 장비 설치, 이동 문제를 다루기로 했다.

회의 전부터 우리는 공연에 필요한 모든 장비를 남측에서 가져가고 싶었다. 북측 시설을 사전에 확인하는 과정도 만만치 않고 문제가 생겼을 때 책임 소재도 복잡해지니 별도 화물선이나, 화물기, 혹은 육로 이동으로 공연에 필요한 모든 장비와 자재를 가져가고 싶었다. 그러나 이것이 북측 자존심을 건드리는 말일 수도 있으니 조심스러웠다.

현 단장은 우리가 말을 꺼내기도 전에 먼저 말했다.

"우리 측 장비나 시설이 남측 공연에 적합하지 않을 수도 있으니 모든 장비는 남측에서 가져오시는 게 어떻겠습니까?"

앞선 교류 행사들에서는 자신들의 부족한 시설이나 사정을

드러내지 않으려고 억지를 부렸던 적이 적지 않다고 들었는데, 상황에 대해 솔직히 이야기하고 없으면 없다고 부족하면 부족하다고 인정하는 북측 모습에 많이 놀랐다. 그렇게 장비 문제까지를 해결하고 나니 이제 남은 것은 우리 측 공연 제목, 그리고 협연 여부였다. 가장 중요한 협의 사항이었다.

공연을 처음 기획할 때부터 이 공연은 협연이 이루어져야만 의미가 있다고 생각했다.

남북이 각자의 공연을 서울과 평양에서 보여주는 수준을 넘어 하나의 무대를 함께 만들어야, 진전이라 평가받을 수 있다고 생각했다. 그래야 10년 세월을 뛰어넘은 감동의 순간이 만들어질 수 있었다.

두 번의 공연 중 한 번은 남측 단독 공연, 나머지 한 번은 북측과의 협연이 우리 바람이었다. 단독 공연 부분은 이견이 없었다. 하지만 협연을 놓고는 서로 많은 이견이 있었다.

현 단장은 우리 측 단독 공연 순서에 한 부분, 즉 우리식으로 표현하자면 무대에 북측이 게스트로 참석하는 구성이 좋겠다는 의견이었다. 그 이유는 서로 맞춰 연습하기가 현실적으로 어렵고, 북측이 우리를 초청했는데 자신들이 우리와 동등하게 무대를 구성하는 것이 사리에 맞지 않다는 것이었다. 일견 타당한 설명이었으나 남북 협연 무대가 줄 감동을 생각하면 그러한 배려는 굳이 안 받아도 되겠다고 생각했다.

우리는 수정 제안을 던졌다. 우리 가수들이 이제 와서 북측 교향악단과 연습하고 맞춰보는 것은 어렵다는 사실은 인정하는 대신, 우리가 북을 위해 준비한 〈얼굴〉, 〈동그라미〉를 북측 가수들이 남측 연주에 맞추어 같이 부르고, 이미 연습이 되어있는 이선희 〈J에게〉는 북측 가수 중 한 명이 이선희와 함께 부르자고 말했다.

그리고 이렇게 하면 너무 남측 노래만 부르게 되니, 북측 노래인 〈백두에서 한라, 다시 만나요〉를 북측 오케스트라 연주에 맞추어 남북 가수들이 다 함께 부르는 것으로 공연을 마무리하는 것이 어떻겠냐고 말했다.

거기에 더해 우리 측 단독 공연에는 사회자로 지난번 삼지연

평화,
먼 길 간다

관현악단 서울 공연에서 함께 노래했던 소녀시대 서현으로 정해
졌는데, 합동 공연 때는 서현과 함께 북측 남성 사회자 한 명이 같
이 사회를 보는 것을 검토해 달라고 했다.

　현 단장은 잠시 생각에 잠겼다. 그러더니 갑자기 내게 남측
공연의 제목이 뭐냐 물었다. 순간 망설이다가 대답했다.

　"곧 봄이 오니까 '봄이 온다'로 하겠습니다."

　현 단장은 좋은 제목이라며 본인도 동의한다고 했다. 그리고
검토를 요청한 내용에 대해서는 조금 더 고민해 봐야겠다고 했

다. 어차피 내일까지는 시간이 있으니 내일 중으로만 결정하자고
하고 답사를 마쳤다. 답사를 끝내고 나오려는데 현 단장은 자신
들의 연주를 어떻게 생각하냐고 물었다. 음악 수준이라든지 연출
수준이 궁금했던 모양이었다.

오케스트라는 상당한 수준이었고 무엇보다 누군지는 모르
지만 연주곡들을 들어보면 편곡 능력도 뛰어난 것 같다고 이야기
해 주었다. 기분 좋아지라고 했던 말이 아니라 실제로 그러했다.
현 단장은 고맙다며 내일 떠나기 전 만나 모든 '과업'을 마무리하
자는 말과 함께 자리를 떠났다.

그러고 보니 우리는 몇 차례 만나는 동안 남북한의 '차이'나
서로 다른 '입장'에서 이야기를 나누지 않았던 것 같다. 오로지 '공
연'과 '음악', 성공적인 '행사'를 위해 함께 고민했고, 어떻게 하면
더 좋은 공연이 될 수 있을지에 관해서만 이야기를 나누었다.

다음 날 베이징으로 출발하기 전 우리는 다시 만났다. 전날
협의하지 못하고 남겨둔 문제들에 대한 최종 정리를 해야 했다.
이제 서울로 돌아가면 당장 보고해야 할 내용이었고, 일부는 언
론에 밝혀야 할 내용이었다.

현 단장이 먼저 말했다.

"동평양대극장에서 공연은 남측의 단독 공연으로 한다. 공
연 제목은 〈봄이 온다〉에 동의한다. 류경-정주영체육관에서의
공연은 북남의 연환 무대(합동 공연)로 한다. 공연의 제목은 〈우리
는 하나〉. 북은 계몽기 가요를 련주하고 북남의 가수들이 함께 노

래하는 순서를 마련한다. 련주는 남측 예술단이 하며 진행자는
북남이 공동으로 한다. 모든 장비와 시설은 남측이 화물기를 통
해 반입, 반출하고 북이 협조한다."

　평양을 떠나는 고려항공에 오르면서 어떤 기분이었는지 기
억이 나지 않는다. 서울로 돌아가 준비해야 할 일들을 고민했는
지, 아니면 당일 UAE 아부다비로 향해야 하는 빡빡한 일정 걱정
을 하고 있었는지, 그도 아니면 예상보다 잘 풀린 사전 답사 결과

에 만족하며 보고서를 썼는지 모르겠다. 이 부분에 대한 기억은 정말 하얗게 지워져 있다.

평양을 떠난 후 다음 기억은 베이징 공항에 도착하자마자 다가오던 기자들의 모습이었다.

"이번 공연의 제목이 따로 있나요? 뭡니까?"

잠시 멈춰서 말했다.

"〈봄이 온다〉입니다."

발해를 꿈꾸며

판문점 회담을 두고 많은 질문을 받는다. 가장 기억에 남는 순간은? 한 장면만 꼽는다면? 하지만 그때마다 주저하지 않을 수 없다. 그날 하루는 모든 순간이 역사였기 때문이다. 어느 한 장면만 떠올릴 수 없다. 그날 전체가 한꺼번에 생각난다. 두 정상의 첫 만남, 의장대 사열, 정상회담, 기념식수, 도보다리 회담, 합의문 발표, 만찬, 환송 공연 그리고 마지막 환송까지 그 어느 것도 떨리지 않은 순간이 없었다.

판문점 회담 준비가 시작됐을 때 사직 의사를 밝히고 제주도로 내려가 있었다. 직전에 있었던 평양 공연 이후 너무 지친 상태였다. 할 만큼 했다는 생각이 들었고 높아진 기대치를 채우는 것도 버거웠다. 그런데 왜 서울로 다시 올라왔는지 기억이 분명치 않다. 임종석 비서실장 부탁 때문이었는지, 거기까지는 해야겠다는 욕심 때문이었는지, 행사가 잘 될 수 있을까 하는 오지랖 때문이었는지…… 어쨌든 회담을 3주 정도 남겨두고 다시 청와대로 복귀하게 됐다.

남은 3주 동안 판문점을 오가며 밤을 새워 준비했다. 함께했던 많은 사람의 노력으로 판문점 회담 프로그램들이 하나하나 만들어져 갔다. 판문점 평화의집 외벽을 활용한 공연은 일찌감치 정리가 되어있었다. 제주에서 서울로 올라오면서 구상을 마무리 지어 놓았었다. 평화의집 외벽을 활용한 미디어 파사드와 이전에 있었던 남북 문화 교류의 행사 제목, 〈봄이 온다〉와 〈우리는 하나〉를 합쳐 〈하나의 봄〉이라는 제목까지 결정해 두었다.

마지막까지 정해지지 않은 것은 정상 만찬 후 환송 공연장으로 이동할 때 어떤 그림을 만들어야 할 지였다. 만찬이 끝난 후 남북 정상들이 걸어 나오는 2, 3분은 생중계가 예정되어 있었다. 주목도 높은 순간이 될 것이 분명했다. 그래서 무엇인가 필요했다.

평화의집을 나서서 환송 공연을 보는 관람석까지 이동할 동안 어떤 음악이 가장 어울릴지 생각해 보았다. 〈아리랑〉, 〈고향의 봄〉, 〈우리의 소원은 통일〉…… 하지만 모두 너무 뻔한 선곡이었다. 주목도와 기대치가 높은 상황에서 연출은 두 가지 조건을 충족해야 평가받을 수 있다. 모두가 공감할 수 있어야 하고, 반드시 예상 밖이어야 한다. 머릿속에서 내내 서태지와 아이들 〈발해를 꿈꾸며〉가 맴돌았다.

진정 나에겐 단 한 가지 / 내가 소망하는 게 있어 / 갈려진 땅의 친구들을 / 언제쯤 볼 수가 있을까 / 망설일 시간에 우리를 잃어요 / (중략) / 저 하늘로 자유롭게 / 저 새들과 함께 날고 싶어

/ 우리들이 항상 바라는 것 / 서로가 웃고 돕고 사는 것 / 이젠 함께 하나를 보며 나가요

　　　　　　　　　　　　 —서태지 〈발해를 꿈꾸며〉 중에서

그러나 망설여졌다. 〈발해를 꿈꾸며〉는 앞서 삼지연관현악단 서울 공연과 우리 예술단 평양 공연 때도 남북 합주를 제안했다가 거절당한 전력(?)이 있었기 때문이었다. 거절 이유가 가사나 가수 때문은 아니었다. 북측에서는 이 노래가 너무 생소하다는 것과 두 번 모두 북측 오케스트라가 준비할 시간이 부족했기 때문이었다. 하지만 이번은 우리 측이 단독으로 준비하면 될 일이고, 선정 과정을 북측과 협의해야 할 부담도 없으니 기어이 써볼 생각을 굳혔다.

판문점 회담 전체가 공개되기 전까지는 전부가 보안 사안인지라 작곡사인 서태지에게조차 미리 말을 할 수 없었다. 나중에 이해를 구하기로 하고 원곡 AR을 구해 음향팀에 전달해 놓았다. 그렇게 만찬을 마친 남북 정상 내외가 평화의집 계단을 나설 때부터 환송 공연을 위해 준비된 자리에 앉을 때까지 배경음악으로 〈발해를 꿈꾸며〉를 사용하기로 했다.

이윽고 그 시간이 됐다. 남북 정상 내외가 레드카펫 위에서 첫발을 뗄 때, 노래가 흘러나왔다.

생방송 중에 그리고 방송이 끝나고 나서도 언론에서는 그 노래가 흘러나온 것에 대해 무척 놀라워했다. 모두가 공감했고 전

혀 예상 밖이었다는 평가가 나왔다.

판문점 회담이 끝나고 얼마 뒤 서태지를 만났다. 늦었지만 그에게 양해를 구하고 제대로 감사 인사를 전하고 싶었다. 어느 날 저녁 그와 마주 앉아 이 모든 과정을 그에게 상세히 소개했다. 그리고 마지막으로 덧붙여 말했다.

"그날 〈발해를 꿈꾸며〉가 흘러나올 때 남북 정상들이 그 노래를 들으며 한 방향으로 걸어올 때, 그 노래가 없었으면 정말 어떻게 했을까 싶은 생각이 들었습니다."

그러자 그때까지 별말 없이 이야기를 듣고 있던 서태지가 말했다.

"그 시절 서태지와 아이들이 왜 그 노래를 만들었는지, 어떻게 불리기를 바랐는지, 그리고 그 노래가 사람들에게 어떻게 기억되길 바랐는지, 그날 그 자리에서 다 보여준 것 같았어요. 노래를 만들었을 때의 감정과 그 쓰임이 너무나 잘 맞은 순간이었습니다. 고마웠어요."

평화,
먼 길 간다

15초 암전

판문점 회담 최종 리허설이 있던 저녁. 마지막 환송 공연 리허설을 진행하다가 건물 외벽에 영상을 투사하는 매핑mapping과 음악 싱크가 맞지 않아 잠시 멈춰야 했다.

영상 속도와 음악 속도가 같아야 하는데 라이브로 진행하다 보니 영상에 음악을 맞추는 작업이 만만치 않았다. 새벽 시간이었고 건물 조명을 모두 꺼 놓은 상태에서 잠시 조정할 시간이 필요했다. 음악과 영상이 멈추고 담당 스태프 몇 명을 제외하고는 다들 멍하니 앉아 있을 수밖에 없었다.

그때 작곡가 정재일과 평화의집을 바라보고 있었다. 모든 소리와 빛이 사라지고 나니 그제야 판문점 풀벌레 소리, 바람 소리, 가느다란 개구리 울음소리가 들렸다. 판문점 회담 준비를 시작하고 처음으로 느끼는 고요함이었다.

평화로웠다.

평화, 통일, 번영, 상생, 화합…… 이 행사를 준비하면서 수도 없이 내뱉었던 말들이 모두 헛헛했다. 아! 어쩌면 우리는 평화를 구체적으로 느껴 본 경험이 없었구나 싶었다. 그러니 우리가 했던 모든 준비는 형식적일 수밖에 없었고, 피상적일 수밖에 없었고, 요란할 수밖에 없었구나 하는 생각이 퍼뜩 들었다.

지금 우리가 듣고 있는 이 소리와 이 분위기가 평화구나. 어떤 말과 소리와 빛과 음악으로도 지금 이 순간의 '평화로움'을 표현할 수는 없겠다 싶었다. 마지막 환송 행사 직전 조명을 끄고, 연주가 시작되기 전 암전을 만들기로 했다. 우리가 느꼈던 그 고요와 침묵의 시간을 '연출'하기로 했다.

남북 정상이 박수를 받으며 자리에 앉고 모든 참석자의 시선이 평화의집을 향했을 때, 내외부의 모든 조명을 암전한 뒤 본 행사 연주를 15초 후에 시작하는 것으로 시나리오를 수정했다. 그 잠시 동안의 암전이 가장 '평화'로운 순간이 될 것이라 확신했다. 예정에 없던 암전 상황이 발생하면 남북 경호처가 당황할 수 있으니 공연 시나리오를 통해 상황을 미리 설명해 주었다. 음악과 퍼포먼스는 그렇게 암전 15초 후에 시작하는 것으로 조정했다.

만찬을 마치고 나온 남북 정상이 마지막 행사인 환송 공연을 관람하기 위해 자리에 앉자, 조명을 하나, 둘 껐다. 그리고 암전.

1초, 2초, 3초, 4초, 5초…… 현장 중계방송은 당황하기 시작했다. JTBC 손석희 앵커는 "이거 방송 사고 아닙니다"라는 멘트를 하기도 했다.

10초, 11초, 12초, 13초, 14초, 15초.

드디어 음악과 영상이 시작되고 '하나의 봄'을 주제로 한 미

평화,
먼 길 간다

디어 파사드 영상이 판문점 회담의 마지막을 장식했다. 아니, 미움과 대립과 원망의 세월을 화해와 협력과 평화의 미래로 평화의 집 외벽에 각인했다.

평화의집 외벽에는 철조망이 드리워졌다가, 꽃밭으로 바뀌고, 다시 꽃잎이 휘날렸다. 나비 세 마리가 영상 속을 날았다. 세 마리의 나비는 각각 김대중, 노무현 그리고 문재인 대통령을 상징했다.

영상과 음악도 끝나고 다시 불이 켜졌다. 그렇게 마지막 행사는 끝났고, 15초 암전도 지나갔다. 행사가 끝나고 이 15초 암전에 대해 그 자리에 있던 누구도 질문을 하지는 않았다. 우리도 굳이 언급하지 않았다. 하지만 그 15초는 가장 평화로운 순간이었다. 판문점 회담의 모든 것이 그 15초에 담겨 있었다.

먼 길

4·27 판문점 선언 1주년 기념 공연 〈먼 길〉은 여러모로 아쉬움이 많이 남는 행사였다. 청와대를 사직한 뒤, 대통령 행사기획 자문위원 자격으로 그 행사를 연출했었다. 시작부터 쉽지 않았다. 북미 하노이 회담이 결렬됐고 남북 간 대화도 소강상태였다. 무엇보다 이 교착 상태를 넘어설 출구와 해법이 보이지 않았다. 그러니 판문점 1주년을 기념하는 행사는 남북 관계의 새로운 계기가 되기보다는 부정적인 현실만 드러낼 여지가 많았다.

공연이 성공하는 절대적인 기준은 관객의 기대다. 실패하는 절대적인 기준은 기대가 없는 공연이다. 기획이나 연출이 아무리 잘 준비됐더라도 관객의 기대나 두근거림, 떨림이 없다면 성공하기 어렵다.

그런 의미에서 당시 상황은 무척 어려웠다. 통일부에서 행사를 발표하자마자 당연히 '북측 참여가 불투명한 반쪽짜리 행사'라는 우려가 언론에서 나왔다. 당연한 우려였다. 북측 예술단 방문과 남측 예술단 답방 공연, 판문점 선언과 평양 선언을 거치면

서 모든 국민이 따뜻한 봄과 결실의 가을을 고대해 왔다. 따라서 기대 이상을 보여주지 못하면 실망을 느낄 수밖에 없었다.

연출료나 제작비를 받는 일도 아닌데, 논란이 많은 '반쪽 짜리' 행사를 기획하고 연출한다는 것은 피하고 싶은 일이었다. 이 일을 맡은 것에 대해 몇 번이나 고민하고 갈등했다.

하지만 판문점 선언 1주년을 기념조차 하지 않는다면, 지난 한 해 동안 우리가 쏟은 노력과 남북이 함께했던 의미 있는 진전을 뒤로 물리는 것이 된다. 금세 몇 년 전 상황으로 다시 돌아가게 되는 건 아닐까 싶었다.

북측의 참여가 요원한 상태에서 한반도 평화를 메시지로 만들기 위해서는 주변 국가들과 관련 국가들의 관심과 지지가 필요했다. 그래서 미국과 중국 그리고 일본 아티스트까지 참여하는 콘셉트를 구상했다. 어차피 해야 할 일이라면 정전 이후 처음으로 판문점에서 다양한 국적의 예술가들이 '평화와 한반도 통일'을 기원하는 행사를 만들고 싶었다.

많은 해외 아티스트와 접촉하면서 받았던 질문은 "한국은 안전한가?"였다. 서글프지만 사실이었다. 여전히 세계 각국 사람들은 평화 정착을 위한 우리의 노력을 잘 모르고 있구나 싶었다. 한반도 상황에 대한 전 세계인의 인식은 우리와 큰 차이가 있었다.

그래서 더 매달렸다. 정치, 외교적으로 한반도 평화와 통일에 대한 지지를 얻어내기 위해서라도 각국 예술가들을 통해 우리가 꿈꾸고 노력하는 모습을 보여주어야 했다. 그러기 위해서는 분단의 상징인 판문점을 다시 평화와 통일의 상징으로 만들어야 했다.

문재인 대통령과 김정은 위원장이 처음 만나 서로 손을 처음 잡았던 T1(중립국감독위원회 회의실)과 T2(군사정전위원회 본회의실) 사이에서 바흐 무반주 첼로 1번 〈프렐류드Prelude〉가 연주됐다. 남북 정상이 식수를 했던 공간에서는 미야자키 하야오의 《하울의 움직이는 성》 OST를, 도보다리 위에서는 바흐 〈샤콘느 Chaconne〉을, 의장대를 사열했던 장소에서는 바흐 〈G선상의 아리아〈Air on G〉〉를 중국계 첼리스트와 한국 첼리스트의 협연으로 기획했다. 판문점 평화의집 앞에서는 우리 가수가 존 레논의 〈이 매진Imagine〉을 불렀다.

개별적인 공연들이 판문점 안 여러 장소에서 각각 의미를 담아 연주되도록 구성했다. 그리고 공연 제목을 붙였다.

〈먼 길〉.

말 그대로 먼 길이지만, 반드시 가야 할 길이라는 의미도 담았다. 먼 길이니 그만 돌아가야 하는 것인지, 먼 길이지만 그래도 가야 할 것인지, 생각해 보자는 의도도 있었다.

이러한 의도와 공연 배경을 설명하면서 세계적인 연주자들과 접촉했다. 바이올리니스트 임지영, 첼리스트 린 하렐Lynn Harrell, 지안 왕Jian Wang, 플루티스트 우에하라 아야코上原彩子, 피아니스트 아야코 타카기高木綾子 등이 출연을 결정했다. 우리 음악인들의 참여도 고마웠다. 악동뮤지션 이수현, 1년 전 판문점 회담에 이어 다시 한번 함께해 준 정재일, 한승석, 김광민 그리고 보아가 공연을 만들어 주었다.

우리는 함께 리허설 중간 휴식 시간에 다 같이 도보다리를 산책하기도 했다. 무거운 마음으로 준비한 공연이었다. 마냥 즐거워할 수 없었고, 그렇다고 절망할 수도 없었다. 그래서 희망과 절망, 그 가운데 어디쯤을 담아 보려고 애를 썼다.

이날 공연의 마지막은 황석영 작가의 《장길산》을 노랫말로 삼은 정재일의 〈저 물결 끝내 바다에〉라는 곡이었다.

평화,
먼 길 간다

판문점 선언 1주년 기념 공연은 그렇게 회한과 아쉬움으로 마무리됐다. 특히 이날 중계는 SBS가 맡았는데, 태양식 이사와 중계팀 모두 정말 고생이 많았다. 다섯 개의 무대를 라이브로 촬영하는 놀라운 도전이었다.

원고를 쓰는 지금, 〈먼 길〉 공연을 끝으로 세상을 떠난 미국 첼리스트 린 하렐이 남긴 말이 떠오른다.

"우리는 저 경계를 넘어가지 못하지만 우리 음악은 경계가 없다. 저 새들처럼 오갈 것이다. 여기부터 저기까지."

대통령과 음식 이야기

판문점 회담 당시 화제가 됐던 것 중 하나는 만찬 음식이었다. 대통령이 주최하는 오찬과 만찬 음식은 늘 화제지만, 이날은 사람들의 관심이 더욱 쏠릴 수밖에 없었다. 그중에서도 단연 주목받은 음식은 '평양냉면'이었다. 만찬은 우리가 준비한 행사였지만, 특별히 북측은 옥류관 냉면을 준비해 오기로 했다.

만찬이 시작되고 준비된 음식들이 나오기 시작했다. 그런데 무슨 일인지 메인이라 할 수 있는 냉면이 계속 나오지 않았다. 뭔가 싶어 주방으로 달려가 보니 북측에서 가져온 제면기에 문제가 생겼다.

우리는 북측이 옥류관 냉면을 대접한다길래 옥류관 요리사 정도가 오는 것으로 생각했는데, 아예 옥류관 제면기를 가져왔던 것이 화근이었다. 가져온 제면기가 전기 문제 때문인지 제대로 작동 하지 않는 상황이었다.

만찬 참석자들이 음식을 기다리고 있고 이후 일정도 있어 어쩔 줄 몰라 하고 있었는데, 다행히 여러 사람이 붙어 이것저것 만져보다가 문제가 해결됐고, 가까스로 냉면을 뽑아낼 수 있었다. 냉면을 두고 그렇게 조마조마했던 적은 처음이었다. 예정보다 늦은 냉면이 만찬장으로 들어가자, 다들 배가 고팠던 터라 여기저기서 이 원조 평양냉면에 대한 칭송이 끊이질 않았다.

〈봄이 온다〉 공연 준비로 평양에 갔을 때 처음 맛본 북측 음식도 있었다. '배속김치'라는 것이었는데, 큰 배의 속을 파내고 그 안에 백김치를 넣어 익힌 김치였다. 달큼하고 시원한 백김치의 맛이 정말 최고였다. 함께 식사하던 현송월 단장에게 내가 먹어본 김치 중에 최고라고 말하니, 언젠가 기회가 되면 자신이 집에서 담근 배속김치를 가져다주겠다고 했다. 배 속을 파 김치를 익혀 넣거나 아예 배 속에 김치를 넣어 익히기도 한다고 설명해주었다.

남북 관계뿐만 아니라 국내 일정에서도 오찬과 만찬 음식이 화제가 됐던 적은 많았다. 행사의 주목도가 높을수록 언론은 "어떤 음식을 어떤 의미로 준비했느냐"는 질문을 빠뜨리지 않고 물어왔다.

음식은 여러 가지를 고려하지 않으면 안 되는 일이다. 박근혜 정부 시절, 여당 지도부를 초청한 청와대 만찬에 값비싼 중국 요리가 나온 적이 있었다. 불도장과 샥스핀, 캐비어가 주메뉴였는데 비싼 음식값에 대한 비난이 적지 않았다. 포획이 금지된 상어 지느러미 요리에 대한 국민적 반감도 컸다.

문재인 정부 시절에는 10대 기업 총수들을 초청한 청와대 호프 미팅과 트럼프 대통령 환영 만찬 행사, 노사정위원회 초청 오찬 같은 일정들에 국민적 관심이 컸다.

10대 기업 총수 호프 미팅은 새 정부 경제정책의 방향을 설명하고 기업들의 고충을 가감 없이 들어보자는 취지였다. 임종석 비서실장의 제안이었던 것으로 기억한다. 대통령 재가가 있자마자 임종석 실장은 담당자들을 불러 행사 취지를 이야기해 주었다. 우리는 주요 기업들의 숫자가 적지 않으니 이틀에 걸쳐 나누어서 진행했으면 한다는 의견을 말했다. 대통령과 기업인들이 밀도 있는 대화를 나누기 위해서는 참여 인원이 10명을 넘어서는 안 되겠다는 생각 때문이었다.

　　'한여름 밤 시원한 맥주 한잔'이 콘셉트였으니, 어떤 맥주를 마시는지도 중요했다. 일정이 공개되자 국내 대표 맥주 회사에서 자사 맥주를 사용해 주었으면 좋겠다는 부탁이 끊이지 않았다. 하지만 특정 기업의 맥주를 사용하는 것보다는 당시만 해도 아직 시작 단계였던 수제 맥주와 중소기업 맥주를 사용하기로 했다.

　　그 자체로 상생의 메시지는 물론 중소기업과 소상공인들에 대한 정부의 관심과 배려를 자연스럽게 보여줄 수 있을 것이라 기대했다. 수제 맥주 회사인 '세븐브로이'를 선택하고 생맥주 공급기를 상춘재에 설치했다. 초청한 기업 총수들에게는 비서실장이 직접 맥주를 내리고, 정책실장이 잔을 배달했다. 대통령도 직접 맥주를 내려 들고 총수들과 건배를 했다.

　　맥주와 함께 간단히 먹을 수 있는 안주 몇 가지와 만찬도 준비했다. 음식 준비는 요리연구가인 고 임지호 선생에게 부탁했다. 주변에서 식재료를 찾아 거기에 의미를 부여하고, 게다가 맛

335

도 있는 요리를 만들어 낼 수 있는 분이었다.

임지호 선생은 사회 갈등과 폐단을 씻어내자는 의미를 담아 해독에 좋은 무를 재료로 하는 카나페, 경제가 어렵지만 기운을 잃지 말자는 의미를 담아 원기를 보충하는 소고기, 화합의 의미를 담은 시금치와 치즈를 이용한 안주들을 만들어 냈다. 본인이 직접 상춘재 주변을 돌아다니며 딴 소나무 가지와 솔잎 등을 접시로 활용하는 남다른 감각도 보여주었다.

경제사회노동위원회 가동을 축하하는 대통령 주최 오찬 행사도 있었다. 회동의 의미도 중요했지만, 대접도 소홀해서는 안 되는 행사였다. 노동계라고 해서 투박한 음식을 내놓을 수 없는 일이고, 별 의미 없이 비싼 음식을 내놓는 것도 적절치 않았다.

늦가을이라 일단 보양식으로 추어탕을 골랐다. 추어탕은 서울 3대 추어탕 집 중 하나라는 용금옥 추어탕을 골랐다. 추어탕을 선택하고 난 뒤 나머지 메뉴 구성이 떠오르지 않아 고민하며 《전태일 평전》을 찾아 읽었다. 전태일 열사가 좋아했던 음식이 책에 쓰여 있었나 싶었다. 그러다 문득 전태일 열사의 동생인 전순옥 전 의원이 떠올랐고 바로 전화했다.

"혹시 전태일 열사가 좋아하시던 음식이 있을까요?"

"그때는 다들 어려워서 음식이랄게 특별히 없는데 오빠는 콩나물을 무척 좋아했던 기억이 나네요."

가을 보양식 추어탕과 콩나물밥이 노동계 만찬 식탁에 오르게 됐다. 그리고 오찬에 불참한 민주노총 관계자들도 식탁에 함

께하길 바라는 마음으로 '집 나간 며느리도 돌아온다'는 전어무
침을 상에 올렸다.

트럼프 대통령 만찬 행사는 정말 공을 많이 들였다. 대통령 취
임 이후 첫 번째 미국 대통령 국빈 방문이었고, 환영 만찬 행사였
다. 무엇보다 당시 한국, 중국, 일본을 순회하는 트럼프 대통령의
순방 일정으로 인해 각국의 의전과 행사가 비교되는 상황이었다.

특히나 일본에서의 대접을 뉴스로 보면서 더욱 고민이 깊어
졌다. 아베 신조 총리가 트럼프 대통령과 함께 뒤로 자빠져가면
서까지 골프를 치고, 미국산 쇠고기로 만든 햄버거를 내놓는 등
일본 특유의 접대 문화인 이른바 '오모테나시'로 극진히 대접했
다는 보도였다.

이러한 문화는 우리 정서와는 많이 달랐다. 일본은 상대국을
접대할 때 자존심 같은 것들은 전혀 고려하지 않고 지나칠 정도
로 대접하는 문화이지만, 우리는 상대를 배려하더라도 어느 정도
우리 자존심도 지켜야 하는 차이가 있었다.

외교부에 따르면 트럼프 대통령은 콜라, 스테이크, 초콜릿
을 좋아한다고 했다. 하지만 일본처럼 햄버거를 내놓고 싶지는
않았다. 대접하는 우리 쪽 품격도 담겨 있어야 했다.

전반적인 메뉴 구성은 이 분야에서 전문성을 인정받고 있는
한식 레스토랑 '콩두'의 한윤주 대표에게 자문을 받았다.

밥을 담은 작은 돌솥(식사가 끝난 후 모든 수행원에게 오색 보자기
에 싸서 기념품으로 주었다)과 소반 위 한상차림 구성은 모두 한윤주

337

대표의 아이디어였다. 한우 스테이크와 밥 그리고 디저트로 케이크를 만들기로 했다. 한우 스테이크는 360년 된 씨간장으로 양념을 했고, 케이크는 트럼프 대통령 취향을 고려해 초콜릿 케이크로 유명한 '한스케익'에 특별히 부탁했다.

메뉴 중에는 나중에 크게 화제가 됐던 '독도새우'도 있었다. 새우를 술로 쪄서 전식과 본식 사이에 내놓은 것이었는데, 크기와 모양 모두 일반 새우와는 확연히 다르고 맛도 좋아 대접하기에 부족함이 없었다. 하지만 '독도'새우라는 그 이름이 고민이었다.

도화새우나 꽃새우 정도로 표기할 수도 있었지만, 대중적으로 불리는 이름이 있는데 굳이 그 이름을 숨기는 것도 이상할 것 같았다. 독도 문제로 한일 간 갈등이 불거져 있는 상황이었고, 미국을 비롯한 다른 국가들을 상대로 위안부 문제에 대한 폭넓은 지지를 호소하고 있는 시점이기도 했다.

우리는 독도새우를 만찬 메뉴에 넣었다. 의도에 대해서는 굳이 언급하지 않았다. 사실 만찬장 안에서는 독도새우보다 360년 된 씨간장으로 재운 한우 스테이크가 더 화제였다. 미국보다 오래된 간장에 대해 여기저기서 탄성이 나왔고, 미국 수행원 중 일부는 이렇게 오래된 것을 정말 먹어도 되는지 물어보기도 했다.

하지만 만찬이 끝난 후 언론에서는 독도새우가 단연 화제였다. 특히 일본 언론의 반응은 지나치게 히스테릭했다. 독도새우에 대한 우리 입장을 묻는 언론에 간단하게 한마디 했다.

"우리 만찬 행사에 어떤 음식을 내놓을지는 우리가 정한다."

IV

대통령
순방 수행기

평화 올림픽을 위한
메트로폴리탄 평창의 밤

평창 동계올림픽 메달 개봉

문재인 정부 출범 4개월 후인 2017년 9월, 한반도 상황은 좋지 않았다. 북한 김정은 위원장과 트럼프 미국 대통령은 연일 말 폭탄을 주고받았다. 북한 미사일 시험도 계속되고 있었다.

국내에서는 대통령이 직접 평창올림픽 홍보대사로 나서면서 분위기가 조금씩 살아나고 있었지만, 해외에서는 아직이었다. 아니 해외 언론에서는 오히려 평창 동계올림픽에 대한 우려의 말들이 나오고 있었다. 해외 올림픽 홍보가 중요한 시점에 올림픽 개최지의 안전을 걱정해야 하는 상황이었다. 분위기를 바꾸어 줄 대형 이벤트가 필요했다.

대통령 해외 순방을 평창 올림픽 홍보의 계기로 적극 활용하기로 했다. 올림픽 전까지 유엔총회, APEC(아시아태평양경제협력체), 아세안+3 등 다자 회의가 예정되어 있었다.

유엔총회 기간에 올림픽을 홍보할 수 있는 이벤트를 고민하기 시작했다. 총회가 열리는 뉴욕은 그 시기 세계 언론이 가장 주목하고 있는 곳이었고, 가장 많은 해외 정상이 모이는 자리였다.

게다가 문재인 대통령은 취임 후 첫 총회 참석이었다. 외교 무대 첫 등장이니 그것만으로도 관심받기 충분했지만, 북한이 만든 긴장 상황으로 남한 대통령의 메시지와 일정은 더 크게 주목받고 있었다. 아이러니하지만 북한이 만든 위기, 그것이 기회였다.

처음에는 각국 정상들을 초청한 특별 리셉션을 계획했었다. 하지만 전 세계 정상들이 각자 이해에 따라 분주하게 움직이는 총회 기간에 대한민국이 초청하는 리셉션을 만든다고 한들 얼마나 참석해 줄지 미지수였다. 당시 우리나라 외교력으로는 솔직히 자신이 없었다. 정상 초청 없이도 해외 언론의 관심을 받을 수 있는 방법을 고민해야 했다.

'올림픽 메달 공개' 행사를 생각했다. 어느 올림픽이나 메달 공개는 전 세계의 관심이었고, 사전 이벤트로 주목받는 행사였다. 올림픽을 유치한 나라에서는 메달 공개 행사를 통해 올림픽에 대한 기대를 높이고 홍보 효과를 톡톡히 얻어내곤 했다. 그래서 공개하는 장소도 주로 올림픽이 열리는 메인 스타디움이나 상징적 공간에서 해왔다.

발상을 바꾸어 보기로 했다. 서울이나 평창에서 공개하는 것이 아니라 총회가 열리는 뉴욕과 서울을 영상으로 연결해 이원 생중계로 메달을 개봉하기로 했다. 세계 언론이 가장 주목하고 있는 '뉴욕'에서 평창 동계올림픽 메달을 공개할 상징적 장소가 필요했다. 이미 점 찍어 둔 장소가 있기는 했다. '메트로폴리탄 박물관'이었다.

전 세계의 역사와 문화가 보존 및 전시되고 있는 곳, 세계에서 가장 유명한 박물관, 미국인들이 가장 자랑스러워하는 곳. 여러 가지 면에서 가장 이상적인 장소였다. 문제는 과연 장소를 빌려줄 것인지 하는 것이었다. 우리나라에서도 국립박물관이나 문화재에서 행사를 하려면 상당히 복잡하고 지난한 과정을 거쳐야 하는데, '메츠'(메트로폴리탄 박물관)에서 자국 행사도 아닌 한국의 행사를 위해 선뜻 문을 열어 줄까 싶었다.

뉴욕 총영사관과 뉴욕 한국문화원이 메츠와 협의를 시작했다. 우리와 같은 이해관계가 있던 국제올림픽 위원회와 미국 올림픽 위원회의 도움도 받았다. 올림픽 메달 개봉이 대한민국 정부의 이해뿐 아니라 메츠의 위상을 높이는 데도 도움이 될 것이라는 점을 '어필'했다. 지난한 과정 끝에 드디어 메츠에서 행사를 허가해 주었다. 당시 총영사와 문화원장의 노력이 컸다.

〈평화 올림픽을 위한 메트로폴리탄 평창의 밤〉이라는 제목으로 행사가 진행됐다. 애니타 디프랜츠Anita Defrantz 국제올림픽위원회 부위원장, 2002 솔트레이크 동계올림픽 피겨스케이팅 금메달리스트 세라 휴스Sarah Hughes 등 스포츠계 주요 인사들과 문화예술계, 언론계 주요 인사까지 200여 명이 초청됐다.

평창 올림픽 준비 상황을 보여주는 영상, 대통령 연설, 2018년 평창 동계올림픽 메달 공개, 세계적인 소프라노 조수미와 당시 미국에서 크게 주목받고 있던 힙합 댄스 대회 1위 입상팀인 저스트절크, 소리꾼 한승석의 특별 공연을 준비했다. 행사에 초청된 모든 사람과 함께하는 리셉션도 이어졌다.

이날 메달 공개 행사에는 1964년과 1968년 동계올림픽에 참가한 전 스피드스케이팅 국가대표 김귀진, 일곱 살에 피겨스케이팅에 입문해 유망주로 평가받다가 부상으로 올해 은퇴한 피오나 김, 유승민 IOC 위원 등이 참여해 의미를 더해 주었다.

대통령은 "아시아 대륙이 시작되는 눈 덮인 평창에서 2018년을 시작해 보는 것은 어떻습니까"라며 홍보대사 역할을 톡톡히 했다. 그 자리에서 가슴 두근거리는 계획을 이야기하기도 했다.

"대한민국과 평창은 어렵지만 가치 있는 도전에 나서려고 합니

다. 그것은 북한이 참여하는 평화 올림픽을 성사시키는 것입니다. 지금 긴장이 고조되고 있지만, 그래서 더더욱 평화가 필요합니다. 이러한 시점에 남북이 함께한다면 화해와 평화의 메시지를 전하는 좋은 계기가 될 것입니다. 국제올림픽위원회와 함께 인내심을 갖고 마지막까지 노력하겠습니다. 쉽지 않은 길이지만 대한민국이 가야만 하는 길입니다. 평화를 사랑하는 세계인 여러분의 많은 관심과 성원을 부탁드립니다."

당시만 하더라도 대통령이 말한 '어렵지만 가치 있는 도전'이 성사될 것이라고 보는 사람은 적었다. 오히려 실현 불가능한 꿈을 꾼다는 부정적인 평가가 더 많았다. 훗날 평창 동계올림픽에 북한의 참여가 공식 발표됐을 때 이날 연설을 떠올리며 생각했다.

'대통령은 다 계획이 있으셨구나……'

그날 리셉션이 한창일 때 조수미 씨가 우리에게 대통령과 춤을 춰도 되겠는지를 물었다. 잠시 망설이지 않을 수 없었다.

"춤이요? 무슨 춤을……?"

조수미 씨는 이런 리셉션 중 외국인들 앞에서 대통령이 멋지게 왈츠 같은 것을 추면 크게 화제가 될 테니 한번 화제를 만들어 보자는 것이었다. 본인이 잘 리드할 테니 대통령이 춤을 못 추셔도 상관없다며 맡겨 달라고 했다.

"그럼 저는 모르는 일입니다."

조수미 씨가 대통령에게 가서 춤을 청했고, 대통령은 조수미 씨가 인사를 하는 줄 알고 일어섰다가 모두의 환호와 박수를 받으며 세계 사교댄스계에 강제 입문하시게 됐다.

이날 행사는 대성공이었다. 대통령의 제안은 정치적으로 주목받았고 뉴욕과 서울을 연결한 메달 개봉에도 많은 관심이 집중됐다. 대통령의 춤도 잔잔한(?) 화제를 만들어 냈다. 그 일이 있고 꽤 오랜 시간이 지난 후에, 대통령은 "그때 조수미 씨가 춤추자고 한 것이 미리 이야기가 있었던 건지" 물으신 적이 있다. 나는 이렇게 답했다.

"아, 그건…… 저는 모르는 일입니다."

브랜드K 론칭 쇼
아세안 3개국 순방

대통령 해외 순방이 확정되면 그때부터 각 부처는 순방에서 진행될 대통령 일정을 제안한다. 순방은 외교부가 주관하지만 대통령 순방은 '외교'만이 전부가 아니다. 외교, 국방, 경제, 문화 모든 분야에 걸쳐져 있다. 각 부처는 어떻게 해서든 순방 기간에 부처와 관련된 일정을 만들고 싶어 하고 대통령 일정을 확보하려 애쓴다.

산업통상자원부는 비즈니스 테이블 같은 방문국 기업들과 우리 기업들의 이해를 돕는 일정을, 문화체육관광부는 관광 관련 포럼이나 문화 관련 일정을, 국방부는 방산 수출과 연관 있는 일정을 기획해 넣고 싶어 한다.

'브랜드K'는 대한민국 중소기업 공동 브랜드다. 중소벤처기업부가 많은 관심과 애정을 갖고 있던 프로젝트다. 우수한 기술력을 보유했지만 낮은 브랜드 인지도로 인해 시장 진출에 어려움을 겪는 중소기업을 위해 만들어졌다. 중기부는 이 브랜드K를 통해 우리 중소기업 제품들의 동남아 지역 판로를 개척하고 싶어 했다. 그런데 때마침 대통령 아세안 3개국 순방이 준비되고 있었으니, 어떻게 해서든 이 순방 중에 대통령이 참석하는 브랜드K 현지 행사를 개최하고 싶어 했다.

하지만 당시 아세안 3개국 순방 현지 일정들은 더 추가할 수 없을 만큼 가득 차 있었다. 방문 국가 대부분이 우리 대통령의 방문을 계기로 K-팝 공연을 희망하고 있었다. 개최만 하면 현지 반응도 좋고 방문국도 원하는 일정이니 잘 준비해야 했지만, 준비할 시간이 너무 부족하다는 것이 문제였다.

관련 행사에 관한 연출을 요청받은 것은 행사를 두어 달 남겨 놓았을 무렵이었다. 날짜, 시간, 장소, 예산 어느 것도 정해진 게 없었다. 게다가 순방 출발 전에 일정이 언제든 바뀔 수도 있었다.

사실 해외 순방에서 문화 공연을 하는 것은 무척 어려운 일이다. 최종 승인이 나지 않은 상태에서 출연진, 공연장, 현지 장비 임차를 진행해야 한다. 순방 일정에 대한 최종 승인은 아무리 빨라야 출발 2~4주 전이기 때문이다. 그때까지 기다렸다가 일을 시작하면 공연을 아예 할 수 없게 된다.

비록 공연이 만들어진다고 해도 수준은 형편없고 비용도 몇 배 더 들게 된다. 그래서 공모를 할 수 없고 계약도 할 수 없다. 또 취소를 감당할 수 있는 기획사를 찾아야 한다. 거기에 더해 대통령 행사 보안도 유지해야 하고 기획과 무대 제작 역량도 확인되어야 한다. 따라서 당장 준비를 시작하지 않으면 두 달 후 해외 공연은 불가능했다.

문화 공연을 준비하는 것만으로도 이미 벅찬 상태였다. 그러한 상황에서 중기부로부터 꼭 좀 만났으면 한다는 연락을 여러 차례 받았다. 하지만 거절할 수밖에 없었다. K-팝 공연을 준비하는 것만으로도 어려운데, 여기에 중기부 행사까지 맡는 것은 불가능했다.

게다가 당시 나는 대통령 행사기획 자문위원이었기 때문에, 굳이 나서서 많은 일을 해야 할 이유도 없었다. 하지만 중기부 담당자를 비롯해 박영선 장관까지 정말 대단한 의지로 계속 압박(?)해 왔다. 특히 담당자는 놀라운 열정과 성의로 프레젠테이션까지 준비해 오기도 했다. 어쩔 도리가 없었다.

의전비서관실에서 파견 온 실무자들과 함께 한류 공연과 브랜드K 론칭 행사를 어떻게 해야 할지 논의했다. 아무래도 두 개의 행사를 전부 하지는 못하겠다는 결론에 도달했다.

"그럼 두 개를 하나로 만들자."

문체부 행사와 중기부 행사를 하나로 만들자는 결론이었다. 'K-팝 가수 공연'에 '브랜드K 론칭 쇼'를 더해 '브랜드K 론칭 K-팝 축하 공연'으로 행사 구성을 시작했다.

쉬운 일이 아니었다. 어느 한 부처와 일하는 것과 두 개 이상의 부처와 함께 일하는 것은 어려움이 두 배가 되는 것이 아니라 열 배 이상이 된다. 예산 문제가 복잡해지고 책임 소재도 불분명해지기 때문이다. 하지만 어쩔 수 없었다. 한정된 대통령의 시간 내에 반드시 행사를 해야 한다는 두 부처 입장을 괜히 떠안은 내 처지 때문에 꼼짝없이 감당해야 하는 일이 되어버렸다.

공연을 행사로 만들면서 가수들만 출연하는 형식도 바꾸었다. 행사장도 공연장이 아니라 태국의 유명한 쇼핑몰에서 진행했고, 그곳에 브랜드K 제품만을 전시한 쇼룸도 만들었다. 가수 에일리를 비롯해 예정됐던 K-팝 아티스트 외에도 처음보다 커진 행사 규모에 맞춰 출연진들을 추가 섭외했고, 태국 현지 홈쇼핑 방송과 우리나라 홈쇼핑 방송을 연결해 행사 전체를 생중계하도록 추진했다.

여기에 박영선 장관이 쇼호스트로 출연하고 브랜드K 전속 모델인 박지성 선수에게도 출연을 요청해 공연 사이 짧은 토크쇼도 구성했다. 최초 계획과는 달리 행사 사회자를 국내 유명한 쇼호스트들에게 맡기기도 했다.

그렇게 K-팝 콘서트와 브랜드K 론칭 쇼가 하나가 됐다. 다행히 생방송 중 소개됐던 상품들은 완판됐고, K-팝 공연으로 쇼핑몰 전체가 들썩거렸다. 한국과 태국 동시 생방송도 큰 화제가 됐다.

대통령은 행사가 끝난 후에도, 서울로 돌아가신 후에도, 순방 중에 가장 재미있었고 성과도 있었던 행사라며 문체부와 중기부 모두를 칭찬하셨다고 나중에 박영선 장관에게 전해 들었다.

행사는 성공적이었으나 야당과 일부 매체들은 두고두고 온갖 억측을 하고 트집을 잡았다. 대통령 순방 행사가 어떻게 진행되는지 전혀 알지 못하기 때문이겠지만, 그냥 못마땅한 이유도 있었을 것이다. 행사가 조금이라도 주목받으면 여지없이 그런 시

비가 반복됐기 때문에 그러려니 할 수밖에 없었다. 그저 감당해
야 할 몫이라고 생각했다.

아세안 푸드 스트리트

2019 한-아세안 정상회의

"국민과 함께하는 정상회의를 만들어 달라."

대통령에게 처음 이 말씀을 들었을 때 '이게 무슨 말씀인가?' 싶었다. 아세안 정상회의뿐만 아니라 G7, G20, APEC까지 오늘날 개최되고 있는 다자간 정상회의 중에 그 나라 국민의 전폭적인 지지 아래 개최된 회의가 있는지 들어보지 못했다.

대통령을 수행하면서 적지 않은 다자회의와 그 부대 행사에 관여해 왔다. 하지만 막상 다자회의를 주최하는 국가에 가보면 거리에는 경찰들이 깔려있었다. 그 회의를 반대하는 집회가 연일 벌어지고, 상가들은 문을 닫고, 종국엔 도시 전체가 소개疏開되는 일이 다반사였다. 회의의 성격, 특정 참가국에 대한 반대, 통제된 거리에 불만을 느끼는 시민까지, 반대 이유는 차고 넘친다.

그럼에도 불구하고 다자회의가 성공적으로 개최되면 해당 도시 입장에서는 분명 큰 효과가 있다. 개최 도시를 세계에 알리는 홍보 효과에서부터 주요 선언이나 합의가 도출됐을 때 그 도시의 이름이 영원히 역사에 기록되기도 한다. 회의를 계기로 열리게 되는 각종 부속 행사 등으로 컨벤션 산업 호황을 기대할 수 있고, 수많은 정상과 수행원의 방문으로 호텔 매출도 뛰어오른다. 그러니 개최 도시 시민들이 아무리 개별적인 불편을 호소해도 각 국가는 치열한 유치 경쟁을 벌일 수밖에 없다.

대통령 지시가 아세안 정상회의를 환영하는 행사를 100개쯤 만들라는 것이었으면 차라리 쉬웠을 텐데, 대통령 말씀은 부산 시민이 한-아세안 정상회의를 환영하는 '분위기'를 만들어 달라는 주문이 분명했다.

외교부, 부산시와 함께 여러 날을 고민했다. 어떻게 하면 사람들의 관심과 호응을 얻을 수 있을까? 한-아세안 정상회의가 처음이라면 또 모르겠는데 이번이 벌써 세 번째이니 '처음'의 의미를 부여할 수도 없는 노릇이었다.

무엇보다 우리 국민은 회의에 참석하는 아세안 국가들에 그리 큰 관심이 없다는 것이 제일 난제였다. 태국, 베트남, 인도네시아, 싱가포르는 그나마 관광지라서 방문한 경험들이 있겠지만 말레이시아, 라오스를 지나 미얀마, 브루나이에 이르면 거의 무관심에 가까웠다. 국가 자체에 관심이 없으니 그 나라의 역사나 문화는 더욱 생경하게 느낄 것이 분명했다.

이것저것 아무리 머리를 쥐어짜도 답이 나오지 않았다. 그렇게 답이 없는 회의를 시작한 지 며칠이 지났을 때, 홍대에 있는 베트남 쌀국수 맛집에서 우연히 점심을 먹게 됐다. 문득 길게 늘어서 대기하는 사람들을 보면서 이거다 싶었다. 우리 국민이 아세안 국가들에 관심이 높지 않은 것은 사실이지만, 아세안 국가의 '음식'만큼은 분명히 관심이 많을 것이라는 확신이 들었다.

'아세안 푸드 스트리트'는 그렇게 만들어졌다. 아마 정상회의에 대한 관심을 유발하기 위해 만들어진 대국민 행사 중 음식을 소재로 한 첫 번째 사례가 아닐까 싶다. 음식 방송이 예능 콘텐츠 대세인지 오래고, '먹방'이 유튜브에서 부동의 1, 2위로 소개되는 나라에서, 이름은 낯설지만 분명히 어디선가 본듯하고 한 번쯤 먹어보고 싶었던 각국 음식들로 거리를 조성하자는 계획이었다.

회담이 열리기 전부터 종료일까지 운영한다면 매일매일 그 나라의 문화를 체험하는 것과 다를 바 없다는 그럴듯한 취지도 생각해 냈다. 부산시와 푸드 스트리트를 만들어 보기로 하고, 먼저 이전에 기획됐던 여러 환영 행사를 푸드 스트리트로 통합하기로 했다. 다양한 행사로 관심을 증폭하는 것보다는, 한두 가지 좋은 아이템으로 압축해 관심을 끄는 것이 훨씬 효과적일 때가 많기 때문이었다.

하지만 이미 여러 행사가 기획되어 있었고, 거기에는 효율만을 따지기 어려운 여러 단위의 복합적인 의사가 개입되어 있었다. 그래서 이미 기획된 다양한 행사를 취소하거나 축소하려면 많은 불평과 불만을 넘어서야 했다. 다행히 이 부분은 부산시가 잘 정리해 주었다.

두 번째는 '어떻게 하면 유사한 행사와 차별성을 가질 수 있

355

겠는가'였다. 기존에 진행된 유사 행사들을 분석해 보고 그 구성을 살펴보았다. 기존 행사들은 한국에 거주하고 있는 아세안 출신 셰프나 아세안 음식 체인점 요리들을 소개하는 수준이라는 것을 확인했다. '아세안 푸드 스트리트'는 바로 그 지점을 넘어서야 했다.

힘들겠지만 10개 나라에 모두 출장을 다니면서 각 나라를 대표하는 길거리 음식점을 찾아내기로 했다. 여의도 포장마차 촌에 직접 가서 그중 가장 맛있고 손님 많은 집을 찾는 것과 같았다. 각 나라에서 일하고 있는 공관 직원들과 현지 교민들을 수소문해 사전 정보를 얻었다. 한 달여를 거쳐 몇 개 팀이 현지답사도 다녀왔다. 그렇게 어렵지만 아주 색다르게 10개국 30여 개 음식과 셰프들이 확정됐다.

세 번째는 그 셰프들을 한국에 데리고 오는 과정이었다. 미처 예상치 못했던 난관이었다. 대개 현지 길거리에서 장사하는 사람들은 해외여행을 해본 경험이 없고, 많은 양의 음식도 해본 적 없는 사람들이었다. 그런 사람들에게 한국에서 3주간 엄청난 양의 음식을 하라고 하니 처음엔 사기꾼 취급을 하더라는 실무팀의 하소연을 들었다. 그래도 어찌어찌해서 동의를 구해 놓으니 이번에는 여권이 없는 사람, 비자가 안 나오는 사람, 심지어 비자 브로커를 만나 사기를 당한 사람까지 속출하는 등 우여곡절이 많았다.

네 번째는 홍보였다. 아무리 좋은 아이템을 찾고 준비를 성공적으로 끝냈더라도 그것을 잘 알리지 못하면 허망한 일이 된다. 이 행사는 '한-아세안 정상회담' 개최를 축하하기 위한 성격이었다. 국가가 준비한 컨벤션 부대 행사인 셈이다. 그것만으로도 공신력이 있긴 하지만, 정부 주도 행사에 대해 국민의 신뢰가 언제나 높은 것만은 아니다. 게다가 본 행사인 정상회담을 두고 부대 행사인 음식 행사를 홍보해야 한다는 것을 국민에게 납득시키기가 참으로 어려웠다.

정부의 홍보 방향과 내용은 정상회담 성과와 각종 기대 효과로 짜여 있었다. 아세안 푸드 스트리트의 홍보를 여러 차례 부탁했으나 반영하지 못했고, 결국 기획했던 사람들이 직접 나서기로 했다. 자료를 만들고 전화를 걸어 여러 방송 프로그램에 출연해 설명을 했고 음식이라는 소재로 한-아세안 정상회의를 홍보했다.

'푸드 스트리트' 오픈 전날 사전에 음식 구매 티켓을 선 판매했다. 결과는 매진이었다. 하루 반나절 만에 전체 일정에서 사전 판매하기로 한 모든 티켓이 매진됐다. 사람들은 현장 판매용 티켓을 구하기 위해 오픈 시작에 맞춰 '오픈 런'을 했다. 사전 행사, 회담을 활성화하기 위한 행사로는 대성공이었다. 성공 요인은 아주 명료했다.

'아세안 국가들은 잘 모르지만 아세안 음식은 꼭 먹어보고 싶다.'

부산 시민뿐만 아니라 일부러 부산까지 내려와 음식을 사 먹는 국민도 많았다. 낯선 나라, 낯선 음식을 먹으면서 그 나라의

대통령
순방 수행기

문화를 알게 되니 만족스럽다는 평가도 많았다. 그렇게 행사 흥행이 확인됐을 때, 우리는 고생하는 현장 직원들과 연출자에게 몇 가지를 더 당부했다.

"이렇게 사람들이 많이 찾으면 분명 오래 기다리거나 음식 맛에 대해 불만이 나올 수 있다. 양해 한 번 구할 것을 두 번, 세 번 하시고, 죄송하다는 말 한 번 해야 할 때 한 번씩만 더 하시라. 그리고 절대로 음식량을 늘려 질을 떨어뜨려서는 안 된다. 불친절하고 맛이 없다는 평가가 나오면 행사에 아무리 많은 사람이 몰려왔어도 실패다."

부산시와 기획사는 이러한 당부를 잘 이해해 주었고 행사가 종료되는 날까지 최선을 다해주었다. 2019년 한-아세안 정상회의는 대단히 성공적으로 잘 치렀다. '아세안 푸드 스트리트' 덕분에 국민과 함께하는 '한-아세안 정상회의'를 만들라던 대통령 지시도 그만하면 잘 이행한 것 같다. 먼 나라에서 온 셰프들, 행사를 준비했던 푸드 스트리트 관계자들에게 다시 한번 감사드린다.

더 늦기 전에
2021 P4G 정상회의

대통령 임기 중 국내에서 열린 정상급 국제회의는 모두 두 번이었다. 한 번은 한-아세안 정상회의(2019)였고, 나머지 한 번은 P4G 서울 녹색 미래 정상회의(2021)였다. P4G 정상회의는 원래 대면 회의로 기획됐고, 서울 노들섬에서 진행할 계획이었다.

하지만 코로나19 대유행으로 인해 결국 비대면 화상 정상회의로 변경됐다. 탄소 중립과 관련한 시대적 요구에 맞추어 역사적인 기후-환경 관련 정상회의로 만들고 싶었는데 아쉬웠다. 하지만 P4G 정상회의는 대한민국이 주최한 첫 기후 환경 분야 다자회의가 됐다. 존 케리John Kerry 미국 기후특사, 리커창李克强 중국 총리, 안토니우 구테흐스António Guterres 유엔 사무총장 등 세계 정상급·고위급 인사와 국제기구 수장 등이 참석했다.

P4G 정상회의 일정 중 가장 중요한 행사는 대통령이 참석하는 개회식과 영상 회의였다. 외교부 기획단과 함께 회의 성격과 주제를 두고 오랫동안 고민했다. 특히 개회식의 경우 이전에 봐 왔던 다자 정상회의와는 다른 모습을 보여주고 싶었다.

그간 기후·환경 관련 다자회의나 행사를 볼 때마다 반反환경적이다 싶을 때가 많았다. 기후와 환경을 이야기하면서 한 번 쓰고 버리는 무대와 소품들, 엄청난 전기를 소모하는 조명들, 많은 양의 탄소를 배출하는 특수 효과까지…… 취지와 어울리지 않는 모습이었다.

그래서 이번 P4G에서는 무대에 무엇을 보태는 방식이 아니라 빼는 방향으로 구상했다. 비대면이라는 아쉬운 현실은 그러한 구상에 많은 도움이 됐다. 일단 세계 정상들이 비행기를 타고 서울까지 오는 데 드는 화석 에너지와 탄소 배출부터 줄일 수 있었으니 말이다.

P4G 개회식은 전 세계 생중계가 예정되어 있었다. 당연히 현장보다 방송에 더 중점을 두어야 했다. 화려함을 버리고 우리가 추구하는 미래 기술을 영상으로 담아낼 수 있는 모든 방법을 동원하기로 했다. 무대와 세트 대신 '실시간 증강 현실'(AR)을 사용하기로 했다. 국내 최초로 개발한 '실감 콘텐츠 통합 제어 솔루션'(ViveStudios Immersive Technology, VIT: 실시간 증강 현실을 보여줄 수 있는 미디어 서버 소프트웨어)을 활용해 실제 현장과는 다른 가상현실 화면이 방송될 수 있도록 준비했다.

개회식 장소인 서울 동대문디자인플라자 무대에도 설비를 최소한으로 했다. 가능한 모든 것이 화면 속에서만 구현되도록 연출했다. 대통령이 어린이의 안내에 따라 함께 손을 잡고 텅 빈 무대에 서면, 아무것도 없는 무대 바닥부터 천장 벽면까지 증강 현

Mr.
President

대통령
순방 수행기

실로 구현된 '한국의 자연'이 펼쳐지도록 만드는 식이었다.

개회사를 위한 연단도 강원도에서 구한 금강송 고사목 밑동으로 만들었다. 작은 부분 하나하나에도 의미를 부여했다. 대통령 연설에 맞추어(현장에서는 보이지 않지만) 중계되는 화면에는 기후변화로 인해 사라져가는 소나무 숲과 사향노루, 따오기, 왕은점표범나비 등 멸종 위기 생물들이 나타나 움직였다.

피날레는 행사를 위해 특별히 만들어진 뮤직비디오 〈웨이크업 콜Wake Up Call〉을 개회식장 공간 전체에 매핑했다. 우리 정악正樂으로 시작해 전통과 현대를 음악적으로 융합해 한국적인 선율과 하모니를 만들었고, 영상은 선사시대 유적에서부터 플라스틱이 지배한 오늘날의 세계를 비극적으로 보여주었다. 영국 동물학자 제인 구달Jane Goodall이 내레이션으로 참여하기도 했다.

어느 날 작곡가 정재일이 작업 중인 음악을 들려주면서 "내레이션을 제인 구달에게 부탁하면 어떨까요?"라고 묻길래, "해주면 감사한데 하겠어요?"라고 답했었다. 정재일에게 외교부를 통해 구한 연락처를 넘겨주었다. 그는 그녀에게 메일과 전화로 프로젝트를 설명했고, 제인 구달은 직접 메시지를 녹음해 보내주었다.

정상회의가 열리는 화상 회담장은 우리 환경부에서 발표한 기후변화로 사라질지 모르는 풍경들을 배경으로 조성했다. 사빈沙濱 해안, 순천만 갯벌, 구상나무 숲 등이 소개됐다. 우리 녹색 기술, 미래 기술도 보여주었다. 한화큐셀의 태양광 모듈, 현대자동차의 수소전기차, 두산중공업의 해상용 풍력발전기 실물과 모형을 배치했다.

대통령도 홍보에 적극적으로 나섰다. P4G 서울 정상회의 개최에 맞춰 대통령 전용 수소차 '넥쏘'를 직접 운전하는 모습을 공개하기도 했고, 방송인 타일러 라쉬와 배우 박진희와 함께 기후·환경 대담을 하기도 했다.

> "한국 국민은 지난날 식민지와 전쟁, 산업화를 겪으며 인간과 자연이 서로에게 얼마나 큰 영향을 미치는지 경험했습니다. 전쟁의 포탄과 산불로 숲이 더욱 황폐해지면서 물을 보전하지 못해, 가뭄과 홍수가 반복되면서 농산물 생산량이 줄어들었습니다. 그러나 한국 국민은 자연을 되살려냈습니다. 민둥산에 나무를 심었고, 쓰레기를 줄이며 자연을 살리기 위해 행동했습니다. 그 결과, 산림 회복을 시작한 지 불과 20년 만에 유엔식량농업기구로부터 '2차 세계대전 이후 산림녹화에 성공한 유일한 개발도상국'이라는 평가를 받았습니다."
>
> ─문재인 대통령 2021 P4G 개회사 중에서

2018년 코펜하겐에서 열린 1차 P4G 정상회의는 대한민국, 덴마크, 네덜란드, 베트남, 에티오피아가 참가국 전부였다. 그러나 2021년 열린 2차 P4G 서울 정상회의에는 모두 68명의 각국 고위급 인사와 국제기구 등이 참여했다. 이틀 동안 진행된 정상

365

회의에서 참가국들은 만장일치로 〈서울선언문〉을 채택하기도 했다. P4G 정상회의는 규모와 내용 면에서 비교할 수 없을 정도로 위상이 달라졌다. 그 이유는 누가 뭐래도 '대한민국' 때문이었다. 정말 대단한 성취였다.

우리는 지속가능발전목표 달성 및 저탄소 경제·사회 구축이 미래 세대의 생존을 위해 필수적이라고 본다. 우리는 오늘의 우리 행동이 내일의 우리 삶을 규정짓는다는 인식하에, 미래 세대의 새로운 아이디어와 창업 정신을 P4G 협력 사업 전반에 적극적으로 공유하는 한편, 현재 진행 중인 글로벌 청년 기후챌린지(GYCC)와 같은 청년 주도의 협의체를 적극적으로 발전시켜 나갈 것이다. 우리는 청년 세대의 목소리에 지속적으로 귀 기울일 것이다.

—2021 P4G 〈서울선언문〉 중에서

대통령의 태도

APEC, 한-아세안, G20 화상 정상회의

코로나19로 익숙한 것들을 잃어버렸고 익숙한 사람을 잃기도 했다. 아마 이 대유행이 완전히 종식되어도 예전으로 돌아가는 건 쉽지 않을 것이다. 코로나19는 오랫동안 유지되어 온 국가 시스템의 형식도, 관례도 바꾸어 놓았다. 대유행이 처음 시작됐을 때 국가 기념식에서 좌석 간 거리를 떨어뜨려 놓는 것이 그렇게 어색하고 불편했는데, 이제는 그 거리가 조금만 줄어들어도 이래도 되나 싶은 기분이 들 정도로 불안해졌다.

　실제 무대에서 구현하는 것보다 영상 비중이 엄청나게 늘었고, 현장보다 중계방송이 더 중요해지기도 했다. 대유행이 시작될 때 각국은 비대면 화상회의 시스템을 구축하느라 정신이 없었다. 이전에 경험하지 못했던 일이라 같은 포맷과 사양을 갖추는 일까지도 시간이 꽤 걸렸다. 서로 영상 코덱을 맞추지 못해 화면 연결이 안 되거나 오디오가 연결되지 않아 정상끼리 화면만 멀뚱멀뚱 바라보며 손만 흔드는 경우도 자주 있었다. 참가국이 많은 다자회의의 경우 반드시 한두 나라와는 중간에 연결이 끊겨 발언 순서가 엉망이 되기도 했다. 시스템을 주관하는 국가의 담당자는 매번 다른 참가국들의 원성을 샀다.

화상회의가 조금씩 익숙해지면서 새로운 시도들도 있었다. 주로 정상회의를 기념하며 남기는 사진 연출이었는데, 서로 대면하지 못하는 상황에서 어떻게 하면 정상들끼리 친밀하게 보일 수 있을지 고민을 집중했다. 화면에 맞추어 어색하게 손을 벌리는 장면을 캡처한 후 연결해 악수 장면을 연출하기도 하고, 사전에 같은 자세의 사진들을 요청해서 합성하기도 했다. 하지만 그런 시도들은 결국 서로 만나지 못하는 아쉬움만 더할 뿐이었다.

2020년 11월은 대규모 화상회의 세 개가 연이어 있었다. G20, 한-아세안, 그리고 APEC까지 연이은 일정이었다. 주최국 시간에 맞추어 진행되는 까닭에 우리 시간으로는 대부분 저녁 늦게 시작해 자정이 되어야 끝나는 일정이었다. 늦은 시간이라 일정에 부담도 있었지만, 서로 분할된 화면만을 바라보며 몇 시간씩 회담을 진행해야 하니, 답답하고 지루하고 무엇보다 정상들끼리 교감이 전혀 이루어지지 못할 것 같았다.

우리만의 화상 시스템을 구축해 보자는 생각이 들었다. 화상회의가 앞으로 정상회의에 새로운 형식이 될 것이라는 판단 때문이기도 했다. 우리 영상 기술과 아이디어로 회담장을 만들고 그것을 세계 각국에 보여주고 싶었다. 화상회의 모델로 생각했던 것은 《어벤져스》 같은 마블 영화에서 간혹 등장하는 회의 장면이었다.

전면 영상 패널에 참가자들의 전신, 반신, 확대된 이미지들이 교차해서 보이고 문서 자료, 이미지 자료, 영상 자료가 스크롤만으로 모두에게 공유되는 그런 모습. 마이크 같은 별도의 오디오 시스템을 사용하지 않고도 그냥 앉은 자리에서 육성으로만 말해도 전달되는 화상회의를 할 수 있다면 지루함이나, 답답함이 덜하지 않을까? 영화처럼은 하지 못해도 비슷하게는 만들 수 있을 것 같았다.

"영화처럼 한다고 생각해 보자고요. 영화 속 장면을 현실에서 구현하려면 어떻게 해야 할지 이야기해 보죠."

일단 화상 회담에 참석하는 대통령의 다양한 모습을 보여주려면 카메라가 여러 대 있어야 했다. 정면, 측면, 회담장 전체를 잡아주는 부감, 클로즈업 숏을 위한 카메라를 세팅했다. 일종의 중계 시스템이었다. 각종 자료를 보여주고 공유하는 것은 별도 회선을 통해 파일을 주고받을 수 있도록 하고, 그렇게 전달받은 파일을 분할된 LED에 노출하는 것으로 비슷한 효과를 낼 수 있었다.

오디오와 통역 부분은 상대 음성을 우리 통역 부스에서 바로 받고, 우리 통역 부스가 회담장 전체에 우리말 오디오를 전달해주면, 굳이 이어폰 같은 장치를 거치지 않아도 가능했다. 대통령 발언 부분은 굳이 증폭할 필요가 없으니 수음용 마이크만 있어도 됐다. 여기에 각 정상회의 로고나 상징색에 맞춘 조명과 무대 타이틀 백드롭(배경) 정도를 추가하니 아주 그럴듯한 화상회의장을

만들 수 있었다.

우리의 화상회의장을 본 각국에서 문의가 이어졌다. G20 정
상회의 후에는 주최국인 사우디아라비아 의전팀과 고위급 인사
들 모두가 한국의 화상회의장 준비와 디자인 그리고 사우디의 국
기 색과 맞춘 녹색 회의장을 아주 인상 깊게 봤다는 메시지를 셰
르파(교섭 대표)를 통해 우리 측에 전했다. 한-아세안 참여국들과
APEC 차기 주최국인 뉴질랜드에서도 많은 문의가 있었다. 심지

어 국내 언론에서도 오랜만에 '칭찬'을 하기도 했다.

내친김에 국내 개발 LED, 롤러블 TV, 휴대용 프로젝터, 영상이 보이는 투명 유리 소재 장치들까지 활용해 회담장을 조성했다. 다른 나라에서 문의가 올 때마다 우리나라가 생산한 제품이라는 자랑 같은 설명을 하기도 했다. 하지만 이 첨단 화상회의에서 다른 나라들이 정말 높게 평가한 것은 따로 있었다.

그것은 대통령의 '태도'였다. 대통령은 2, 3시간을 꼬박 넘기는 화상회의 내내 화장실 한 번 가지 않고 자리를 지키는 거의 유일한 정상이었다. 화상회의가 길어지면 대부분 정상은 자신의 발언이 끝나면 자리를 뜨거나 대신 누군가를 앉히거나 심지어 연결을 끊기도 했는데, 대통령은 2시간이든 3시간이든 자리를 지키며 끝까지 앉아 계셨다. 우리도 대통령이 자리를 비우면 정지 화면을 송출하려고 준비까지 해놓았지만 쓸 일이 없었다.

한번은 너무 지치신 것 같아 회의 중에 조용히 다가가 "잠시 화장실이라도 다녀오시죠. 대통령님" 했다가 "그냥 네 자리로 돌아가라"는 핀잔을 듣기도 했다. 첨단의 시대 최첨단 화상회의에서, 사람들에게 깊은 인상을 주었던 장면은 멋진 디스플레이나 놀라운 기술이 아니었다. 그것은 '상대를 배려하며 자리를 지키고 앉아있는 태도'였다. 우리가 정말 잃어버린 것들이 무엇인지 다시 생각하지 않을 수 없었다.

그 익숙했던 것들에 대해서, 그리운 것들에 대해서.

최고의 순방,
최고의 회담

2021년 조 바이든 대통령 초청 미국 공식 방문

2021년 5월 19일 대통령 순방이 재개됐다. 첫 순방지는 미국 워싱턴이었다. 새로 취임한 조 바이든 미국 대통령과 첫 대면 정상 회담이 예정되어 있었다. 바이든 대통령 취임 후 두 번째 외국 정상 초청이었다. 그만큼 한미 관계가 중요하다는 방증이었다.

멈췄던 대통령 순방 프로세스를 복원하는 일은 만만치 않았다. 청와대와 외교부 안에서 문재인 정부 순방을 준비하고 경험했던 사람도 얼마 남지 않았고, 무엇보다 코로나19 상황에서 순방은 처음이었다.

마스크 착용 문제만으로도 골치가 아팠다. 우리 방역 수칙이 있고, 미국 방역 수칙이 있고, 백악관 기준이 있고, 청와대 기준이 있었다. 거기에 정상회담이라는 특별한 상황에서 두 정상이 마스크를 쓸 것인가? 아니면 벗을 것인가? 썼다가 벗을 것인가? 벗고 만났다가 쓸 것인가? 정상들은 벗고 수행원들만 쓸 것인가? 수행원들도 벗을 것인가? 디테일을 따져 들어갈수록 개미 지옥에 빠진 것 같았다.

대통령의 미국 방문은 바이든 대통령이 초청한 공식 방문이었다. 공식 방문 의례에 따라야 할 일정이 많았다. 알링턴 국립묘지 참배, 미국 하원 방문과 낸시 펠로시Nancy Pelosi 하원의장 접견, 카멀라 해리스Kamala Harris 부통령 접견, 조 바이든 미국 대통령과의 회담 등은 반드시 해야 하는 공식 일정이었다.

오랜만에 미국 방문이니만큼 챙겨야 할 우리 자체 일정도 많았다. 한미 백신 글로벌 파트너십, 한미 비즈니스 라운드 테이블, 애틀랜타 SK이노베이션 배터리 공장 현장 방문, 여기에 한국전 참전 추모비 기공식과 미국에서 제안한 '메달 오브 아너' 훈장 수여식까지 중요한 일정만도 대략 열 개가 넘었다. 어느 것 하나 허투루 할 수 없는 중요한 일정들이었다.

대통령 순방 일정이 변화무쌍하고 상황에 따라 유동적이라고 생각하는 사람들이 있는데 그것은 사실과 다르다. 순방은 오랫동안 검증된 형식에 맞추어 진행된다. 출발 전에는 유동적이지만 일단 출발하고 나서 바뀌는 경우는 아주 드물다. 방문국으로부터 초청을 받고 최종적으로 순방이 결정되면 그때부터 본격적인 준비가 시작된다. 통상 2, 3개월 전이다.

비서실장이 중심이 되어 순방 태스크 포스(TF)를 구성하고 제안된 여러 일정을 모아 일정 안을 만든다. 일정 안이 어느 정도 정리가 되면 관계자들로 구성된 정부 합동 답사단이 출발한다. 답사단 답사 결과를 반영해 일정 안을 수정하고 대통령에게 대면 보고 자료를 준비한다. 대통령에게 순방 의의 및 기대 효과, 일정, 주안점 등을 구두로 보고한다. 이 과정에서 대통령 지시를 통해 일정이 추가되거나 수정되기도 한다. 대통령에게 보고가 끝나면 그때부터는 대통령 말고는 일정을 바꿀 수 없다.

모든 일정이 확정되면 언론에 주요 일정을 공개하고 브리핑한다. 언론에 브리핑까지 하고 나서 일정이 수정되면, 크든 작든 '사고'이기 때문에 이때부터 긴장하게 된다. 확정된 내용을 모아 일정 책자를 제작해 수행원들과 순방 취재기자단에 배포한다. 선발대가 출발하고 본대가 도착할 때까지 현장을 점검하며 행사를 준비하고 본대가 도착하면 그때부터 공식 일정이 시작된다.

모든 일정은 시간 단위, 때에 따라서는 분 단위로 촘촘하게 계획된다. 정상회담이 아니라 자체 일정 하나라도 취소되는 것은 아주 드문 일이다. 특히 상대국 정상과 회담이나 만남의 경우는 절대로 그런 일이 일어나서는 안 된다. 만날 계획이 없는데 만나는 것은 부담이 덜하다. 하지만 만나기로 했는데 못 만났다거나, 정식회담을 하기로 했는데 환담에 그치면 그 책임을 피하기 어렵기 때문이다. 그래서 정상회담의 경우 확실하게 양국이 합의하지 않으면 회담과 관련한 내용은 사전에 절대 밝히지 않는다.

문재인 대통령의 정상회담이 취소됐었던 적은 한 번 있었다. 아부다비 왕세제와의 회담이었다.

엄밀히 말하자면 애초에 최종 확정이 되지 않은 상태였기 때문에 '미정'으로 공지했다가, 현지에 도착하고서 최종적으로 불발됐음을 기자단에 확인해 주었다. 현지에서 불발을 알리고 플랜

B였던 두바이 통치자와의 회담을 진행했다. 서열상 왕세제보다 높았고 배석 인원과 형식도 갖추었지만, 당시 야당과 언론은 외교 참사라고 비난했다.

하지만 곧이어 UAE에서 일어난 테러 사건이 보도되며 그러한 비판은 수그러들었다. 그사이 후속 조치로 대통령과 UAE 왕세제의 전화 통화가 준비됐다. 엄중한 상황임을 고려해 상대국이 제공한 비화폰(도청이 불가능한 휴대전화)으로 통화가 이루어졌지만 일부 통화 내용은 공개하기도 했다. 이때를 제외하고는 예정된 정상회담이 취소됐던 적은 없었다.

미국 공식 방문 중 가장 화제가 됐던 것은 '크랩 케이크'였다. 두 정상 간 1:1 회담과 장관급 배석자가 함께하는 소인수 회담이 계획되어 있었는데 원래 오찬을 예정하지는 않았다. 직전 바이든-스가 회담에서 마스크를 쓰고 멀찌감치 떨어져 앉아 햄버거를 놓고 오찬 아닌 오찬 같은 회담 장면이 연출됐던 터라 만약에라도 그런 식의 오찬이라면 정중히 사양하려고도 했었다.

순방 출발 전 미국 측에서 대통령 선호 음식을 물어와 '어류나 해산물'이라고 답했다. 하지만 실제로 오찬이 있을지 확신은 못 했다. 그러나 미국은 우리 대통령 방문에 깊은 호의를 가지고 있었다. 정상회담이 임박해서 1:1 회담에 더해 오찬을 하자는 제안을 해왔다. 두 정상이 한 테이블에 앉아 마스크를 벗고 크랩 케이크를 먹자는 안이었다. 더할 나위 없는 제안이었다. 두 정상이 크랩 케이크를 앞에 두고 웃으면서 이야기를 나누는 사진은 한미

간의 친밀함과 유대감을 보여주었다.

　순방이 끝난 후 대통령에게 크랩 케이크는 어떤 맛이었는지 물어보았더니 대통령은 "아 그거 서로 이야기 하느라 나는 맛을 못 봤습니다"라고 하셨다. 순방을 마치고 5부 요인을 초청해 순방 성과를 설명하는 오찬에 크랩 케이크를 애피타이저로 준비했다. 그때 못 드셨으니 한번 드셔보시라고.

　공식 방문 의례 중 하나로 진행된 '알링턴 국립묘지 참배'는 전체 일정 중 첫 행사로 진행됐다. 국빈이나 공식 방문 시 상대국 국립묘지 참배는 많은 나라에서 의례다. 우리 역시 국빈 방한 시 국립묘지 참배를 첫 일정으로 제안한다. 처음 가본 미국 알링턴 국립묘지 규모와 시설은 엄숙하고 단정했다. 의식 하나하나에 의미가 부여되어 있었고, 이야기가 있었다. 스페인 내전 때부터 1, 2차 세계대전, 한국전쟁, 베트남전쟁, 테러와의 전쟁까지, 미국 역사 속 모든 전장에서 숨진 전사자들이 거기에 있었다. 24시간 그곳을 지키는 별도 의장대와 군악대도 있었다. 이런 것이 '예우'구나 싶었다.

　알링턴 국립묘지에는 특별한 전통도 있었다. 그곳을 방문하는 외국 정상에게 방문기념패를 요청해 전시하는 것이었다. 우리가 기증한 기념패는 김동현 금속 공예 작가의 작품으로 서양 기념비에 주로 사용하는 오벨리스크(사각기둥) 모양으로 디자인했다.

　기념패는 6·25 전쟁에 참전했던 미군 유품으로 장식했다. 6·25 전쟁 중 가장 치열했던 전투 중 하나인 다부동 전투 현장에

서 발굴한 유물인 독수리·별 문양 단추들이었다. 대한민국의 번영이 우방국 도움으로 이루어졌음을 상징했다. '무명용사와 그들의 고귀한 희생을 기리며'(In Memory of the Unknown Soldiers and their Noble Sacrifices)라는 문구도 새겨 넣었다.

　우리가 만든 기념패를 전달받은 국립묘지 관리국장은 "전사자 유품이지만 마치 참전 용사가 미국으로 돌아온 느낌이었다"라고 말했다. 대통령은 "국가를 위해 희생하고 헌신한 분들을 마지막 한 분까지 찾아서 고국으로 보내드리고, 최상의 예우를 하는 것이 국가의 책무라고 믿는다"고 화답하셨다.

　미국 명예훈장(Medal of Honor) 수여식에 양국 정상이 참석했던 장면도 큰 화제가 됐다. 명예훈장은 미국 군인이 받을 수 있는 최고 무공 훈장이다. 처음 미국으로부터 이 일정을 제안받았을 때는 감이 오지 않았다. 우리 태극무공훈장 수여식에 미국 대통령이 참석하는 것과 같았기 때문이다. 전례 없는 일이었다. 하지만 훈장을 받는 분이 누구인지 들으니 우리도 양국 대통령이 함께 참석하는 것이 좋겠다는 생각이 들었다.

　훈장을 받게 된 랠프 퍼켓 주니어Ralph Puchett Jr. 대령은 한국전의 영웅이었다. 청천강 전투 때 미 특수부대 제8레인저 중대를 지휘했다고 한다. 게다가 이날 수여식은 바이든 대통령이 취임 후 처음 갖는 1호 훈장 수여식이기도 했다. 그런 의미 있는 자리에 한국 대통령과 함께하고 싶다는 것은 대단히 사려 깊은 제안이었다. 미국은 그 자리에서 우리 대통령의 연설도 부탁했다. 대통령은 퍼켓 대령을 바라보며 이렇게 말씀하셨다.

　"대령님은 아까 제게, 당시 한국은 모든 것이 파괴되어 있었다고 말씀하셨습니다. 그렇습니다. 한국은 전쟁의 폐허에서 다시 일어섰고, 한국의 평화와 자유를 함께 지켜준 미국 참전 용사들의 그 힘으로 오늘의 번영을 이룰 수 있었습니다. 랠프 퍼켓 대령님이 우리 곁에 오래 머물러 주시기를 기원합니다."

　문재인 대통령과 바이든 대통령이 퍼켓 대령 양옆에서 무릎 꿇고 찍은 그날의 사진은 앞으로도 한미동맹을 이야기할 때 가장 상징적인 이미지가 될 것임을 예감할 수 있었다. 대통령과 수행원들은 3박 5일간 미국 공식 방문 일정을 마치고 5월 23일 밤 귀국해 24일 업무에 복귀했다. 돌아오는 기내에서 열린 기자간담회에서 순방에 대한 총평을 묻는 기자들의 질문에 대통령은 이렇게 말씀하셨다.

　"최고의 순방, 최고의 회담이었습니다."

백범 프로젝트
유엔총회와 BTS

문재인 정부 외교 일정 중 최고의 장면은 2021년 유엔총회 때 만들어졌다. 대한민국 대통령이 전 세계를 대표해 유엔에서 기조연설을 하고 대한민국 아티스트가 유엔을 배경으로 뮤직비디오와 메시지를 발표한 이 거짓말 같은 현실을, 함께 준비했고, 함께 현장에 있었고, 이렇게 회고할 수 있다는 것이 아직도 믿기지 않는다. 끝없이 자랑하고 싶고 끝없이 돌려보고 싶다.

언론은 결과만을 주목했지만 이 프로젝트는 아주 오래전부터 준비했던 것이다. BTS는 자신들의 예술적 성취에 대해 늘 겸손한 태도였고, 국가적인 프로젝트 요청에 긍정적이었다. 프랑스 순방 특별 공연과 1회 청년의 날 행사에 직접 참여해 주었고, 한-아세안 정상회의 특별 세션에서는 수장인 방시혁 하이브 대표가 연사로 나서주기도 했다. 꼭 해야 하는 의무가 아니었음에도 부탁을 거절하지 않고 헌신해 주었으니 늘 감사했다.

우리는 이 프로젝트를 백범 프로젝트라고 명명했었다. 김구 선생이 꿈꾸던 대한민국의 미래 '오직 한없이 가지고 싶은 높은 문화의 힘'을 세계에 보여주겠다는 프로젝트였다. 우리 문화에 대한 세계 각국의 관심이 높아지면서 대통령이 해외를 방문할 때마다 우리 문화와 관련한 일정과 행사를 요청받았다. 문재인 대통령 재임 기간 중 중국, 미국, 노르웨이, 덴마크, 태국, UAE에서 문화 행사가 있었고, 대부분 국가가 우리 문화 관련 일정들을 공식, 비공식적으로 요청했었다.

백범 프로젝트는 BTS 프로젝트도, 유엔총회만을 위한 것도 아니었다. 대한민국 문화 콘텐츠를 외교적 계기에 따라 기획해 알리겠다는 프로젝트였다. BTS, 블랙핑크, 〈기생충〉, 〈오징어게임〉, 아카데미상, 에미상에 이르는 우리의 문화적 성취와 김구 선생이 꿈꾸었던 높은 문화의 힘을 세계에 보여주겠다는 계획이었다.

2021년 유엔총회와 관련한 첫 외교 노트는 코로나19로 유엔총회를 비대면으로 진행한다는 소식이었다. 지속가능발전목표 고위급 회의(SDG Moment)만은 대면으로 할 계획이고, SDG 행사에 BTS 참석을 타진했다는 보고였다.

일단 BTS 측 의사를 확인했다. 유엔의 계획을 정확하게는 파악하지 못했지만, 관련 세션에 BTS의 참석을 원하고 있고, 이와 관련한 협의를 한국 정부와 하기 원하니 먼저 BTS 측 의사를 알려달라고 했다. BTS는 정부와 유엔이 필요로 한다면 내용은 협의해야 하겠지만 의사가 있다고 말했다.

비서실장에게 대통령 유엔총회 참석과 BTS 관련 논의를 진행하겠다고 보고하고 뉴욕으로 갔다. 유엔과의 협의는 처음에는 순조로웠다. SDG에 관한 공감대는 이미 있었다. 관련 행사에 BTS가 참석해 준다면 유엔으로서는 엄청난 홍보 효과가 있을 것이고 전 세계 젊은이들에게 메시지를 전달할 수 있을 테니 말이다.

그러나 거기서 한 가지 조건을 더 내밀자 유엔은 다소 난처해했다. BTS의 메시지를 연설과 함께 음악으로 보여주고 싶다는 것이었다. 음악을 하는 아티스트가 자신의 메시지를 가장 분명하게 전달하는 방법은 결국 '음악'이다. 게다가 BTS는 이미 두 번이나 유엔에서 연설을 했다. 따라서 한 번 더 연설하기보다는 음악 하는 자신들의 모습을 보여주고, 거기에 메시지를 담고 싶어 했다.

그들의 노래 〈Permission to Dance〉를 총회장에서 라이브로 하는 안과 사전 녹화와 현장 라이브를 섞는 방안, 그리고 사전에 영상을 제작해 연설과 함께 공개하는 안을 두고 협의를 시작했다. 최종적으로 사전 영상을 제작해 연설과 함께 공개하는 안으로 합의했다.

그러나 문제는 같은 기간 유엔총회가 열리고 있어 촬영을 할 수 있는 시간이 단 하루 밖에는 없다는 것이었다. 하루 만에 촬영하고, 다음 날 편집을 끝내고, 그다음 날 연설과 함께 공개되어야 하는 살인적인 일정이었다. BTS와 그들의 콘텐츠를 만들어 낸 소속사 하이브가 그 어려운 것을 해냈다. 좀 더 시간과 여유가 있었다면 더 잘 만들 수도 있을 것이다. 하지만 충분히, 그리고 멋지게 해냈다. 만들어진 영상을 보면서 우리도, 유엔도 감탄하지 않을 수 없었다.

뉴욕 현지 시각으로 2021년 9월 20일 대통령과 BTS 유엔 연설과 음악 영상이 공개됐다. 전 세계 사람들이 그 장면을 라이브 방송으로 지켜보았다. 유엔은 이때까지 유엔에서 있었던 어떤 연설과 발표보다 가장 많은 사람이 그 장면을 지켜보았다며 흥분했다. 사무총장, 사무차장, 총회 의장에 이르기까지 감사를 전해 왔다.

이날 BTS의 메시지는 '끝이 아닌 새로운 시작'이었다. 그들은 "요즘 10·20대는 코로나19로 길을 잃은 '로스트 제너레이션'(lost generation)이 아니라 앞으로 걸어 나가는 '웰컴 제너레이션'(welcome generation)"이라고 말했다. 전날 촬영해 편집을 끝낸 〈Permission to Dance〉 공연 영상 메시지도 같았다. 〈Permission to Dance〉는 노래 제목처럼 '우리가 춤추는 데 허락은 필요 없다', '희망을 찾아 함께 나아가자'는 것이었다.

그날 대통령과 BTS의 연설이 끝나자 NBC, CBS, ABC 등 모든 미국 언론이 대통령과 BTS의 연설과 퍼포먼스를 다루면서 인터뷰 요청을 해왔고, 이중 ABC 방송사와는 주유엔 한국 대표부에서 인터뷰를 진행하기도 했다. 유엔 일정 이후에도 BTS는 김정숙 여사와 함께 메트로폴리탄 박물관 한국 미술품 기증 행사에 동행하고, 세계적인 영국 밴드 콜드플레이를 접견하는 등 '미래 세대와 문화를 위한 대통령 특별 사절'로서 임무를 수행하기도 했다.

문재인 대통령이 유엔총회에 참석하기 전 BTS 멤버들에게 전한 외교관 여권.

유엔총회가 열리는 회의장에서 순서를 기다리며 BTS와 우리는 이야기를 나누었다. 그들은 "이렇게 우리가 여기 앉아 있다는 게 믿기지 않아요"라고 말했다. 그 말을 듣고 우리도 "정말 이상황이 믿기지 않아 오히려 비현실적이네요"라고 말하기도 했다. 그 자리에 있던 대한민국 사람이라면 모두 같은 마음이었을 것이다.

나는 우리나라가 세계에서 가장 아름다운 나라가 되기를 원한다.
가장 부강한 나라가 되기를 원하는 것은 아니다.
내가 남의 침략에 가슴이 아팠으니,

내 나라가 남을 침략하는 것을 원치 아니한다.

우리의 부력富力은 우리의 생활을 풍족히 할 만하고,

우리의 강력強力은 남의 침략을 막을 만하면 족하다.

오직 한없이 가지고 싶은 것은 높은 문화의 힘이다.

—백범 김구 문화국가론 중에서

아! 백범 김구 선생이 이 모습을 보셨다면 얼마나 좋아하셨
을까.

콘서트

대통령 순방 준비가 시작되면 순방 암호명을 정하게 된다. 실무적으로 순방을 '행사'라고 부르고 암호명을 '가제'라고 한다. '행사 가제'가 필요한 이유는 대통령 해외 일정 자체가 높은 수준의 보안이 필요한 일이고 상대국과 협의 중인 일이기 때문에 그 내용이 언론에 알려지는 것을 경계하기 때문이다.

요즘은 어떤지 모르겠지만 이 암호명을 작명하고 결정하는 일은 외교부 의전장실과 청와대 의전비서관실 일이었다. 우리는 매번 여러 가지를 고민해 이 '가제'를 결정했다. 가제를 정할 때는 원칙이 있었다. '방문 국가나 방문 내용을 연상하기 어렵게, 그러나 공개됐을 때 연관해서 해석될 수 있도록'. 매뉴얼에 있는 원칙은 아니었지만, 전임 의전비서관들로부터 내려온 지침 같은 것이었다.

2021년 6월 11일부터 17일까지 진행됐던 영국(G7), 오스트리아, 스페인 국빈 방문 가제는 '콘서트'로 명명했다. 그냥 암호명만 들으면 이게 뭔가 싶겠지만, G7 초청이라는 외교적 성과를 축하하고 음악의 나라 오스트리아, 화려한 의전을 자랑하는 스페인 국빈 방문이라는 것을 내포하는 가제였다.

하지만 이 콘서트는 실무자들에게는 죽음의 콘서트였다. 일주일간 3개 나라를 순방해야 하기도 했지만, 한 번도 참석해 본 적 없는 G7 회의와 129년 만에 국빈 방문이 성사된 오스트리아, 전통과 형식을 중요시하는 스페인까지 각기 다른 나라에서 일정을 준비해야 하는 종합 선물 세트 같은 것이었기 때문이다. 그리고 미국 순방에서 돌아온 지 한 달도 되지 않은 시점이었다.

G7 정상회의, 영국 콘월 방문

세계 7대 선진국인 미국, 영국, 프랑스, 독일, 이탈리아, 캐나다, 일본으로 구성된 G7(Group of Seven) 정상회의는 국제적인 영향력이 큰 국가 협의체다. G7은 매해 열리는데 2021년에는 영국 남부 항구도시인 콘월에서 열릴 예정이었다. 우리나라는 호주, EU, 인도 등과 함께 주최국 초청 국가로 회의에 참석하게 됐다.

G7을 주최하는 영국은 융통성 없는 외교 스타일로 유명했다. 대신에 사전에 정해진 순서와 내용을 잘 바꾸지 않는다는 장점도 있었다. 다른 어떤 다자회의보다 사전 답사와 주최국이 정한 원칙을 숙지하는 것이 중요했다.

외교부와 의전비서관실 베테랑들이 현지를 답사하고 정리한 것을 보고해 주었다. 내용을 확인해 보니 정상들끼리만 진행하는 공식 세션에 시간만 잘 맞추어 수행하고 나면 나머지는 모두 대통령 몫이었다. 모든 프로그램이 정상들만 참석할 수 있도록 짜여 있었다. 누가 대신해 드릴 수도 없고 아예 셰르파(교섭 대표)를 빼고는 회의장에 배석도 할 수 없었다. 의전비서관 정도만 짧은 시간 출입이 허용됐다.

이런 형식은 '정상들 간의 시간을 최대한 보장해 주자'는 까닭이라고 영국은 설명했지만, 덕분에 모든 국가 수행원이 심한 분리불안 증세를 보이며 회담장 주변을 끝없이 배회하는 풍경이 만들어졌다. 출입할 수 있는 비표 한 장 들고 짧은 시간 정상의 상태를 체크하고, 필요하신 것은 없는지도 살펴보고, 약식 회담을 위해 정상 라운지에 자리를 준비하고, 상대 의전비서관도 찾아야 했다. 일 다 보았으면 빨리 나가라는 영국 의전관의 눈치를 보면서 말이다.

회담장 출입에 제한이 심하니 부속비서관은 대통령이 찾을지도 모르는 자료를 들고 발만 동동 구르고 있었다. 외교부 장관과 안보실장은 밖에서 같은 처지의 외교부 수장들과 약식 회담을 하다가 즉석에서 양국 정상끼리 번개를 추진하고, 시간을 조정하고, 회담장 바깥 테라스에 빈자리를 맡아 버티고 앉아있고…… 그야말로 북새통이었다.

그 난리 중에도 각국은 어떻게 해서든 약식 회담을 만들기 위해 부지런했다. 우리도 바이든 대통령과의 짧은 조우와 유엔 사무총장, 프랑스 대통령과의 약식 회담을 만들었다. 프랑스 대통령과의 약식 회담은 원래는 예정에 없던 것인데 프랑스 측이

요청했다. 휴식 시간에 화장실 앞에서 우연히 만나게 된 양 정상이 잠깐 이야기를 하다가 그길로 대기실에서 '풀 어사이드'(pull-aside: 회담장 옆에서 하는 약식 대화)가 이루어졌다.

영국은 깐깐하게 회의를 운영하기는 했지만 우리를 많이 배려해 주기도 했다. 대통령의 공식 회담 자리도 그런 배려의 한 부분이었다. 통상 다자회의 자리 배치는 주최국이 정해놓은 원칙에 따른다. 취임 순, 취임 순서 역순, 개최국으로부터 멀리 떨어진 순, 알파벳 순, 대통령제 우선, 총리제 우선 등 여러 원칙 중에 하나를 주최국이 고르게 된다. 그러니 우리가 주최국 옆자리에 앉은 것 자체는 원칙에 따른 것이지만, 어떤 원칙을 선택하느냐는 영국의 몫이었다.

그 밖에도 대통령이 머무실 숙소 위치라던지 저녁 만찬 출발 및 도착 순서라든지 여러 가지로 고마운 일이 많았다. 이날 공식 만찬은 해변 바비큐 파티였다. 우리는 양자 회담이 일찍 끝난 관계로 숙소로 돌아와 잠시 쉬었다 나올 수 있었다. 그리고 영국 측 권고에 따라 '해변 바비큐 파티에 잘 어울리는 복장'을 하고 다시 만찬장으로 이동했다.

막상 가보니 모두가 우리처럼 캐주얼한 차림은 아니었다. 옷을 갈아입은 정상도 있었지만 정상회담이 끝난 후, 별도의 양자 회담이 늦게까지 있었던 나라는 정장 차림에 타이만 풀고 등장하기도 했다. 타이도 풀지 않고 참석한 정상도 있었다. 시간이 충분했던 정상 배우자들은 캐주얼한 복장을 했다.

정상들은 그렇게 제각각인 옷차림으로 공식 기념사진 촬영을 했다. 그런데 사진이 국내에 보도되자 의전 실수, 외교 결례, 외교 참사라며 또 한바탕 난리가 났다. 영국 측 우리 담당관과 우리 측 사전 답사 담당자를 불러 따져 물었다. 그러자 영국 측 담당관이 말했다.

"우리(영국)는 저녁 만찬이 바비큐 파티고 장소가 해변이니 거기에 맞게 옷차림을 해달라고 말했고, 한국 대통령은 거기에 잘 맞추어 입고 오셨던데 왜 한국 언론은 그게 문제라고 하는 겁니까? 이해할 수가 없습니다. 다른 정상들이 드레스 코드를 못 맞춘 것은 한국과는 아무 상관없는 일이지 않나요?"

할 말이 없었다. 그저 빨리 콘월을 떠나 오스트리아로 가고 싶었다.

129년 만의 국빈 방문 오스트리아

힘들었던 콘월에서의 일정을 마치고, 오스트리아 빈으로 향했다. 아름다운 음악의 도시, 129년 만의 국빈 방문, 그리고 무엇보다 풀 어사이드를 만들지 않아도 되고 정해진 일정만 하면 되는 행복한 시간이 될 것이라고…… 생각했었다. 실제로 오스트리아 국빈 방문 주요 일정은 양국의 친교와 우애를 다지는 행사들이 대부분이었다. 한-오 양국 간 해소해야 할 갈등 같은 것도 없었다.

우리나라와 오스트리아가 처음 수교를 맺은 해는 1892년이었다. 당시에는 불평등한 수호 통상조약을 맺었다. 하지만 우리

나라는 이제 세계가 인정하는 G10 국가가 됐고, 오스트리아 정부의 공식 초청을 받아 국빈 자격으로 방문하게 됐다. 오스트리아는 정말 극진하게 우리를 대접했다.

제바스티안 쿠르츠Sebastian Kurz 오스트리아 총리는 대한민국 대통령을 위해 쉰브룬궁(Schönbrunn Palace) 1층 연회장 그로세 갈레리에Große Galerie를 1961년 이후 처음으로 개방했다. 니키타

흐루쇼프 소련 서기장과 존 F. 케네디 미국 대통령이 이곳에서 정상회담을 가진 후, 단 한 번도 외부 행사에 개방된 적이 없었던 곳이었다. 오찬에는 빈 유명 음악인들의 특별 공연도 있었다.

오스트리아에서 대통령이 가장 많이 받았던 질문은 "어떻게 셧다운 없이 코로나 대유행을 견딜 수 있었습니까?"였다. 오스트리아 대통령과의 회담에서도, 총리와의 회담에서도, 오찬장에서도, 만찬장에서도, 대통령은 같은 질문을 받았다. 한국이 '방역 챔피언'이라는 찬사도 들었다. 수행원들이 가장 많이 받았던 질문은 "너희는 어떻게 G7에 초대될 수 있었니?"였다. 부러움이 가득한 질문이었다.

생각해 보니 부러울 만했다. 오스트리아는 EU 회원국이고 철강과 기계공업 분야 강소기업 116개를 보유한 나라다. 1인당 소득이 5만 달러에 육박하는 선진국이고, 17명이나 되는 노벨상 수상자를 배출한 국가이기도 하다. 하지만 한 번도 G7에 초청받지 못했다. 그러니 2020년에 이어 2년 연속으로 G7에 초청된 이유와 방법(?)이 궁금하기도 했을 것이다.

오스트리아에서는 여사님 별도 일정도 있었다. 오스트리아 빈 미술사 박물관 방문과 빈 식물원 방문이었다. 박물관에서는 한-오스트리아 수교 130주년을 기념해 '조선 왕자의 투구와 갑옷'이라는 특별 전시도 있었다. 이 갑옷과 투구는 1892년 한국-오스트리아 수교 직후 조선 고종이 프란츠 요제프 1세Franz Joseph I 황제에게 선물한 것이라고 한다.

그런데 여사님이 방문하기 전 관련 전시를 답사했던 담당자가 갑옷을 여미는 허리띠가 잘못 매어져 있다는 사실을 발견해 보고했다. 우리는 오스트리아로 출발하기 전 문화재 관련 기관에 자문했다. 그리고 제대로 된 매듭법 사진과 해설을 만들어 오스트리아에 전달했다. 오스트리아는 우리의 세심함에 감사를 표했다.

여사님은 빈 식물원도 방문했다. 그곳에서는 우리 '호미'를 식물원에서 근무하는 연구원들의 이름을 각인해 선물했다.

"(호미는) 땅을 파는 순간 흙이 올라오면서 식물의 뿌리가 다치지 않도록 보호할 수 있습니다. 평평한 면으로는 안 좋은 뿌리를 긁어내기도 하고 흙을 단단하게 하기도 하는 여러 가지 용도가 있어요"라며 직접 호미 사용법을 알려주기도 했다.

스페인 국빈 방문

마지막 방문국은 스페인이었다. 스페인 역시 '국빈 방문'이었다. 공항 환영식, 공식 환영식, 국립묘지 방문, 공식 회담, 공식 오찬, 공식 만찬, 시청 방문, 의회 방문 등 공식 일정과 우리 자체 일정도 있었고, 국빈 의례에 따라 수도인 마드리드와 추가적인 1곳을 더 방문해야 했다.

스페인 국왕은 바르셀로나에 동행을 요청했다. 대통령이 국왕과 함께 바르셀로나에 가서 현지 경제인들과의 만찬에 참석해주기를 바랐다. 실무적으로는 너무 무리한 일정이라고 말씀드렸지만 대통령은 수락했다. 수행원들의 고생이야 어떻게든 버티면 될 일이지만, 해외 순방은 수행원들보다 대통령 고생이 가장 심한 일이라 우리는 끝까지 반대했다. 하지만 대통령의 고집을 꺾을 수는 없었다.

일정 하나가 끝나고 숙소로 복귀할 때마다 엘리베이터 타기가 겁이 났다. 하루 일정이 다 끝나면 부속비서관, 의전비서관, 경호처 수행부장 이렇게 셋이서 대통령과 엘리베이터를 타고 숙소까지 올라갔는데, 그 짧은 몇 초 동안 대통령이 간혹 피곤함과 불편함을 토로하시기 때문이었다.

그때는 "아니 대통령께서 다 하시겠다고 했던 일이잖아요"라는 말을 할 수가 없으니 대통령이 말씀하시면 묵묵히 듣거나, 딴청을 피우거나, 아니면 아예 미리 선수를 쳐서 "죽여주십시오. 대통령님" 하는 수밖에 없다. 그러면 힘드시더라도 그냥 피식 웃고 마셨다.

스페인 공식 환영식은 대단했다. 기마대, 포병대까지 등장한 환영식이었다. 대통령에게는 롤스로이스가, 의전비서관에게는 캐딜락이 의전 차량으로 제공됐다. 우리도 꼼꼼하게 감사를 표시했다. 국왕과 왕비, 총리 등에게 관례에 맞추어 선물을 준비했고, 시청 방문 때에도 별도 기념품을 준비해 선물했다. 그러나 무엇보다 스페인 국왕 요청에 따라 바르셀로나에 방문하기로 한 것이 스페인으로서는 무척 고마웠던 것 같았다.

스페인 마드리드에서는 영빈관에서 하루를 묵었는데, 그 시설과 규모가 박물관, 미술관 수준이어서 둘러볼 시간이 없는 것

〈조선왕국전도〉에 선명하게 그려진 울릉도와 독도.

이 아쉬웠다. 대통령 숙소는 물론 수행원 방문 앞에도 중세 시대 도끼 같은 것을 들고 하루 종일 의장대가 서 있었는데 밤에 잠시 나왔다가 깜짝 놀라기도 했다.

스페인 상원을 방문했을 때 연설을 마친 대통령은 의회도서 관을 둘러보셨다. 이 일정은 원래 예정에는 없었지만 사전 답사 를 다녀오고 나서 기획됐다. 안헬 곤잘레스 도서관장이 우리 답 사단에 자랑삼아 보여준 1730년대 지도 때문이었다. 〈조선왕국 전도〉라는 이름을 가진, 서양인이 만든 현존하는 지도 중에 가장 오래된 지도였다.

지도에는 너무도 선명하게 울릉도와 독도가 그려져 있었다.

스페인은 우리에게 자랑을 하긴 했지만, 이 지도가 공개됐을 때 (일본과) 불편한 일이 생길 수도 있어 다소 망설이는 눈치였다. 우리는 역사적 관점에서 그리고 학술적 관점에서 스페인 기록 문화와 도서관 문화를 한국 대통령에게 꼭 보여주었으면 한다는 말로

설득했다. 그리하여 결국 일정이 만들어졌다.

도서관에서 놀랍고 흥미로운 표정으로 지도를 보던 대통령은 "이미 이 시기 전부터 독도와 울릉도가 우리의 영토라는 것을 보여주는 소중한 사료라 할 수 있겠습니다. 이 소중한 자료를 보여주셔서 감사합니다"라고 말씀하시며 한참을 지도 앞에 서 계셨다.

바르셀로나에서 스페인 경제인들과의 만찬을 끝으로 스페인에서의 모든 일정이 마무리됐다. 다행히 큰 사고도 없었고 예정된 일정은 모두 진행됐다. 스페인 국왕은 마지막까지 우리에게 감사해하며 출발 당일 조찬까지도 제안했지만 정중히 사양했다. 대통령도 조찬에 대해서는 그냥 아무 말씀도 안 하시고 "음······" 이라고만 하셨다. 화려한(?) 콘서트는 이렇게 막을 내렸다.

휘모리

2021년 유럽 순방

행사 가제 '휘모리'는 로마 교황청 방문, G20, COP26, 헝가리 국빈 방문, V4(비셰그라드 4개국 그룹: 폴란드, 체코, 슬로바키아, 헝가리)까지 총 7박 9일간의 여정이었다.

로마 교황청 방문

로마 교황청 방문과 교황 예방이 첫 일정이었다. 교황청 방문과 교황 예방은 2018년에 한 번 경험한 적이 있었다. 교황청 의전은 200년이 넘도록 같은 형식으로 유지되고 있다. 방문자들이 바티칸에 도착하면 교황청 의전장의 안내에 따라 교황을 만나기 위한 장소를 향해 긴 회랑을 따라 걷는다. 걷다 보면 중간에 스위스 근위대가 도열해 있고, 이들의 호위를 받으며 대기실에 도착하게 된다.

먼저 대통령과 교황이 단독으로 면담을 한다. 동행한 여사님은 별도의 방에서 면담이 끝날 때까지 기다린다. 대통령과 교황의 면담이 끝나면, 호명받은 순방 수행원들 한 사람 한 사람이 걸

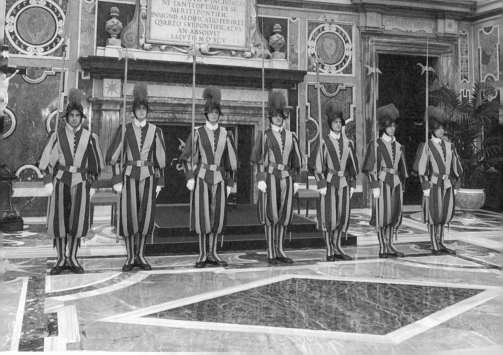

어 나가 교황 앞에서 인사를 드린다. 각각 기념사진을 촬영하고 나면 교황은 준비한 선물을 수행원 모두에게 일일이 나누어준다. 다시 스위스 근위대의 호위를 받으며 교황청 국무원장에게 이동하고, 같은 형식으로 국무원장과의 만남이 진행되고 나면 교황청 방문 공식 의전 행사가 종료된다.

교황과 대통령의 면담 내용은 중세 시절부터 비공개가 원칙이기 때문에 우리가 밝힐 수도 없고 교황청이 언급하지도 않는다. 수행원들도 대통령이 직접 이야기해 주지 않는 한 무슨 대화를 나누었는지 알 길이 없다. 그래서 교황과의 만남에서 실무적으로 가장 신경 쓰이는 것은 공개될 '선물'이었다. 언론에 공개되는 선물을 통해 우리 메시지를 전달하고 의미가 제대로 해석되길 바라는 수밖에 없었다.

우리는 '철조망 십자가'를 준비했다. 이미 2021년 봄부터 박용만 대한상의 회장이 진행했던 프로젝트였다. 박용만 회장은 2021년 봄 DMZ에서 철거된 철조망을 구했으면 좋겠다고 부탁했다. 용처를 물어보니 그것으로 십자가를 만들 계획이라고 했다. 분단의 상징인 철조망을 녹여 평화의 상징인 십자가를 만드는 프로젝트를 해보고 싶다는 의미였다.

그러면서 언젠가 대통령이 교황을 만나시게 되면 그때 선물로 드리면 좋겠다고 했다. 만약 우리에게 그런 기회가 있다면 가장 적절한 선물이 될 것 같다는 의견이었고 관련 부처와 지자체를 연결해 줬다. 그 십자가가 순방쯤에 완성되어 교황에게 선물

로 드릴 수 있었다. 상세한 제작 과정과 의미도 문서와 영상으로
만들어 줬다.

교황에게 드린 십자가와 함께 만들어진 십자가 136개를 로
마 산티냐시오Sant'Ignazio 성당에 전시하는 행사도 했다. 원래는 전
시가 끝난 후 십자가 136개를 '한반도 평화'를 지지해 달라는 의
미를 담아 전 세계 정상들에게 보내려고 했었다. 하지만 예산 문
제를 해결하지 못해 결국 선물을 보내지는 못했다. 십자가를 전
세계 정상들에게 보내지 못한 것은 지금도 매우 아쉽다.

G20 정상회의

교황청 방문 다음 날부터는 G20 정상회의의 시작이었다. 이
탈리아 로마에서 열린 그해 G20은 2년 만에 대면 회의로 열려 세
계 주요 국가 정상들과 국제기구 수장들이 한자리에 모이게 됐
다. 거기에 각국 수행원들까지 수백 명의 사람으로 회담장 전체
가 북적였다. 불과 2년만인데도 그렇게 많은 사람이 모여 있다는
것이 불안할 정도로 낯설었다.

주최국인 이탈리아는 정상 라운지와 수행원 라운지를 분리
해 놓았으나, 진즉부터 그 경계는 무너졌고 각국 정상들과 수행
원들은 회담장 라운지에서 서로 약식 회담을 하느라 야단법석이
었다. G7이 열렸던 콘월은 여기에 비하면 한갓진 수준이었다. 수
백 명이 뒤엉켜 서로를 찾고 부르고 정상들을 이리저리 모시고
다니며 사진을 찍었다.

우리도 마찬가지였다. 최대한 많은 정상과 인사하고 이야기를 나누기 위해 정의용 외교부 장관은 이리저리 뛰어다니며 즉석 만남을 주선했다. 확약이 되면 대통령을 모시고 가서 이야기를 나누게 하고, 다시 또 다음 정상을 찾아 나섰다. 그러길 한 시간이 훌쩍 넘었다.

그날은 곧 퇴임을 앞둔 독일 메르켈 총리와 문재인 대통령, 그리고 바이든 대통령이 가장 인기 있었다. 많은 정상이 세 정상을 둘러싸고 인사와 짧은 환담을 하고 사진을 찍었다. 여러 정상이 뒤섞여 본회의 전까지 바쁘고 치열하게 외교적 만남을 분주하게 이어갔다. 본회의 사이사이에, 또 모든 일정이 종료된 다음에는 양자 회담이 이어졌다.

로마 G20 회담장은 생각보다 협소했다. 특히 양자 회담장 숫자와 각국 정상의 대기 공간이 너무 부족했다. 우리는 독일, EU, 프랑스 등과 양자 회담이 예정되어 있었다. 담당자들이 시험 기간에 도서관 자리를 맡아 놓던 기술로 회담장을 구하기는 했는데, 독일과의 회담이 끝나고 다음 세션 시작 전까지 대통령이 머무실 곳을 미처 확보하지 못했다. 잔머리를 쓸 수밖에 없었다. 독일 회담이 끝나자마자 독일 메르켈 총리에게 먼저 일어나시길 권했고, 메르켈 총리가 나간 뒤에 문을 잠그고 대통령에게 말씀드렸다.

"대통령님. 갈 곳이 없습니다. 여기서 이십 분만 있겠습니다."

대통령은 모르는 척 다시 자리에 앉으셨고, 부총리, 정책실장이 함께 자리를 지켰다. 안보실장, 외교부 장관은 별도 장관 회

대통령
순방 수행기

의 등이 있어 자리를 떠났다. 한 십 분쯤 지나자 밖에서 문 두드리는 소리가 났다. 예상했던 일이어서 침착하게 문을 빼꼼 열고 내다보니 이탈리아 의전관이 거의 울상을 하고 서 있었다.

"이탈리아 총리가 여기서 다른 양자 회담을 해야 하는데 당신들이 나오지 않아서 총리가 지금 오도 가도 못 하고 있다"는 하소연이었다. "아 그렇구나. 미안하다. 침착해라. 우리가 곧 나갈 테니 염려 말아라. 지금 우리 대통령이 안에서 중요한 말씀 중이시니 곧 나가겠다" 하고 다시 들어와 문을 잠그고 아무 말 없이 서 있었다.

다시 한 십 분쯤 지나자 또 문을 두드리는 소리가 들렸고, 이번에는 이탈리아 의전관과 또 다른 나라 의전관 한 명이 거의 사색이 되어서 문을 밀고 들어올 기세였다. 우리는 그들에게 "우리 지금 나간다"라고 침착하게 말했다. 그리고 대통령에게 말씀드렸다.

"대통령님, 지금 회담장 1층에 이탈리아 기계 산업 명품전이 진행 중입니다. 거기를 10분만 돌아보시고 다음 회담장으로 가시겠습니다."

"그걸 꼭 지금 봐야 합니까?"

"네, 대통령님. 지금 아니면 못 보실 것 같습니다."

우리는 대통령을 모시고 1층 전시장을 한 바퀴 둘러보고 다시 올라왔다. 절묘하게 다음 세션 시작에 시간을 맞출 수 있었다. 밖에서는 여러 나라 의전비서관들이 여전히 양자 회담장 문고리를 붙잡고 안절부절못하고 있었다. 우리는 손을 흔들며 다음 COP26 회의를 위해 영국 글래스고로 향했다.

COP26

제26차 유엔 기후변화협약 당사국총회(COP26). 120개 나라 정상과 국제기구 수장이 참여한 역대급 국제회의나. 서기서 겪었던 일들을 떠올리면 지금도 아찔하다.

정상회의와 세션이 열리는 영국 글래스고 회의장에는 각국 정상과 외교부 장관 외에는 국가별로 경호 1명, 의전 1명, 통역 1명만 입장할 수 있었다. 나머지 모든 수행원은 예외 없이 밖에서 대기해야 했다.

오전 8시 개회식부터 당일 저녁 영국 보리스 존슨 총리 주최 리셉션까지 참석해야 하는 종일 일정이었다. 모든 일정을 마치면 밤 10시나 되어야 숙소로 돌아갈 수 있을 것 같았다. 대통령의 체력적인 부담이 엄청났다. 게다가 당일 아침 개회식에 참석하려면 아침 식사도 거른 채 출발해야만 시간을 맞출 수 있었다.

주최 측은 회의장 안에 정상들이 식사할 수 있도록 준비해 놓았다고 설명했지만, 믿기 어려웠다.

'정상들을 포함해 500명 정도가 그 안에 있을 텐데, 개회식 끝나고 30분 이내에 500명의 식사가 가능하다고?'

부속비서관과 상의해 도시락을 준비해 가기로 했다.

새벽부터 회의장은 아수라장이었다. 정상들이 얼마나 많은 지 여기저기서 정상들에 걸려 넘어지는 사람들 천지였다. 그 틈을 비집고 가까스로 라운지 테이블 하나를 차지하고 앉았다. 대통령도 이런 상황이 처음이고, 평생을 외교관으로 살았던 정의용 장관도 마찬가지였다.

"아이고, 이거 정말 대단하네."

다들 처음 보는 풍경에 놀랐다. 시간이 되어 대통령은 개회식 참석을 위해 자리를 떠나셨고, 주최 측이 준비했다던 음식을 찾기 시작했는데 보이지 않았다. 잠시 후 누군가 메뉴가 적힌 종이를 하나 주고 갔다. 거기에는 음식 메뉴가 1번부터 10번까지 적혀있었다. 주문하면 가져다준다는 설명이었다. '주문하면 그때부터 조리해서 30분 이내에 500명을 먹일 수 있다고?' 말도 안 되는 계획이었다.

"장관님, 이거 음식 지금 주문해도 절대 시간 못 맞출 것 같아요."

"어, 그래. 내가 봐도 그러네. 어떻게 하지."

"일단 도시락 가져왔으니까 이거부터 꺼내 놓고 주문은 주문대로 하죠."

"그래 뭘 주문하지. 대통령이 뭘 좋아하시지?"

"아뇨, 그냥 1번부터 10번까지 다 주문하죠. 뭐든 먼저 한두 가지는 나오겠죠."

우리는 10가지 음식을 모두 주문해 놓고 대통령을 기다렸다. 잠시 후 개회식을 마친 대통령이 나오셨다. 다음 세션까지는

30분 정도 시간이 남아있었다. 여기저기서 의전비서관들과 외교부 장관들이 분주했다. 어떻게든 자국 정상을 챙겨야 하는데 음식이 나오지 않으니 다들 어쩔 줄 몰라 하고 있었다.

우리는 준비해 온 도시락을 조용히 꺼냈다. 옆 테이블의 캐나다, 콜롬비아 그리고 또 다른 몇 개의 나라들이 일제히 우리를 쳐다보았다. 우리는 준비해 온 음식들과 보온병에 가셔온 차를 따라 대통령에게 드렸다. 그리고 잠시 옆에 비켜서 있었는데, 뒤에서 누군가 물었다.

"그 음식들, 그거 어디서 난 건가?"

"우리는 음식이 늦을 것 같아 도시락을 싸 왔다."

"아, 우리도 싸 올 걸 그랬다. 좋겠다."

"어, 부럽지. 부러울 거야."

정상들은 잠시 후 다시 세션에 들어가야 했고, 그때까지도 음식은 제대로 나오지 않았다. 음식은 첫 번째 세션이 시작될 때쯤에야 나오기 시작했다. 많은 나라 정상이 굶은 채로 회의장으로 향했다. 정상들이 회의장에 들어가자 각 나라 의전비서관들이 원망스러운 눈빛으로 음식을 바라보며 앉아있었다. 어느 나라나 똑같았다. 우리 자리에도 대통령이 들어가시고 나서야 10가지 음식이 쌓였다. 마치 한정식처럼.

COP26 마지막 일정은 보리스 총리 주최 리셉션이었다. 회의장과 리셉션 장소가 떨어져 있어 정상은 단체 버스로, 수행원은 별도 버스로 이동하도록 안내받았다. 아침부터 개회식과 세션

등으로 정상들은 다들 지쳐있는 상태였다. 영국으로서는 주최국
이어서 리셉션을 개최할 수밖에 없었겠지만, 너무 무리한 계획이
었다.

　게다가 다들 수행원과 떨어져 버스를 타라니 그에 대한 불만
도 적지 않았다. 어쩔 수 없이 대통령만 혼자 버스에 모셔드리고,
통역, 경호와 함께 버스 옆에 서 있었다. 버스가 출발하고 나면

411

우리도 뒤따라갈 생각이었다. 다른 정상들도 하나, 둘 버스에 올랐다.

그때 대통령이 탄 버스에서 큰소리가 났다. 어느 정상 한 분이 통역도 버스에 못 태운다고 하니 버럭 화를 낸 것이었다. 당황한 영국 담당자가 "그럼 통역을 태우세요"라고 했지만 이미 그 나라 통역은 먼저 따로 이동한 다음이었다. 우리는 그 북새통에 슬며시 우리 통역 손을 잡아끌어 버스에 태웠다. 이따 보자는 말과 함께……

지친 정상들의 리셉션 기념 촬영이 끝나고, 각국은 눈치껏 자리를 빠져나가기 시작했다. 우리는 처음 리셉션 장소에 도착했을 때, 영국 담당관과 이야기해서 차량을 이미 바깥쪽에 주차해 놓았었다. 담당관들은 영국 공무원들이지만 마치 우리 수행원처럼 일해주었다. 눈치도 빠르고 '척'하면 알아들었다.

리셉션이 끝나면 이 많은 정상이 한꺼번에 나가려고 할 텐데, 그렇다면 승패(?)는 차량의 주차 위치에 달려 있다고 생각했다. 먼저 빠져나가려면 바로 움직여야 했다. 조금만 늦어도 다른 정상들 차량이 우리 차 앞을 막을 것 같았다. 대통령에게 가서 말씀드렸다.

"차를 빼놓았습니다. 지금 움직이셔야 합니다."

대통령도 힘드셨는지 바로 따라나섰다. 대통령 뒤로 유엔 사무총장과 여러 정상이 따라나섰다. 차량 대기 지점에 도착하자마자 우리 차량이 곧 도착한다는 안내가 나왔다. 대기 지점에서는 이미 몇몇 정상들이 나오지 않는 차량을 기다리고 있었다.

도착 순서와 달리 우리 차량이 먼저 나온다는 안내가 나오자, 우리보다 먼저 와 있던 아세안 국가 어느 총리가 자국 의전관(인 듯)을 정말 가혹하다 싶을 정도로 구박하기 시작했다. 저분 저러다 오늘 어떻게 되는 거 아닌가 싶을 정도였다. 괜히 미안했다. 그때 뒤에서 따라오던 어느 국제기구 수장도 우리 대통령을 보며 말했다.

"정말 힘드네요. 한국에서 했으면 이렇게 힘들게 안 했을 텐데……."

우리 대통령 들으라고 한 말이겠지만 듣기는 좋았다. 대통령도 그 수장에게 오늘 고생 많으셨다며 인사를 했다. 이윽고 가장 먼저 우리 차량이 도착했다. 우리는 뿌듯한 마음으로 대통령을 차량으로 모셨다. 차를 타고 나오는데 100대가 넘는 차량이 주차장 입구에 뒤엉켜 있는 모습을 보았다. COP26 마지막 밤이었다. 차량 불빛들이 아름다웠다.

마지막 순방 샤프란

UAE, 사우디아라비아, 이집트

중동과 아프리카 순방은 수행원들의 무덤이라는 말이 있다. 절대로 계획한 대로 되지 않는다는 의미다. 대통령의 2022년 마지막 순방은 UAE, 사우디아라비아, 이집트로 확정됐다. 시작부터 예감이 좋지 않았다.

출발 전 국민의힘에서 순방 관련 일정을 논평 형식으로 발표했다. 공동 발표일이 정해져 있었음에도 일방적으로, 그것도 정부 공식 발표가 아니라 특정 정당에서 일정을 공개한 것은 대단히 심각한 외교적 결례였다. 상대 국가에서 문제 삼을 수도 있을 만한 사안이었다.

UAE 순방

첫 순방지였던 UAE 두바이에 도착해 일정을 시작하자마자 아부다비 테러 소식이 전해졌다. 그래도 두바이에서는 계획한 대로 일정이 진행되기는 했다. 한-UAE 수소 협력 비즈니스 테이블이 만들어졌고, 두바이 엑스포 한국의 날 공식 행사는 다행히 전

날 예보된 비가 내리지 않아 문제없이 진행할 수 있었다.

엑스포 한국관에서의 일정도 큰 무리가 없었다. 부산 엑스포 유치를 위해 대통령이 참석하셨고, 고생하고 있는 유치 위원들과 예정에 없던 오찬도 함께했다. 오후에는 서울대병원이 운영하는 '셰이크 칼리파 전문병원'에 방문해 한국 의료진을 격려했다.

예정에 없던 '셰이크 칼리파' 통치자와 그의 아들이 찾아와 대통령과의 면담을 요청하는 해프닝도 있었다. 두바이에서 셰이크 칼리파로 가는 중에 사전 선발대로 간 직원에게 급하게 연락

대통령
순방 수행기

이 왔다.

"여기 왕족이라는 분이 아들이랑 왔는데요. 우리 참석자 명단에는 없는데 어쩌죠?"

"UAE에서는 뭐라고 하나요?"

"자기들이 책임질 테니 참석시켜 달라고 합니다."

"왕족이면 두바이 쪽인가요?"

"아니요. 그게 셰이크 칼리파 지역 통치자라고 합니다."

"아…… 우리가 지역 통치자나 추장도 만나야 하는 건가요?"

하지만 어쩔 수 없었다. UAE 측도 원하니 대통령과 인사만 하는 정도라면 만나기로 했다. 하지만 그 통치자는 대통령을 만나자마자 본인들 주력 사업인 '꿀'에 대해 이야기를 하기 시작했고, 대통령을 모시고 어디론가 가자고 했다. 우리는 기겁하고 떼어 말리며 어쩔 수 없이 청와대 행정관 한 명에게 그를 상대하게 했다. '꿀'을 담당하는 대통령 핵심 참모라는 말과 함께…….

사우디아라비아 순방

중동과 아프리카 일정은 이런 변수가 많았다. 순방 수행 5년 동안 처음 겪는 일이었다. 사우디는 도착부터 미지의 세계였다. 원래는 별도의 공항 환영식 없이 숙소로 가고, 공식 환영식은 다음 날 하는 일정이었는데, UAE를 떠나 사우디 리야드로 가는 도중 연락을 받았다.

공항 경비가 갑자기 삼엄해졌고, 왕실 카펫을 까는 중이라며 아무래도 왕세자가 올 것 같은 분위기라는 것이었다. 왕세자가 직접 영접을 나오는 것이야 감사한 일이지만, 일이 어떻게 돌아가는지 알아야 대처를 할 텐데 사우디는 아무 말도 해주지 않는다는 답답한 보고였다.

출발하기 전에 들었던 일본의 사우디 방문 이야기가 떠올랐다. 어느 해인가 일본이 사우디를 방문했을 때 사우디 국왕이 예정에 없던 마중을 나왔고, 국왕의 갑작스러운 등장에 일본 수행원들이 허둥지둥할 때, 국왕이 일본 총리만 차에 태워 어디론가 사라지고 수행원들만 리야드 공항에 덩그러니 남겨졌다는 이야기였다.

아찔했다. 우리는 현장 담당자에게 위성 전화를 걸어 말했다.

"다 좋은데 어떻게 할지 말 안 해주면 우리는 비행기에서 안 내린다고 하세요."

협박(?)이 통했는지 리야드 착륙 직후 다시 연락이 왔다. 지금 사우디 왕세자가 공항에 영접을 왔고, 공항에서 환영식을 하겠다는 보고였다. 대통령은 "이런 것도 다 우리를 위해서 하는 일일 테니 실무적으로 어렵더라도 따라줍시다"라고 말씀하셨다. 마음을 비우고 사우디가 하자는 대로 이리저리 대통령을 모시고 그들의 형식에 맞추어 환영식을 하고 나서야 숙소로 들어갈 수 있었다.

사우디에서는 대통령도 여사님도 최악의 컨디션이었다. 특히 여사님은 몸이 심각하게 좋지 않아 일정을 전부 취소해야 할 정도였다. 하지만 여사님은 주치의에게 약을 타 드시면서까지 일정을 소화하셨고, 결국 사우디를 떠나기 전날 크게 앓아누우셨다. 어디에다가 말할 수도 없으니 더 답답했고 여사님께도 죄송했다.

그런 상황에서 사우디 왕세자가 예정에 없던 단독 만찬을 제안해 왔다. 대통령은 승낙하셨다. 만찬은 사우디 왕가 어느 별채 같은 곳에서 진행됐는데, 우리 쪽에서는 외교부 장관, 방사청장이 배석하고 대통령은 나 혼자 수행하게 됐다. 사우디 의전관과 함께 대통령 뒤에서 두 시간 정도 계속 서 있었다. 처음에는 조금만 서 있다가 나가려고 했는데, 사우디 의전관이 왕세자 뒤에 경호관처럼 서 있길래 어쩔 수 없이 대통령 뒤에 서 있을 수밖에 없었다. 참으로 긴 두 시간이었다.

왕세자와 대통령 그리고 배석자를 위한 양 6마리가 각각 반으로 쪼개져 12조각으로 샤프란 위에 누워 있었다.

중동-아프리카 국가들의 국빈 행사가 이런 식이라면, 마지막 남은 순방지인 이집트가 정말 걱정이었다. 이집트 카이로에 도착한 것은 현지 시간으로 늦은 오후였다. 도착하자마자 여사님의 건강 상태를 확인하니 역시 좋지 않았다. 2부속 비서관과 여사님 일정을 취소하자는 이야기를 하고, 마지막 이집트 일정들을 점검했다.

이집트 순방

우려했던 대로 현지 선발대는 애를 먹고 있었다. 이집트 측은 사소하지만 사전에 합의한 내용에서 달라진 것들을 이야기해 주지 않았다. 그것 때문에 크고 작은 일정들에 혼선이 생겼다. 하지만 이집트에서는 한 가지만 해결된다면 의전 관련한 것들이야 얼마든지 양보할 수 있었다. K9 자주포 수출 건이었다.

그것 때문에 방사청장이 전에 없이 공식 수행원이 되어 함께 온 것이고, 이집트는 대통령 방문 중에 결정하겠다는 약속도 했던 터였다. 실제로 관련 계약 체결을 위한 행사 장소까지 우리와 협의를 끝낸 상태였다. 하지만 이집트가 정말로 계약서에 서명하기 전까지는 아무것도 결정되지 않은 것이라고 생각하고 있었다.

한-이집트 정상회담 양측 기자회견과 공식 오찬이 이어지는 동안 이집트와 우리의 협상은 엎치락뒤치락했다. 나중에 들으니 양 정상은 정상들대로, 실무자들은 실무자들대로 협상하고 있었는데, 협상이 깨졌다가 붙었다가를 되풀이했다고 한다. 이틀 내내 그런 상황이 반복됐다.

그 와중에 이집트는 피라미드를 가지 않겠다는 우리에게 방문을 집요하게 권했다. 자신들에게는 가장 자랑스러운 유적이고 이제껏 모든 해외 정상이 방문했는데, 왜 가지 않으려는지 이해하지 못하겠다는 눈치였다. 우리는 어쩔 수가 없었다. 피라미드 방문이 한가하게 여행이나 다닌다고 비난받을 소지가 있기도 했지만, 대통령은 회담과 협상으로 시간을 낼 수가 없었고, 여사님은 건강 상태가 매우 좋지 않아 공개 일정을 할 수 없다고 판단했다. 그러나 이집트가 끝까지 강권하자 결국 여사님은 아픈 몸을 이끌고 피라미드를 방문했다.

순방을 마치고 돌아온 후 여사님의 피라미드 방문을 두고 국민의힘과 보수 매체들이 떠들 때, 그때라도 사정을 말했어야 했는데 그래 봐야 믿지도 않을 테니, '그래, 그냥 아무 말이나 해라' 하고 내버려 둘 수밖에 없었다.

대통령은 떠나는 날까지 우리에게 주의를 주었다. 방사청장에게 부담 주는 말을 절대 하지 말라는 말씀이었다. "어려운 협상을 하고 있는데, 대통령 순방 성과를 내야 하니 결론을 달라고 채근하면 그게 다 부담이다. 그러니 아예 아무 말 하지 말라"는 것이었다.

뜨끔했다. 사실 "대통령이 이집트까지 갔는데 계약을 하지 못하면 빈손으로 귀국했다고 할 게 뻔합니다. 여기까지 와서 그냥 돌아갈 수는 없습니다. 어떻게든 결론을 지어 주십시오"라고 말할 생각이었다.

하지만 대통령이 그렇게 정색하고 주의를 주시니, 아무 소리 못 하고 그저 '방사청장님 파이팅'만 할 수밖에 없었다. 결국 K9 자주포 수출 건은 우리가 이집트를 떠날 때까지 결론을 못 낸 채 돌아오게 됐다. 방사청장은 침울해했고, 우리는 돌아가서 시달릴 일이 걱정이었다.

1월 22일 10시 21분. 공군 1호기가 서울공항에 도착했다. 마지막 순방이 끝났다는 안도보다는 곧 야당에 시달릴 일을 예감하며 서둘러 짐을 챙겨 사무실로 들어갔다. 사무실에 들어가자마자 방사청장에게 연락이 왔다.

"지금 이집트에서 연락이 왔는데 다시 와 달랍니다. 아마 계약이 될 것 같습니다."

"정말이요? 아, 참 할 말이 없네요. 그럼 다시 가셔야겠네요."

"내일 다시 이집트로 갑니다. 이번에는 어떻게든 되겠죠."

"네, 청장님. 정말 고생 많으십니다. 파이팅."

아니나 다를까 돌아온 다음 날부터 국민의힘과 보수 매체들은 "대통령 빈손 귀국, 빈손 외교"라며 신나게 떠들었다. 하지만 우리는 그냥 내리는 비를 맞고 서 있을 수밖에 없었다. 그리고 귀국한 지 일주일쯤 지난 어느 날, 카이로에서 기다리던 소식이 날아왔다.

'K9 자주포 이집트 수출 마침내 성사, 사상 최대 2조 원 계약 체결.'

뉴스를 보는 순간 우리는 생각했다. '이것으로 대통령의 마지막 순방이 끝났구나.' 5년간 54개국, 635개의 일정이었다.

국가 기념식과 대통령 행사를 기획하는 일

미국에서는 퇴임하는 대통령이 새 대통령에게 편지를 쓰는 전통이 있다고 들었다.

'결단의 책상'(Resolute Desk)이라고 불리는 대통령 집무실 책상에 이임 대통령이 편지를 두고 떠나면, 새 대통령은 그 편지를 읽는 것으로 집무를 시작한다는 것이었다.

우리도 그런 전통을 만들고 싶었다. 대통령뿐만 아니라 모든 비서관이 새로 그 자리를 맡는 사람들에게 편지 한 통을 올려 두고 가는 전통. 경험한 사람들만 알 수 있는 이야기들을 두고 가는 그런 전통 말이다.

청와대 역사가 단절되고 새 정부의 태도를 보니 그런 전통을 만들자는 말도 쓸데가 없어 보여, 국가 기념식과 대통령 행사를 기획하는 일에 대해 몇 가지 이야기를 남겨두는 것으로 대신할까 한다.

이야기를 쓰기 전에 미리 전제하고 싶은 것이 있다. 우리가 경험했던 것들이 다음에도 유효한 것은 아니라는 사실이다. 우리의 경험은 문재인 정부 시기에서만 유효할 뿐이다. 그러니 이 이야기는 다만 참고되어야 할 뿐이다. '방법'이 아니라 '이야기'로 들었으면 한다.

'애정'을 가져야 한다. 가까이 모시고 있는 대통령부터 멀게는 도무지 이해할 수 없는 저 건너편 사람들까지를 말하는 것이다.

어떤 정치적 입장을 가졌던 '직'을 맡는 순간부터는 '정치적 입장'은 버리는 것이 좋다. 우리는 국가 행사나 기념식, 추념식 등을 준비하며, 종종 이 일이 '제사'와 같다고 생각했다. 아무리 사이가 나쁘고 밉고 싫어도 제사상 앞에서 가족들은 억지로라도 서로를 참고 예를 다하려 한다. 그 자리에서 극적으로 화해하고 서로를 이해하기도 한다.

국가 행사는 극단의 국민도 한자리에 모이게 한다. 어제까지 싸우던 여야도, 이해가 다른 각 부처도, 세대도, 성별도 상관없이 한자리에 모인다. 반목과 질시를 잠시 내려놓고 모두가 동의할 수 있는 행사를 만들어야 한다. 그러기 위해서 독립유공자, 참전용사, 민주화 유공자를 존경해야 한다. 국가를 위해 헌신했던 사람을 존경하고 그러한 마음에 진심을 담으면, 연출 기법을 모르는 것쯤은 아주 사소한 문제일 뿐이다.

자신보다 젊고, 어린 사람에게 배워야 한다. 우리가 했던 모든 참신한 시도들은 나보다 어린 사람에게 배웠다. 선배들이나, 윗세대에게 새로운 것을 기대할 수 없다. 그분들에게 배울 것은 다른 것이다.

20대 초반의 한 동료가 있었다. 삐딱하고, 예의도 없고, 실수도 잦고, 무슨 말을 하는 것인지 이해하기도 어려운 그런 친구였다. 나이 어린 사람들과 일하면 느끼게 되는 여러 단점을 고스란히 갖고 있었다. 하지만 함께 일하다 보니 우리가 미처 생각하지 못했던 것들을 찾아내고, 우리가 무심했던 부분을 지적하고, 우리가 갖지 못한 감성을 보여줄 때가 많았다. 전례와 관례를 부담 없이 뛰어넘기도 여러 번이었다.

그러한 생각들은 비록 곧장 적용할 수는 없더라도, 우리의 오래된 사고와 인식을 한번씩 흔들며 새롭게 나아갈 수 있도록 했다. 그 친구의 태도가 마음에 들지 않을 때마다 생각했다. '내가 저 친구를 참는 것이 내 인성을 고양하는 것이다.' 그렇게 우리는 3, 4년을 함께했고 계속 옥신각신했지만, 서로를 조금은 이해하게 됐다(고 생각한다).

결과적으로도 많은 일을 '그럴듯'하게 해냈다. 어떤 새로운 것을 배우고 싶다면, 조금은 너그러운 사람이 되고 싶다면, 자신보다 어린 사람, 예의 없고 삐딱한 사람과 함께 일하길 권한다. 큰 도움이 될 것이다.

잊어버려야 한다. 대통령 재임 기간 치렀던 행사가 국내외를 합쳐 1,800개가량 됐다. 그중에는 되풀이되는 일정도, 지극히 형식적인 것도, 다시 없을 큰 행사도 있었다. 첨예한 외교 문제도 있고, 종교적인 것도, 국민 갈등이 심한 것도, 국민 사이에 이해관계가 엇갈리는 것도 있었다.

실수가 없을 수 없고, 때론 실패도 겪게 된다. 그렇지만 잊어 버려야 했다. 내일 또 다른 일정과 행사를 준비해야 했기 때문이다. 쉴 수 있는 자리가 아니고, 어떤 프로젝트 하나로 끝나는 일도 아니다. 실수를 잊고 다음을 준비하는 것은 성공할 수 있는 첫 번째 조건이다. 나아진다. 나아지도록 노력하면 반드시 나아진다.

버티고 고집부려야 한다. 국가 기념식과 대통령 행사에 수많은 요청과 민원이 없을 리 없다. 참석하게 해달라, 자리를 바꿔달라, 이거 해달라 저거 해달라, 넣어달라 빼달라…….

모든 요구에는 나름의 이유가 있고, 나름의 이유는 때로는 압력으로 때로는 인간적인 호소로 찾아왔다. 그러나 작은 부탁 하나라도 받아들이면 애초의 기획 의도와 연출 의도는 흔들리기 마련이다.

물론 거절하면 부탁한 상대와는 불편해질 것이 분명한 일들이었다. 이 정도는 해줘도 되지 않을까? 대세에는 지장이 없지 않을까? 갈등하지 않을 수 없었다. 그러나 그 갈등을 못 버티고 끝내 수용했을 때, 결국은 함께 일했던 많은 사람에게 실망을 주었다.

국민도 결국은 알게 된다. 뭔가 어색하고 적절치 않은 사람, 순서, 내용을 알아차리게 되고 언젠가는 그것이 문제가 되기도 한다. 부탁을 들어주는 순간 그것이 전례가 되어 계속해서 요구를 받게 된다.

그러니 버텨야 한다. 그것이 대통령을 위하고, 국민을 위하고, 자신을 위하는 방법이다.

감동은 대상에 대한 애정과 디테일이 만났을 때 가능하다. 자신이 하는 일을 사랑하고, 당신이 모시는 사람을 사랑하고, 당신과 함께 일하는 사람을 사랑해야 한다.

음악의 길이, 의장대의 보폭, 영상 편집과 중계 카메라 커팅에 신경 써야 한다. 대통령의 입장, 첫 시작의 중요성을 잊지 말기 바란다.

모두를 설득하고, 모두를 이해시키거나 감동을 줄 수는 없다. 하지만 그것이 목표가 되어야 함은 물론이다.

어쩔 수 없는 일들이 많이 생긴다. 그때는 책임을 져야 한다. 피할 수 있는 일도 아니고, 피해서도 안 된다. 받아들여야 한다. 사직서를 늘 옆에 두길 바란다. 언제든 그만둘 수 있다는 생각으로 일하는 것이 좋다.

모쪼록 국민의 입장에서 국가 행사를 보았을 때 부끄럽지 않도록 만들어야 한다. 그것이 주어진 역할이다. 건투를 빈다.

대한민국 대통령께서
퇴장하시겠습니다

2012년 문재인 대선 후보 선거를 도울 때 원했던 것은 딱 하나였다. '취임식은 제게 맡겨주세요.'

2017년 대통령 선거 때는 후보에게 직접 그 말을 하지는 않았지만, 대통령 취임식을 연출한 후 돈도 많이 벌고 행복하게 살 수 있지 않을까 생각했다. 하지만 탄핵으로 인한 조기 선거 때문에 대규모 취임식 대신 소박한 취임 행사로 대체됐다. 못내 섭섭했다. 그 후 어찌어찌해 청와대에서 일하게 됐고 그 후는⋯⋯ 이렇게 됐다.

대통령 임기가 얼마 남지 않았을 때, 우연히 독일의 메르켈 총리 퇴임식(퇴임을 맞은 의장 행사)을 보게 됐다. 단정한 행사였다. 별도의 위임이나 퇴임 행사가 없는 우리나라도, 대통령 퇴임을 맞아 어떠한 형식이던 그것을 축하하는 행사가 있었으면 했다.

그러나 정권이 바뀌고 그 후 여러 잡음이 나오면서 퇴임식 같은 것은 이야기하기도 어려운 상황이 됐다. 그저 혼자 아쉬워할 수밖에 없었다.

윤석열 정부 청와대 폐쇄가 공식화되고, 대통령 임기 마지막 날 자정에 개방 행사를 한다는 소식이 들렸다. 몹시 언짢고 화가 났다. 다음 날 대통령이 취임식에 참석한다는 것을 알면서, 주무시고 계실 자정에 청와대를 개방하면 어떤 일이 일어날지 뻔했다. 그 의도가 참 흉측했다.

제대로 된 취임식도 못 해드렸는데, 퇴임도 이렇게 쫓겨나듯 하게 됐다는 사실에 마음이 무거웠다. 하지만 대통령은 홀가분해하셨다. "잘 됐다. 밖에서 하루를 보내고, 취임식 참석 후에 양산으로 내려가면 되지"라며 정말 아무렇지도 않아 했다.

계속 씩씩거리는 나에게 이렇게 말씀하시기도 했다.

"아니 왜 이렇게 화를 내, 화내지 마. 탁 비서관은 계속 화가 나 있는 것 같아."

"화가 나니까 화를 내죠."

처음으로 혼잣말이 아니라 들으실 수 있을 만한 목소리로 툴툴거리기도 했다. 하지만 화를 내 본들 어쩌겠는가. 게다가 대통령은 좋다고 하시는데…….

퇴임 날이 하루하루 다가오고 있었다. 그리고 마지막 날이 다가올수록 사람들은, "대통령 퇴임하실 때 뭐 특별한 거 있지? 있겠지? 당연히 있겠지 뭐" 이렇게들 믿고 있는 눈치였다. 그제야 '아, 대통령이 싫다고 하셔도 뭐라도 해야겠구나' 싶었다.

대통령을 위해서가 아니라 함께 일했던 사람들을 위해서 뭔가 준비를 해야겠구나 하는 생각이 들었다. 대통령이 아시면 분명히 쓸데없는 일을 한다고 하지 말라실 것이 뻔하니, 아예 보고도 안 드리기로 했다.

　다만 청와대 전현직 비서관들과 퇴임 전날 영빈관에서 맥주 한잔하는 자리를 만들자는 말씀만 드렸다. 이전 대통령들도 다 그런 자리가 있었다는 말씀도 함께 드렸다. 대통령은 좀 고민하시더니 "그럼 뭐 만찬 같은 것이 아니고 둘러서서 인사나 하고 맥주 한 잔 정도면 되는 거지요?" 하시길래 "네, 그렇습니다" 하고 말았다. 대통령도 더 묻지 않았다. 그날 맥줏값은 본인이 내겠다고 하시길래 "됐습니다"라고만 대답했다.

　서프라이즈 행사를 준비하기로 했다. 먼저 대통령이 영빈관 2층에서 전현직 비서관들과 맥주를 한잔하시면, 청와대 직원들은 같은 건물 1층에 모여 기다린다. 대통령에게는 "이렇게 다 모인 기념으로 1층에서 기념사진을 찍겠습니다. 인원이 많으니 참석자들 먼저 내려가고, 대통령님과 여사님은 5분쯤 후에 내려가시겠습니다"라고 하면 그사이 1층에 모두 모였다가 대통령 내외가 들어오시면 "서프라이즈!" 하자는 그런 계획이었다.

　'서프라이즈 퇴임 행사'는 청와대 행정관들과 행정요원 중심으로 준비했다. 장관이나 실장이나 비서관들은 한 번씩은 대통령과 퇴임 인사를 나눌 기회가 있었지만 이들은 그런 기회도 없었기 때문이다. 그들의 노력과 수고에 감사드리고 싶었다.

　청와대에서 5년을 내리 근무했던 행정관들과 행정요원들의 회고도 준비했다. 무대에 설 자신이 없는 친구들을 위해 영상도 만들었다. 대통령이 좋아하시는 노래 〈꿈꾸는 백마강〉을 노래방 영상으로 만들어 노래하는 순서도 있었다. 그렇게 행사 준비를 마치니 기어이 퇴임 전날이 됐다.

그날도 오전부터 정신없이 바빴다. 마지막 날까지 외교사절 접견이 있었다. 개인 짐도 싸야 했고 양산으로 갈 준비도 해야 했다. 그리다 보니 어느덧 약속된 시간이 됐다. 대통령은 여사님과 함께 잠깐만 들렀다 가겠다며 저녁도 안 드시고 행사장으로 내려오셨다.

오랜만에 만난 전현직 비서관들과 맥주를 한잔하며 즐거운 시간을 보냈다. 그러다가 예정대로 사진 촬영을 하겠다며 거짓말을 하고 대통령 내외분을 1층으로 모셨다. 그저 사진 촬영이겠거니 하며 내외분은 나를 따라오셨고, 영빈관 1층 불이 꺼져 있는 상태에서 내외분이 등장하시자마자 우리는 큰 목소리로 합창했다.

"축하합니다. 축하합니다. 당신의 퇴임을 축하합니다."

경호처는 커다란 5단 퇴임 축하 케이크를 준비해 왔고, 대통령 내외분은 어색해하며 퇴임 기념 케이크를 잘랐다. 그리고 대통령과 여사님의 뒷모습만을 모은 사진들을 영상으로 만들어 공개했다.

임종석 비서실장은 임기 초 대통령이 몸살감기로 큰일을 치를 뻔한 이야기를, 양정철 전 비서관은 대통령 덕분에 우리가 더 커지고 성장할 수 있었다는 감사 인사를, 김형석 작곡가는 본인이 헌정한 〈미스터 프레지던트〉와 〈오버 더 레인보우〉를 편곡해 선물했다.

주최자인 청와대 행정관들과 행정요원들의 회고는 끝이 없었다. 처음 청와대에 취직했다고 좋아했는데, 출근은 새벽 5시에 퇴근은 따로 없었다는 이야기. 청와대에 근무한다고 하니 친구들이 "그럼 너 대통령 매일 보겠네?" 하자 "아니, 나도 뉴스로 보지" 했다는 이야기. "청와대 있을 때 어떻게 해서든 결혼해야 했는데 못 해서 축의금도 많이 못 받게 됐다"는 이야기 등등…….

퇴임하는 대통령 내외를 위해 소품까지 준비해 "'이니', '쑤기' 이제 하고 싶은 거 다 하시라"며 울면서 응원 영상을 만들기도 했다.

관저 음식을 담당하던 운영관은 "대통령께 맛있는 음식을 해드리려 노력을 많이 했는데 저로 인해 대통령의 다이어트를 망쳤다는 자괴감이 든다"는 말까지……. 저마다 대통령과 에피소드가 있었다.

그날 신동호 연설비서관은 짧은 글을 하나 써서 무대에 올라가 읽었다.

회의가 끝나고, 집무실 문이 닫힐 때까지
대통령님 뒷모습을 보는 버릇이 생겼습니다.
세월은 켜켜이 쌓이고
우리는 한 발씩 내일로 내딛어가는데
어찌 대통령님 어깨의 짐은 덜어지지 않고

에필로그

자꾸 늘어만 가는 것일까.

그런 날은 창경궁을 지나 혜화동으로,

미아리고개를 넘어 길음역까지 걸었습니다.

경적과 함성, 소소한 다툼과 사랑의 설렘이 뒤섞인 거리는

저무는 날과 함께 그만큼의 크기로 행복했고,

거리의 행복은

약속에 대한 정직한 기억, 최선을 다한 오늘 하루같이

그리 화려해 보이지 않는 성의의 결과였습니다.

대통령님의 크기만큼 세상은 무르익지 못했지만,

우리는 우리의 크기를 너머 대통령님을 불렀습니다.

운명이라는 단어는 너무 무겁지만,

그래도 운명이라는 단어만 입안에 맴돌았습니다.

앞서가는 삶은 언제나 외롭고,

여론을 넘어야만 갈 수 있는 길은 작은 불빛조차 보이지 않습
니다.

대통령님,

피해 가지 않으셔서 고맙습니다.

그 거칠고 험한 길을 앞서가 주셔서 고맙습니다.

멀리, 십 년 백 년 전을 잊지 않고 계시는 마음

멀리, 십 년 백 년을 걱정하는 마음이

이제 우리에게 등불이 되었습니다.

홀로 입술을 깨물어 온 대통령님의 인내는

이제 우리 태도의 이정표가 되었습니다.

대통령님 존경의 마음을 다 표현하지 못한 것은

멀리까지 우리가 아직 다다르지 못했기 때문입니다.

늦더라도 꼭 다가가 하나씩 삶으로 보여드리겠습니다.

집무실로 들어가는 대통령님 뒷모습이 얼마나 그리울까요.

대통령님 너무 고생 많으셨습니다.

양산의 들풀들과 함께 언제나 건강하시길 바랍니다.

마지막 순서로 대통령과 여사님을 무대 위로 모셨다. 그리고 모두 일어나 박수를 보냈다. 대통령은 무대에 올라 나를 보고 웃으며 말씀하셨다.

"오늘 이 행사 누구 허락받고 하는 건가요? 탁 비서관 나한테 허락받았나요?"

나는 대답했다.

"냅두세요. 제가 좋아서 하는 일입니다."

대통령은 다시 한번 크게 웃으시며 말씀을 이어갔다.

"오늘 이렇게 우리가 모일 수 있어서 참 좋습니다. 밖에서 누가 뭐라고 하든, 오늘 이 자리에서처럼, 우리가 우리 스스로 해온 일들에 대해 자부심을 가질 수 있으면 그것으로 족합니다. 그걸로 충분합니다. 우리 모두 함께 일한 것이 영광이라고 생각한다면, 그것으로 나도 여러분도 다 보상받은 겁니다. 감사합니다. 고맙습니다."

에필로그

여사님도 짧게 한 말씀하셨다.

"청와대에서 내가 제일 대통령을 위하고, 힘들고, 어려운지 알았는데, 오늘 여러분들 말씀을 듣고 영상을 보니 이렇게 많은 사람이 대통령을 위해서 일했구나 싶어 정말 고맙습니다."

두 분 말씀을 끝으로 이제 정말 행사를 끝내야 할 시간이 됐다. 퇴장 음악 〈미스터 프레지던트〉가 흘러나왔다. 나는 오랫동안, 아주 오랫동안 준비했던 마지막 멘트를 했다.

"이제 대한민국 대통령께서 퇴장하시겠습니다. 모두 자리에서 일어나 환송해 주시기 바랍니다."